MINERVA 社会学叢書 ⑦

新卒採用と不平等の
社会学

組織の計量分析が映すそのメカニズム

吉田　航　著

ミネルヴァ書房

新卒採用と不平等の社会学
――組織の計量分析が映すそのメカニズム――

目　次

序　章　不平等に対する組織的アプローチ………………………… I

　　1　従来の不平等研究とその限界　I

　　2　企業の採用行動から不平等を捉える　3

　　3　本書の分析戦略　4

　　4　組織の計量分析から見えてくる不平等のメカニズム　6

　　5　本書の構成　9

第**1**章　分析視角…………………………………………… II

　　1　不平等を捉える視角　II

　　2　企業を捉える視角　23

　　3　本書の検討課題　30

第**2**章　理論的・制度的背景……………………………… 35

　　1　理論的背景──採用基準の理論と差別の形態　35

　　2　制度的背景──国内大企業における採用の特徴　47

第**3**章　分析対象と使用するデータ……………………… 59

　　1　国内大企業の位置づけと特徴　59

　　2　企業パネルデータの利用　68

第**4**章　採用枠・雇用慣行が学校歴構成に与える効果……… 79

　　1　大卒就職・採用における学校歴　79

　　2　学校歴の位置づけをめぐる先行研究と残された課題　81

　　3　『就職四季報』と『サンデー毎日』データのマッチング　85

　　4　技術職採用・平均勤続年数との関連　90

　　5　訓練可能性のシグナルとしての学校歴　94

第**5**章　女性管理職は「変化の担い手」か「機械の歯車」か？… 99

　　1　不平等の「原因」としての管理職のジェンダー構成　99

　　2　「変化の担い手」仮説と「機械の歯車」仮説　101

　　3　「CSR データ」のパネルデータ分析　106

4　新卒女性の採用・定着への効果　110

　　5　「機械の歯車」仮説の背後にあるメカニズム　113

第6章　ダイバーシティ部署設置の有効性……………………………123

　　1　ダイバーシティ施策への注目　123

　　2　部署設置の有効性をめぐる理論と課題　125

　　3　「CSR データ」のパネルデータ分析　133

　　4　部署設置の効果とその異質性　136

　　5　部署設置からの脱連結と，平等化に向けた示唆　144

第7章　WLB 施策の効果と経営状況との関連………………………151

　　1　WLB 施策への着目　151

　　2　WLB 施策の効果は，企業業績によって変わるのか？　153

　　3　『就職四季報』と『会社財務カルテ』のマッチング　157

　　4　企業業績によって変化する WLB 施策の効果　159

　　5　WLB 施策をめぐる陥穽　164

終　章　新卒採用の不平等を説明する組織のメカニズム…………173

　　1　変わらない採用の不平等　173

　　2　新卒採用の不平等を説明するメカニズム　177

　　3　学術的貢献と実践的インプリケーション　186

　　4　限界と展開可能性　194

参考文献　199
初出一覧　229
あとがき　231
索　引　237

序　章
不平等に対する組織的アプローチ

1　従来の不平等研究とその限界

　諸外国と同様，日本社会においても，様々な財や資源は不均衡に分布している。全国家計構造調査（2019年）によると，収入から税・社会保険料等を除いた等価可処分所得ベースのジニ係数は0.274であり，2000年ごろからほぼ同水準で推移している（総務省統計局 2021a）。金融資産・住宅／宅地資産ベースのジニ係数はいずれも0.65程度と，資産ベースの不均衡はさらに顕著である（総務省統計局 2021a）。OECD の基準に基づき，国民生活基礎調査の結果から計算された等価可処分所得ベースのジニ係数は2021年時点で0.338であり，米国（0.375）や英国（0.354）の水準は下回るものの，OECD 諸国のなかでは相対的に高い方に位置する（OECD 2024a）。

　こうした不均衡は，様々な個人特性に沿って観察される。個人特性の典型として，ジェンダーや学歴，年齢などが挙げられる。たとえば，2023年における一般労働者の平均賃金は，男性350.9千円に対し女性は262.6千円であり，その額は男性の74.8％にとどまる（厚生労働省 2024：6）。同様に，50～54歳における平均賃金は，高卒319.7千円，大卒473.5千円，大学院卒609.5千円と，学歴に応じた大きな差が見られる（厚生労働省 2024：8）。財や資源の不均衡は，ランダムに生じているわけではなく，ジェンダーや学歴といった特性が大きく寄与していることがわかる。

　社会学における不平等研究は，こうした状況に着目する。とくに，財や資源を獲得する機会が，当人の選択が及ばない属性に基づいて不均衡に分布すること，すなわち機会の不平等は，中心的に扱われてきたトピックの1つである。収入や地位と大きく結びつく本人の到達階層が，当人が選択できない出身階層

I

によってどの程度規定されるかを探る世代間社会移動研究は，その典型である。日本では，産業構造の変化や高等教育の大衆化を経てもなお，出身階層が個人の地位達成を規定する程度はあまり変わっていない（石田 2021）。ジェンダーに基づく就業機会の不平等も，日本社会における代表的な機会の不平等であり，たとえば結婚・出産に伴う正規雇用継続の困難に顕著に表れている（国立社会保障・人口問題研究所 2023：第 9 章）。

　機会の不平等を扱う研究の一義的な目標は，不平等の程度を精緻に測定し，その様態を詳細かつ正確に把握することにある。そのためには，高い代表性・妥当性をもつ社会調査データが不可欠であり，社会階層と社会移動調査（SSM 調査）に代表される多くの調査プロジェクトが現在まで進められている（藤原 2023：第 2 節）。個人が到達する階層的地位を 1 つの「席」にたとえると，こうした調査データを用いる研究の多くは，「誰がどんな席につくのか？」を明らかにしてきたといえる。出身階層やジェンダーなどの様々な要素で特徴づけられる「誰が」，上層ホワイトカラーや非正規雇用などの「どんな席に」つく可能性が高いかを明らかにする，というわけである。

　その一方で，こうした機会の不平等が，どのようなしくみで生成され，維持されているかを明らかにすることもまた，学術的かつ社会的に重要な課題である。他のさまざまな要因を考慮しても，女性の平均賃金が男性より低いと測定する作業それ自体は，この差がいかにして生じているかに答えるものではない。不平等がどのように生じるかを明らかにするには，「誰がどんな席につくのか？」とは別のアプローチが必要である。これは，前段に対応する不平等の測定と対置して，不平等の説明とよぶことができる（Goldthorpe 2016）。不平等の説明は，機会の不平等を是正する有効な手だてを考える一助にもなる。たとえば，雇用主のふるまいが不平等を部分的に説明すると解明することは，その特定のふるまいに介入する契機を与える。

　しかし，大規模な社会調査データの分析から，不平等が生じるメカニズムを，経験的に観察することは難しい。こうした調査は，機会の不平等が生じていると考えられる場，たとえば家庭や学校，職場を，直接観測したものではないからである。たとえば，出産によって女性の賃金が平均的に 5 〜 10% 低下すると測定されたとしても，これを説明するメカニズムは，人的資本やエフォートの減少，仕事特性の変化，雇用主による差別など多岐にわたり（Gough and

Noonan 2013)，個人を対象とする社会調査データからこれらを識別することは
きわめて難しい。識別を目指した方法論の発展も進んでいるものの，測定され
た不平等が生じるメカニズムについては，多くの場合，分析者の側で推測する
しかない。

2　企業の採用行動から不平等を捉える

　そこで，この本では，機会の不平等を説明する重要なアクターとして**企業組
織**に着目し，とくにその**採用行動**を取り上げる。
　現代の日本社会において，様々な資源を獲得する機会は，雇用関係によって
規定されている。1970年代以降の日本社会は，男女ともに，自営業者の大幅な
減少を経験した。その結果，有業者に占める被雇用者の割合は大きく増加した。
被雇用者は，正規／非正規に代表されるいくつかの階層性をもち（神林 2017；
今井 2021），この階層性は，経済的・非経済的資源やその獲得機会をめぐる顕
著な不平等の生成につながっている。
　いうまでもなく，雇用関係は，被雇用者と雇用主の二者間，典型的には労働
者と企業組織の間で結ばれる。それゆえ，労働契約の成立にとって，雇用主の
果たす役割は決定的に重要である（Bills et al. 2017）。さらに，学歴やジェンダー
などの個人特性も，「雇用主による決定において考慮される」（Jackson et al.
2005: 10）かぎりにおいて，雇用結果に影響する。既存の不平等研究は，大規模
社会調査を通じて労働者の側にアプローチしてきた一方で，もう1つのアク
ターである企業組織のふるまいは，大部分がブラックボックスになっていた。
言いかえると，労働者間の不平等は精緻に測定されてきたにもかかわらず，そ
うした不平等を（少なくとも部分的に）説明する企業の雇用行動は，不平等研究
において適切に位置づけられてこなかった。したがって，企業がどのような雇
用行動をとっているかを，経験的な観察に基づいて説明することは，機会の不
平等が生成・維持される，主要なしくみの1つを明らかにすることにつながる。
　現代の日本社会において，雇用をめぐる様々な不平等，たとえば賃金や福祉
制度，雇用の安定性をめぐる不平等が，企業間の差異に大きく依存することも，
企業に着目する理由である。今井順は T. H. マーシャルの産業的シティズン
シップ概念を踏まえ，日本では，様々な権利と義務――賃金や年金・退職金な

どの福祉制度への権利と，雇用主の要求に応じて生活や家族計画を調整する義務——が企業単位のメンバーシップに基づく「企業別シティズンシップ」が成立していると主張する（今井 2021）[1]。そして，この企業別シティズンシップが，「企業規模とジェンダー，雇用形態に基づく不平等と排除を正当なものとして作り上げてきた」（今井 2021：74-75）。実際に，日本における個人所得は，職種だけではなく雇用形態や企業規模にも一定程度規定されており，これは同じ東アジアの台湾や韓国社会と比較しても顕著な特徴である（有田 2016：第 2 章）。

　なかでも，企業の新卒採用は，日本社会における不平等の形成において重要な意味をもつ。大卒層や大企業労働者については，いまなお頑健な長期安定雇用慣行のもとで（大湾・佐藤 2017），新規学卒後に就いた初職は，その後のキャリアや賃金を大きく規定する。さらに，年功型賃金制度のもとで，入職時の賃金差も次第に拡大する[2]。現在の日本社会は，企業による採用行動の結果，個人がどのような席を獲得するかによって，様々な財や資源の獲得機会が大きく左右される社会だといえる。機会の不平等，さらにその帰結としての財や資源の不均衡に，組織の採用行動が鍵を握っているのである。

　このように，企業の新卒採用は，機会の不平等を生成・維持する重要な契機と位置づけられる。日本社会において，企業は，いわば，入職後に獲得できる資源の多寡と結びついた，様々な席を分配するゲートキーパーの役割を果たしているからだ。そこで本書は，企業の採用行動を経験的に観察・分析することで，機会の不平等がいかにして生じ，維持されているのかを，より直接的な形で説明することを目指す。ゲートに入れるチャンスが集団間で異なる背景を，各企業のゲートが開閉されるしくみから説明するという試みである。

3　本書の分析戦略

　上に掲げた目的を達成するため，本書は以下の 3 つの戦略に基づいた，一連の実証分析を行う。

　第 1 に，大企業による新規大卒者採用を分析対象とする。これはひとえに，新卒労働市場において，もっとも「良い」席に着目することを意味する。大企業は，賃金や企業福祉，雇用の安定性などの面で，中小企業よりも恵まれた雇用機会を提供する。さらに，ほとんどの企業の採用制度は，学歴別に編成され

序　章　不平等に対する組織的アプローチ

ており，賃金や昇進見通しの面で，大卒の優位は揺るがない。「誰がどんな席につくのか？」を問うてきた先行研究に対し，本書は「良い席はどのように分配されているか？」に答えることで，様々な面で「望ましい」就業機会の不平等を生成・維持するメカニズムの解明を目指す。

　第2に，数百社の国内大企業について，複数年にわたって採用情報を集積した独自のパネルデータを構築し，これを定量的に分析する。日本企業を対象とする既存の社会学研究では，データの制約もあり，一企業，多くても数社を対象とする事例分析が中心であった。しかし，個々の企業そのものではなく，その集積が作り出す雇用機会の構造に関心がある場合は，通常の社会調査と同じく，多くの個体を一度に観察する方が望ましい。機会の分配構造の維持・変化に関わる，より一般的な傾向を明らかにできるからである。本書は，企業情報を掲載した公刊資料から，学術的な分析に堪えるデータセットを再構築することで，大企業の多くに妥当するメカニズムの彫琢を目指す。

　第3に，ジェンダーを中心的に扱いつつ，学校歴・障害の有無に関する分析[3]も行いながら，新卒採用をめぐる不平等を観察する。これらの情報は，採用の場面において，企業側が明示的に参照可能であるとともに，その雇用機会の差は，社会的な注目も集めている。いわば，ゲートの開閉を観察しやすく，その観察が社会的・学術的な意義をもつ特性だといえる。さらに，複数の特性に基づく不平等を同時に検討することで，特性の種類によらないメカニズムの推測も容易になる。

　こうした研究戦略——企業単位の計量分析から，雇用機会の不平等が生じるメカニズムを明らかにする試みは，英語圏の社会学ではさほど珍しくない。Baron and Bielby（1980）を嚆矢として，現在に至るまで少なくない議論や研究があり（e.g. Reskin 2003; Tomaskovic-Devey and Avent-Holt 2019; Dobbin and Kalev 2022），社会学において1つのサブフィールドを形成している。こうした研究は「**不平等に対する組織的アプローチ**（Organizational approaches to inequality）」（Stainback et al. 2010）とよぶことができ，本書もこの潮流に位置づけられる。

　このアプローチを新卒採用に応用する本書のオリジナリティは，企業の新卒採用を，他の雇用行動——たとえば，従業員の定着や管理職への昇進——との関連で論じる点にある。新卒採用を扱う国内外の社会学研究は，基本的には採

5

用の場面に着目し，そこで何が起きているかを定量・定性的に明らかにしてきた。しかし，いうまでもなく，企業は新卒採用のみを行っているわけではない。とくに，長期雇用慣行が根強く残る日本企業においては，採用から育成，配置・異動，昇進から退職に至る一連の人事管理のなかに，新卒採用も位置づけられている。したがって，新卒採用が機会の不平等を生み出すメカニズムも，他の雇用行動と関連しながら働いている可能性が高い。こうした関連のもとで，採用時のゲートが開閉されるしくみを明らかにする点に，この本の独自性がある。

　さらに，得られた分析結果をもとに，日本企業における特徴的な雇用慣行が，不平等の生成・維持にどのように寄与しているかを議論する。「不平等に対する組織的アプローチ」の観点から日本企業の慣行を論じることで，英語圏，とくに米国とは異なる不平等生成・維持のメカニズムを明らかにするという目論見である。多喜ほか（2022：326）が指摘するとおり，「欧米の先行研究とのかかわりで，日本を対象とした知見や先行研究を意味ある形で関連づけることは，国際的な研究発信のために重要であるだけでなく，日本の理解を深めるために必要な作業」であり，本書の結論は，採用を題材とした１つの日本社会論として読むことも可能である。

4　組織の計量分析から見えてくる不平等のメカニズム

　ここまで述べてきたような視角と分析戦略が，本書のタイトル「新卒採用と不平等の社会学」に反映されている。具体的には，以下の２つの試みを内包している。

① 　新卒採用の場面で，いかなる不平等がどのように生じているかを明らかにする
　（新卒採用→不平等）

② 　社会における不平等の生成・維持に，企業の新卒採用が果たす役割を明らかにする
　（不平等→新卒採用）

序　章　不平等に対する組織的アプローチ

　本書を手に取られた読者のモチベーションに即せば，①は新卒採用に興味の
ある人が「採用の場でどのような不平等が生じている？」と考える視点に対応
し，②は社会における不平等に関心のある人が「企業の採用は不平等の形成に
どのような役割を果たしている？」と考える視点に対応する。①は企業の新卒
採用という対象を，不平等という切り口で捉えるアプローチ，②は日本社会に
おける不平等を，企業の新卒採用という観点から捉え直すアプローチになる。

　前節までの議論から分かるように，本書は基本的に②の視点に基づいて書か
れている。これは，本書が拠って立つ学問的基盤が社会学にあり，そこでの主
要な領域の１つである不平等研究への貢献を，まずは目指しているからである。
国内の社会学における不平等研究において，組織の雇用行動が果たす役割や，
そのメカニズムの解明は，意外なほど扱われてこなかった。そこで本書は，新
卒採用をテーマとして，不平等研究の中に企業のふるまいを適切に位置づける
ことを試みる。

　こうした戦略は，①の視点を期待する読者にとって，少々とっつきにくいか
もしれない。そうした読者は，採用の場面における不平等の具体的な事例を扱
う第４〜７章から読んでもらって構わない。それぞれの事例は基本的に独立し
ており，どの事例から読んでも理解できるように書かれている。各章の知見，
とくに第５章や第７章の知見は意外性もあり，事実発見レベルでも十分に面白
いはずだ。こうした知見を踏まえて，それらが日本社会の不平等のなかでどの
ように位置づくかに興味をもたれた場合は，改めて第１章や終章を読んでもら
えればと思う。

　次章で不平等研究としての議論をさらに展開させる前に，本書のアプローチ
が①の視点にとってどのような意味をもつかを，実践的な関心をもつ読者の視
点にも考慮しながら述べておきたい。

　本書を手に取られた方は，「新卒採用と不平等」というタイトルに，どのよ
うな印象をもつだろうか。素朴な反応の１つは「不平等などないはずだ」だろ
う。性別や障害の有無に基づく採用差別は，男女雇用機会均等法や障害者雇用
促進法で禁じられており，すべての企業がこれに従う義務を負うからだ。もう
１つは「不平等があることは，言われる前から知っている」であり，こちらの
方が一般的な反応かもしれない。いわゆる「学歴フィルター」は，企業と学生
の双方に周知の存在であるし，女性に対する採用時の不利益な取扱いやハラス

7

メントの話題を耳にする機会も多い。

　これらの反応に対しても，本書の戦略である「不平等に対する組織的アプローチ」は独自の意義をもつ。大企業の新卒採用には，複数のレベル（採用担当者，部門・部署，組織全体，組織の社会的環境……）における様々な要因が関与するため，組織の慣行に明示的に組み込まれたものでない限り，少数企業の事例から不平等を同定することはきわめて難しい。不平等らしき結果が確認できた場合でも，それをどのレベルの要因に帰着するかが決まらないからである。これに対し，組織を観察単位とし，多くの企業を同時に観察するという本書の戦略は，組織とは異なるレベルの要因の同定を捨象しつつも，かわりに組織レベルの要因がもたらす効果に迫ることを可能にする。この戦略によって，組織レベルの要因が，サブグループ（ex. 女性）の採用に対して不利に働くことを示す，一定のパターンが析出されることがある。たとえば，組織の女性管理職比率が女性採用に与える効果や（第5章），急速な景気悪化に際して，どのような企業で女性の採用が抑制されていたか（第7章）が明らかになる。これは，企業単位の計量分析によってはじめて発見できる点で，「不平等などないはずだ」という想定への応答になる。同時に，この種の不平等は，一組織の成員からは構造的に見えにくく，成員が意図した結果であることもむしろ珍しい。だからこそ持続的に不平等を生み出すパターンとなるわけだが，そこで観察されるのは「言われる前から知っている」メカニズムとは幾分か違ったものになるだろう。

　ただし，このアプローチをとる際には，観察されたパターンが，データの構造や分析手法など，計量分析の技術的要因のみに依存する人工的な構築物ではないか，常に注意する必要がある。この懸念に，本書は2つの方向で対応する。1つが技術的要因の明示と精緻化である。第3章の後半では，本書で用いるデータがどのように構築され，どんな利点と限界をもち，それらが知見にどのような影響を与えうるかを丁寧に論じる。分析においては，同一企業を複数年にわたって観察するパネルデータの特徴を生かし，組織文化や風土など，データから観察できない要因も一定の仮定のもとで考慮しながら，ゲートが開閉されるパターンを観察する。すべての計量分析と同じく，本書の知見も誤謬の可能性を完全に免れることはできないが，こうした作業を通じて，そのリスクを可能な限りコントロールすることを目指す。

もう1つが，観察されたパターンを，企業の人事行動の文脈に即して解釈しなおすことである。計量分析の知見が，当事者にとっても理解可能であるならば，その結果は組織で実際に起こっていることの一面を正しく捉えている可能性が高い。実証分析を行う第4〜7章の末尾，および終章では，組織におけるどのような人事行動が反映されていると考えられるかについて，分析結果と矛盾しない形で解釈を提示する。先に述べたとおり，組織の計量分析の強みは，組織の成員が観測できる世界を，統計的な世界に「翻訳」することで，成員のもつ常識をいったん手放せる点にある（cf. 佐藤 2011a）。しかし，企業データの計量分析もまた社会の観察である以上，分析結果は，組織の成員が観測する世界の言語に「再翻訳」できること——つまり，いったん手放した常識と整合的な形で理解できること——が望ましい。この試みが成功したとき，計量分析の知見は，「言われる前から知っている」ものでも「言われてもわからない」ものでもなく，「言われてはじめてわかった」ものとして理解される。とくに，本書が対象とする社会的不平等の場合には，その是正が最終的な問題になるからこそ，当事者にも理解可能な形での記述が望ましい。本書が提示する解釈の是非は，最終的には読者の判断に委ねるほかないが，少なくとも企業やその成員の立場に基づく解釈を積極的に提示する点において，本書は「新卒採用と不平等」に可能な限り接近することを目指しており，その奥に不平等の是正を見据えている。

5　本書の構成

以降は第1〜7章と終章の計8章で構成されている。第1〜3章までの前半部分では，本書後半で行う実証分析を適切に位置づけるために，問題設定や視角，分析の背景となる理論や制度，方法について論じる。第1章では，企業の採用行動を通じて不平等を捉える視角とアプローチについて，その意義や関連する方法との異同を論じる。そして，組織のメカニズムのなかでも，施策・慣行や管理職層の効果，組織の文脈に応じた効果の異質性に着目することを述べ，この観点に沿って具体的な検討課題を示す。第2章では，検討課題の補助線として，採用基準や差別の理論，および日本企業に特徴的な人事制度を整理する。第3章では，本書が対象とする国内大企業の特徴と位置づけを確認したうえで，

分析に用いるデータの概要，利点と限界を論じる。

　第4～7章では，第1章の末尾で示した個々の検討課題について，企業データの計量分析からその解明に迫る。第4章では，雇用施策・慣行が採用行動に与える影響を，採用実績者の学校歴構成に着目して明らかにする。第5章では，女性管理職の多寡が，新卒女性の採用・定着に与える影響を検討することで，管理職層の効果を検討する。第6章では，平等化施策としてのダイバーシティ部署の設置が，その後の女性採用比率・障害者雇用率に与える影響を，女性管理職比率への効果と比較しながら検証する。最後に，第7章では，仕事と家族生活の両立を支援するWLB（Work-Life Balance）施策に着目し，施策の充実度と女性採用比率の関係が，企業の経営状況に応じてどのように変化するかを明らかにする。

　終章では，第4～7章の分析結果を踏まえて，本書の結論を提示する。各章の知見やその組み合わせから見えてきた事実を整理するとともに，新卒採用の不平等を説明するメカニズムを描き出す。こうした本書の知見や試みが，学術的・実務的に与える貢献を論じたうえで，残された課題と今後の展望を示す。

　「不平等に対する組織的アプローチ」から，どのような不平等のメカニズムが新卒採用において見えてくるのか。それは，いかなる人事行動を反映していると考えられるのか。本書の分析や議論を通じて，こうした課題に答えていく。

注
(1)　就職・採用においても，企業と学校の制度的リンケージを背景に，学卒後の間断のない移動を標準とする「就社」社会が歴史的に形成されてきたことを菅山（2011）は指摘する。
(2)　2000年代から2010年代前半にかけて，企業規模を問わず賃金プロファイルが平坦になっている一方で（大湾・佐藤 2017），学卒後から1つの企業に勤め続ける「生え抜き」の大卒男性被用者については，「2000年代以降賃金プロファイルの平坦化は一段落」（神林 2017：146）している。
(3)　本書では，障害の社会モデル（清水ほか 2022）に依拠し，「障害」という表記を用いる。

第1章
分析視角

　序章で論じた本書の視角や分析戦略，検討課題について，本章ではより詳しい議論を提示する。第1節では，機会の不平等を説明するうえで，企業側の視点からメカニズムを解明する作業が有効であることを論じる。第2節では，雇用の不平等に関わる企業側の諸要因を，英語圏の議論を踏まえて整理する。第3節では本書の問いを提示したうえで，各章の検討課題を提示する。

1　不平等を捉える視角

　本書は，新規学卒後の就職・採用における不平等を，企業側の視点から捉える。しかし，不平等は個人単位で定義される概念であるため，企業からのアプローチがいかなる意味で不平等研究に貢献するのか，直感的に理解しづらい。そこで本節では，本書で用いる不平等概念を提示したうえで，オーソドックスな社会学研究が不平等をどのように扱ってきたのかを整理する。そのうえで，本書のアプローチが従来の不平等研究にいかなる形で貢献するかを論じる。

（1）機会の不平等と結果の不平等

　雇用に関わる不平等を議論する準備として，「機会の不平等」「結果の不平等」概念を導入する。佐藤俊樹（2011b：18）に依拠し，機会の不平等は，「本人に責任のない要因によって，ある時点の状態に差が生じていること」（傍点原著者），結果の不平等は，「本人に責任があるかどうかにかかわりなく，ある時点の状態に差が生じていること」を指すと考える。

　2つの不平等概念は，責任の有無，すなわち選択可能性を鍵とする。ただし，選択可能性の有無を一意に定めるのは容易ではない。一見本人の選択に見える部分（たとえば努力）が，実際は本人に責任のない諸条件（たとえば出身階層）に

規定されることもあるからである（宮寺 2014：32-33）[1]。そのため，どの程度の差異まで本人の選択可能性を認めるかは，先験的に定まるものではない。機会の不平等の是正は，「社会の大多数の成員が受け入れ可能な価値観」（佐藤 2011b：27）に基づいて，そのつど合意を形成していくほかない。

　社会学分野における多くの先行研究と同様に，本書でも雇用をめぐる機会の不平等を検討の対象とする。とくに，新規学卒後の就職機会をめぐる不平等，すなわち「本人に責任のない要因」に基づく「良い」席の獲得状態の差に着目する。原理的には，本人，正確には本人と同世代の人々が死ぬまで，機会の不平等は確定せず，その是正は測定の不確定性を考慮したうえでなされる必要がある（佐藤 2006：24-26, 40-41）。序章で述べたように，現代の日本社会は，学卒後に獲得した席によって，その後のキャリアやライフコースが大きく規定される。そのため，機会の不平等を見積もるタイミングとして学卒後の初職に着目することは，一定の妥当性をもつといえる。これは，本人40歳時に着目した佐藤（2000）よりも，測定の不確定性を高める代わりに，不平等是正のタイミングをより長く確保する操作になる。

（2）不平等の測定と説明

　機会の不平等の有無や程度を判断するには，「もし他の条件がすべて等しければ」という仮定のもとで，集団間を比較する作業が必要である。そのため，機会の不平等を扱ってきた社会学の先行研究は，①より多くの人々について，豊富な情報を収集するデータの整備と，②「もし他の条件がすべて等しければ」をより厳密に満たす手法の発展を通じて，不平等の測定を精緻化させてきた。

　①について，日本の不平等研究でまず挙げるべきは，「社会階層と社会移動調査（SSM 調査）」である。第1回調査は，尾高邦雄を中心に，日本社会学会の学会事業として1955年に実施された（西平 2000：70）。10年おきに大規模な調査が実施されており，2024年時点では第7回調査（2015年）が最新である。この調査が社会学の実証研究に果たした貢献は大きく（鹿又 1992：2；佐藤 2007：6），数理・計量的方法の発展も SSM 調査データの分析を通じてなされたと評価されている（西田・平松 1987：136）。

　近年は各種パネル調査データの整備も進んでおり，これも不平等研究に大き

第1章　分析視角

く貢献している。パネル調査では，同一個体をくり返し観察することで，個体内変化に関する豊富な情報を獲得できるとともに，調査票で直接尋ねていない項目についても，観察されない時点不変の異質性という形で部分的に考慮できる。そのため，不平等研究において，クロスセクショナルな調査データを用いる場合より「もし他の条件がすべて等しければ」を満たしやすくなる。

　②について，社会学分野では，伝統的に回帰モデルを用いた分析が行われてきた。回帰モデルにおける独立変数の係数は，他の統制変数の値を固定したときの限界効果（partial effect）として解釈できる（Wooldridge 2013：72-73）。これは，ceteris paribus（「他の要因を一定としたときに」）と表現され，機会の不平等の測定条件と一致する。

　近年では，統計的因果推論の発展を受け，より厳密な測定が行われるようになっている。内生的選択バイアスの考慮（Elwert and Winship 2014）はその一例である。回帰モデルでは，考慮したい条件を統制変数として投入するのが一般的だが，それによって推定したい効果にバイアスがかかり，かえって「もし他の条件がすべて等しければ」から遠ざかる場合があるという指摘である。因果推論の各種手法について，ここで詳細なレビューは行わないが，社会学（Morgan and Winship 2014）だけでなく，計量経済学（Angrist and Pischke 2009）や疫学（Hernán and Robins 2020）の議論や手法も参照されている[2]。

　このように，機会の不平等を検討してきた社会学の先行研究は，①データの整備と②手法の高度化を背景に，その**測定（measurement）**を精緻化させてきたと評価できる。その一方で，測定された不平等の**説明（explanation）**も，社会学的に重要な検討課題である[3]。ここでの説明とは，「観察された不平等はどのように生じたか？」という問いに答えることを意味する。これは，学術的のみならず，不平等の是正を目指すうえでも，意義のある作業である。

　しかし，不平等の測定と説明は目的の異なる作業であり，測定結果から不平等が生じる説明を提供するのは通常困難である。機会の不平等は「もし他の条件がすべて等しければ」という状態を想定して測定される。そのため，そこで測定された不平等は，「他の条件によるものではない」という negative な形でしか，基本的に説明できない。たとえば，出身階層間で「良い」席を獲得する確率が異なっていたとき，分析で考慮した出身地域や学歴の差によって，その差が生じたわけではないという negative な説明を加えることはできる。しかし，

13

不平等の測定結果そのものから，測定された確率の差がどのように生じたかを positive に説明することは難しい。[4]

（3）企業レベルからの説明

そのため，不平等を説明するためには，測定とは異なる新たな経験的観察を行う必要がある。[5]雇用をめぐる不平等に関連する要因は，大きく以下の3つに分けられる。①個人レベル，②社会レベル，そして③企業（雇用主）レベルの要因である。

①個人レベルの要因の典型が，個人の選好や期待である。出身階層間の不平等に対する，合理的選択理論に基づく相対的リスク回避（Relative Risk Aversion: RRA）仮説がその一例である（Breen and Goldthorpe 1997）。RRA 仮説は，学力や資源の差だけでなく，出身階層からの下降移動を回避しようとする選好によって，教育機会の不平等を説明する。選好のほかにも，非認知能力や人的資本，職業能力などが，不平等を説明する個人レベルの要因として言及されてきた（労働経済学からのレビューに，原 2017）。

②社会レベルの要因として，社会全体の規範や文化，制度が挙げられる。出身階層間の不平等であれば，階級文化仮説が一例である（e.g. Willis 1977＝1996）[6]。男女間の不平等に対しても，「男性稼ぎ主」型の生活保障システム（大沢 2007）や，「日本社会の「会社主義」的特性」（原・盛山 1999：185）が，不平等を生み出す社会レベルの要因として説明されてきた。[7]

これらの要因は，いずれも妥当だと考えられ，「観察された不平等はどのように生じたか？」という問いに対する，実際の答えの1つでもあるだろう。しかし，こうした要因に基づく説明が，新たな経験的観察―― RRA の直接的検討（荒牧 2010）など――を伴わない場合，説明の妥当性を評価することは難しい。社会規範に基づく説明は，この困難がとくに深刻である。データから直接観察できない社会規範を，測定された不平等によって代理的に観察していることが多く，1回の観察において測定と説明が循環関係にあるからである。[8]

くわえて，個人レベル・社会レベルの説明に基づき，不平等是正の介入を行うことも難しい。個人の選好や期待で不平等を説明する場合，不平等の是正には慎重にならざるをえず，実践的にも介入は容易ではない。個人が選択していないものを選択したことにされる事態（選択への矮小化），および選択している

ものを選択の結果ではなかったことにされる事態（選択の減価）の両方が懸念されるからである。一方で，社会レベルの規範や文化，制度への介入には，時間的・金銭的に膨大なコストがかかる。先の「会社主義」的特性について，「極めて自生的なもの」であり，「男女雇用機会均等法程度では変わりようがない」と原・盛山（1999：187）が述べているとおり，規範・文化や制度は，それが容易に変更できないからこそ「規範」や「文化」と名指されている。

　これに対し，本書は③企業（雇用主）レベルの要因を経験的に観察することで，不平等の説明を目指す。その学術的な意義は第2節で後述するとして，ここでは不平等の是正に向けた介入の視点からみた意義を述べておく。まず，②社会レベルの規範や文化よりも，介入コストは少なくすむ。機会の不平等に寄与する特定の企業群，施策や慣行に介入すればよいからである。男女雇用機会均等法（1985年制定）やその改正（1999年施行），障害者雇用促進法（1960年制定）などを通して，そうした介入はすでに行われてきた。さらに，①個人の選好や期待と比べて，介入をめぐる倫理的な問題は生じにくく，実践的な困難も相対的に小さい。ほとんどの企業が，経済的な利潤の最大化という目的のもと，企業が認識するコストとベネフィットに基づき行動すると想定できる。この場合，利潤の追求を損ねない介入方法であれば，企業の行動変容も期待できる。実際に，次世代育成支援対策推進法（2003年制定）や女性活躍推進法（2015年制定）では，インセンティブを組み込んだ制度設計がなされ，企業の利潤追求と不平等是正の双方を満たすような介入がなされている。

　しかし，日本の社会学における不平等研究において，雇用の不平等を説明する企業のふるまいは，ほとんど経験的に観察されておらず，個人レベルの調査データで不平等を測定した結果に対する解釈としての言及にとどまることが多かった。男女間の不平等であれば，雇用主の嗜好に基づく差別（Becker 1971）や統計的差別（Phelps 1972）による解釈が典型的であり，学歴間の差であれば，人的資本理論（Becker［1964］1975＝1976）やシグナリング理論（Spence 1973）で解釈されることが多い。企業の雇用慣行，たとえばコース別採用や企業内トラッキング（脇坂 1997；山口 2014）に依拠した解釈も一般的である。しかし，これらの理論や慣行は，測定された不平等に対する1つの可能性として提示されることが多く，その経験的妥当性はほとんど検討されてこなかった。

　そこで本書では，企業（雇用主）の視点から，雇用の不平等を経験的に検証

可能な形で説明することを目指す。社会階層論や教育社会学分野において，精緻に測定されてきた日本社会における雇用の不平等に対し，本書は企業側の視点からこれを捉え直す。すなわち，「観察された不平等はどのように生じたか？」という説明を充実させる形で，従来の不平等研究に貢献する。

（4）企業データの計量分析から不平等を説明する

①基本的な分析戦略

本書では，**各企業を調査単位とするデータを計量的に分析する**ことで，雇用の不平等を説明する。日本における新規学卒後の採用は，基本的に企業単位で行われている（奥村 1994；本田 2012）。「これまでの日本の若年労働市場を編成する基本単位」は「「職業」ではなく会社という「組織」であった」（本田 2012：112）。そこで，多くの企業情報を収集したデータを定量的に分析することで，雇用の不平等を説明する一般的な傾向の解明を目指す。採用担当者へのインタビュー調査（e.g. 小山 2010）などの定性的な手法に対し，本書で用いる定量的な手法は，観察された傾向の一般化可能性だけでなく，企業の成員が必ずしも認識しているとは限らない不平等のメカニズムの発見にも資すると期待できる（序章第 4 節参照，cf. Acker 1990；Ray 2019）。

英語圏の社会学では，こうした分析戦略に基づく研究蓄積も多い。米国の雇用機会均等委員会（Equal Employment Opportunity Commission：EEOC）が調査する EEO-1 報告データを用いた研究が典型である（e.g. Kurtulus and Tomaskovic-Devey 2012；Dobbin et al. 2015）。本書の分析戦略は，Stainback et al.（2010）がレビュー論文として整理した「不平等に対する組織的アプローチ（Organizational approaches to inequality）」と大きく重なる。

ここで注意が必要なのは，企業単位の調査データで観察されるのが，基本的に結果の不平等であるという点である。採用実績に含まれる情報は，属性や個人特性ごとの比率，たとえば「新規採用者30名のうち，男性18名，女性12名」のような情報にとどまることが多い。すなわち，機会の不平等を測定するのに必要な「もし他の条件がすべて等しければ」を満たすことができない。採用実績者における属性比率の差には，本人（求職者）に選択の機会があった場面（志望・応募，内定受諾）と，選択の機会がなかった場面（選考・評価）の両方が反映されている。

そこで本書では，結果の不平等を反映した採用実績に影響する企業の要因のうち，求職者の選好や選択で整合的に解釈することが難しい場合は，機会の不平等を説明するメカニズムとみなす，という方針をとる。たとえば，景気が悪化した際に，特定の慣行をもつ企業で女性採用が減る傾向が観察されたとする（第7章）。この慣行に対する男女の平均的な選好が，景気に伴って変化することを整合的に説明できないかぎり，この結果を求職者の選好や選択で説明することは難しい。このように，求職者側からの解釈が困難な場合は，分析の結果を雇用主の行動に帰着させて考える。この場合は，景気が採用行動に与える影響が，特定の慣行の水準に応じて異なっており，結果として雇用の不平等を変化させているとみなすことになる。

　もちろん，「求職者の選好や選択ではない」という判断は，先験的な基準に基づくものでも，企業データの計量分析とは別の経験的な観察に基づくものでもない。日本社会や日本企業の文脈を踏まえて，企業データの分析結果を解釈することで，雇用をめぐる機会の不平等を説明することを試みる，というものである。より正確には，機会の不平等を説明しているとさしあたって判断できるメカニズムの彫琢を目指すものである。この方針にしたがって，実証分析を行う第4〜7章では，分析結果をどの程度まで求職者の選択として解釈できるか，翻ってどの程度まで機会の不平等を説明するメカニズムとみなせるかを，解釈として具体的に示している。機会の不平等とみなせる前提とロジックを明示するという本書の方針は，個人の選好や選択が事後的に発見されることで，いったん不平等の説明とみなした要因・メカニズムが覆される可能性にも開かれている。

　この方針をより説得的に遂行するため，本書では同一企業をくり返し調査したパネルデータを用いる。産業や企業規模などの企業特性に対する求職者の選好が，年単位で大きく変化することは想定しづらい。そのため，パネルデータの分析から，採用実績における結果の不平等に影響する企業レベルの要因を同定できれば，それが機会の不平等を説明する可能性も高いと考えられる。

②類似の分析方法との異同
　本書が用いる企業パネルデータの計量分析は，機会の不平等の厳密な測定を犠牲にするかわりに，企業レベルの要因に基づく不平等の説明を提供するアプ

ローチである。ただし，雇用主の採用行動を経験的に観察する方法はこれにとどまらない。そこで，類似の分析方法との異同を示すことで，本書で用いる方法の特徴をより明確にしておく。

• 雇用主への実験との差異

　雇用主を対象とする実験は，英語圏を中心に広く実施されている。なかでも，実際の雇用行動を観察するものは，フィールド実験の 1 つとして監査研究（audit study）とよばれる（レビューに Pager 2007；Quillian and Midtbøen 2021）。これは，「（実際または架空の）個人について，1 つの以上の特徴をランダム化し，その個人をフィールドに送ることで，それらの特徴がアウトカムに与える影響を検証」（Gaddis 2018：5）する方法である。監査研究は，実際の人間を用いる in-person audits と，履歴書やオンラインでの応募を用いる correspondence audits に分類できる。テスターの選定や訓練にコストがかかる in-person audits に対し（Pager 2007），近年では correspondence audits がよく用いられており，一例として人種（Gaddis 2015），社会階級（Jackson 2009）やその男女差（Rivera and Tilcsik 2016），母親であること（Correll et al. 2007）に基づく差別が明らかにされている（レビューに Baert 2018）。また，実際の雇用行動を観察するものではないものの，雇用主に求職者の情報を示し，その回答から差別の有無やメカニズムを明らかにするサーベイ実験もよく用いられる手法である（e.g. Galperin et al. 2020；日本における移民や外国人差別の実証例に Igarashi and Mugiyama 2023；五十嵐・麦山 2023）。

　企業データの計量分析とは異なり，雇用主を対象とする実験では，機会の不平等をより厳密な形で測定することができる。履歴書や応募情報に示される要因を実験者が操作することで，機会の不平等の測定に必要な「もし他の条件がすべて等しければ」を満たすことができる。この点は，採用判断に影響しうる個人特性を識別できない企業データの計量分析とは異なる利点である（Pedulla 2018：190）。また，audit study に対しては，差別のメカニズム，この章の議論に即せば不平等の説明を明らかにできない限界が指摘されてきたものの（Gaddis 2018：22），サーベイ実験（Rivera and Tilcsik 2016）や研究室実験（Correll et al. 2007），定性データ（Weisshaar et al. 2024）と組み合わせることで説明を補完することができる（Pedulla 2018）。

　その一方で，雇用主を対象とする実験で測定／説明されるのは，採用プロセ

スの一側面に限定されることが多い。採用に関する audit study の多くがアウトカムとする選考通過は，あくまで採用の途中経過であり，最終的な採用決定ではない（Quillian and Midtbøen 2021：398）。最初の選考通過から採用に至るまでにさらなる不平等を被る可能性も高い（Quillian et al. 2020）。さらに，外的妥当性の問題も生じうる（Quillian and Midtbøen 2021：398, ただし Auspurg et al. 2020）。とくに，日本企業の採用は本社人事部がチームとして採用判断を行うことが多く，ライン管理職個人に大きな採用権限が付与されている米国企業とは異なる（Jacoby 2005＝2005：平野 2006, 本書第 2 章第 2 節も参照）。そのため，とくにサーベイ実験から示される，採用担当者個人レベルの差別的行動や態度が，日本企業における採用決定をどの程度説明するかについて，未知数の部分も残る。

　本書で用いる企業データは，実際の採用行動の集積である。機会の不平等の測定に関しては，さきほど述べたとおり留保をつけざるをえない一方で，そこで観察された組織レベルの要因の効果，およびそのメカニズムは，現実の採用行動にも妥当する可能性が高い。むろん，これは実験に対する優位を主張するものではなく，雇用の不平等の解明という目的において，両者は補完的な役割を果たす。あえてデフォルメすれば，新卒採用の不平等に「虫の眼」で迫る実験に対し，組織の採用結果を集積して分析する本書は「鳥の眼」でこれに迫るといえる。

• 採用活動の参与観察との差異

　採用活動の参与観察から，不平等を生み出すプロセスを経験的に同定することもできる。代表的な研究に，Lauren A. Rivera による米国エリート企業の採用研究がある（Rivera 2015）。Rivera は労働市場における階級再生産，とくにエリート層が再生産されるメカニズムを，米国の EPS 企業（Elite Professional Service 企業：投資銀行, コンサルティング会社, 法律企業）を対象とした，採用担当者へのインタビューと採用活動の参与観察から明らかにしている。EPS 企業の採用スタッフの一員として，採用活動を内側から観察できる強みを活かし，大学でのリクルーティングから履歴書審査，面接に至る各段階について，そこに入り込む出身階級に基づく判断や慣行のあり方が詳細に描かれている。

　採用活動の参与観察では，企業データの定量分析ではブラックボックスにな

る組織内の相互作用，あるいは当事者の認識や意味づけを詳細に観察できる。採用場面で生じる不平等について，これに関わる施策や慣行の具体的なはたらきや相互作用を，組織の文脈に即して，あるいはその成員の認識や意味づけに即して解明できる点に参与観察の強みがある。一方で，多くの企業を集積した採用実績データの定量分析は，雇用の不平等の説明に資する，より一般的なメカニズムを提供する。さらに，企業データの定量分析が示す知見が，参与観察などの事例研究を行う際の有望な視角を提供する，すなわち，より詳細な観察を必要とする対象や場面の特定に役立つことも期待できる。

③分析の対象

本書では，**国内大企業**を対象に雇用の不平等を検討する。雇用に関する不平等の諸側面は，企業規模の違いによって生じており，総じて大企業が「望ましい」特性を労働者に提供する。最たるものが賃金である。男女ともに，個人の年齢や学歴を条件づけても，企業規模が大きいほど所得や賃金は高くなる（有田 2016：第2，3章）。また，現代日本の労働市場には，賃金決定システムに基づく2つの潜在構造（Class1，Class2）があるとされる（鈴木 2018）。その分断線は正規／非正規雇用の間ではなく，正規雇用の内部に存在しており，より賃金水準の高いClass1の正規雇用は，大企業の労働者が過半数を占める（鈴木 2018)[11]。雇用の安定性の面でも，大企業の有利さは頑健である。氏原（1966）が指摘した二重労働市場における企業的封鎖性と移動の階層性は，後続の研究（盛山ほか 1990；原・盛山 1999；尾嶋［1994］2008）によって部分的に否定されているものの，大企業ホワイトカラーは入職率・離職率が低く，二重労働市場自体は戦後強化されている傾向にある（渡辺・佐藤 1999）。初職が大企業やホワイトカラーの労働者は職業経歴も安定的であり，とくに企業規模の効果は戦後に拡大している（渡邊 2018）。退職金制度や企業年金などの企業福祉でも，企業規模間格差が存在する（太田 2010：251-252；今井 2021：第2章）。

国内大企業の採用行動のなかでも，とくに**新規大卒者採用**に着目する[12]。現代日本における大卒採用と高卒採用は制度的に異なっており（Kariya 1998），大企業の採用枠も学歴別に設定されていることがほとんどである。そして，前段で挙げた「望ましい」特性を享受する傾向にあるのは大卒者である。令和元年の賃金構造基本統計調査によると，大卒者の初任給は平均210.2千円で，高卒

者の167.4千円を上回り，この傾向は男女に共通する（厚生労働省 2019：1）。常用労働者1,000人以上の大企業に限定しても，高卒者の初任給が168.5千円であるのに対し，大卒者は213.1千円である（厚生労働省 2019：3）。さらに男性では，大学・大学院卒は高卒者より管理職へ移行しやすく，これは企業規模や職業を条件づけても確認される（豊永 2018a）。女性ではこうした学歴の効果は確認できないものの，改正男女雇用機会均等法が施行された1999年以降に入職した世代では，大卒学歴の効果が拡大している（豊永 2018a：58-59）。

　本書は，国内大企業の新規大卒者採用を「良い」席とみなし，そこで生成・維持される不平等の説明を目指す。序章のくり返しとなるが，既存研究の多くは，個人を対象とする調査データの分析から，「誰がどんな席につくのか？」を明らかにしてきた。これに対し本研究は，企業の採用行動の観察から，「良い席はどのように分配されているか？」に答える。この点で，社会的不平等に対する本書の分析戦略は，エリート研究（e.g. Rivera 2015）と軌を一にする。もちろん，中小企業や高卒採用について，データの収集や利用が困難なことも消極的な理由の１つである。しかし，本書が利用するデータは，就職活動に臨む学生に毎年販売されている商品であり，そうした需要も，この対象が「良い」席とみなされていることを部分的に裏づけている。

　④不平等の種類

　本書は，**ジェンダー**，とくに男女差に着目しながら，新卒採用における不平等を観察する。とくに男女雇用機会均等法の施行以降，コース別人事制度（仙田 1995；脇坂 1997；Mun 2016）を背景に，就職プロセス・結果に与える影響の検証や（吉原 1995；本田 1998），学校歴・専攻分野（豊永 2018b）や学校経由の就職（小川 2021）の効果をめぐる男女間比較がなされてきた。一方で，採用におけるジェンダー不平等は，政策的にも重要な課題の１つと認識されている。女性活躍推進法が定める，企業が状況を把握すべき基礎項目４点の１つに，女性採用比率が設定されている（厚生労働省・都道府県労働局雇用環境・均等部（室）2020：4）。このように，根強く残るジェンダー不平等と，その改善に向けた制度的圧力があるなかで，組織間の差異も現れやすくなると予想できる。

　第４章では，**学校歴**に着目して，新卒採用の不平等を観察する。学校歴（出身大学）は，日本の大卒就職・採用研究でもっとも中心的に検討されてきたト

ピックの1つである。古くは小池・渡辺（1979：82-88）から，近年は教育社会学分野でその影響がくり返し検討されている（近藤 1997；中西 2000；平沢 2010,2011；豊永 2018b）。ただしジェンダーとは異なり，学校歴は本人に選択の機会があるため，本節（1）で説明した機会の不平等の定義にそのまま当てはまるわけではない。しかし，学校歴は大卒就職研究における中心的なトピックであるため，企業側からの観察が，既存研究にいかなる形で貢献するかが見えやすい。さらに，学校歴の獲得にも出身階層差があるため（平沢 2011），出身階層間での機会の不平等を間接的に反映している（第4章第5節も参照）。企業にとっても，ジェンダーとともに求職者の出身大学は観察可能な情報であり，採用判断や雇用施策・慣行とも強く関連すると予想される。そこで，雇用をめぐる機会の不平等が典型的に現れる対象として，ジェンダーと合わせて学校歴も分析課題に設定した。

　第6章の一部では，ジェンダーとあわせて，**障害の有無**に基づく雇用の不平等も検討する。障害の有無に基づく不平等に着目する先行研究は少ない（英語圏における類似の状況として Maroto and Pettinicchio 2015）。雇用管理（眞保 2017）や職場での処遇（丸山・島貫 2021）を事例調査から検討する研究は見られるものの，障害者が被る雇用の不平等を定量的に分析する試みはほとんどない（労働者側からの貴重な例外として，百瀬 2023）。さらに企業には法定雇用率の遵守や障害者への合理的配慮が要請される点で（石﨑 2017），ジェンダーや学校歴とは採用行動が異なると予想される。先行研究に乏しく，制度的規範も強い障害者雇用を分析対象とし，同じ分析のなかで女性採用と比較することで，採用の不平等を説明する別様なメカニズムが明らかになる可能性もある。

⑤不平等に対するショットガン・アプローチ

　本書では，この3つの不平等について，関連が予想される特定の施策・雇用慣行を取り上げ，採用行動への効果を検証する。これは，「前向きの」因果推論――「施策Xの有無によって，採用結果はどのように変わるか？」――から，不平等の説明を試みることを意味する（Gelman 2011）。実務的な関心のもとでは，新卒採用の不平等はしばしば「後ろ向きの」因果推論――「なぜ日本企業の新卒採用は高学校歴の男性に偏っているのか？」――の形で検討される。しかし，採用の不平等を生み出す組織のメカニズム全体を想定し，それに組み込

まれるすべての施策・慣行を特定したうえで，その効果を経験的に観察することはほとんど不可能である。また，社会科学において，後ろ向きの因果推論に経験的な観察から答えを出すことはきわめて困難であり，最終的には前向きの因果推論として定式化した上で検証することになる（Gelman 2011）。[15]

そこで本書では，ジェンダー，学校歴，障害の有無に影響すると先行研究から予想される特定の施策・慣行に焦点を当て，その効果を分析するショットガン・アプローチをとる（佐藤 2011b）。結果の予測ではなく説明を目的とする場[16]合，メカニズムの全体の解明が必ずしも要求されるわけではなく，その一部を明らかにするだけでも十分な貢献になる（Elster 2007；小川 2017：144）。この点で，本書は新卒採用の不平等を説明する mechanism sketch の提示を目指している（Machamer et al. 2000：18；Morgan and Winship 2014：347）。さらに，機会の不平等を是正するうえでも，メカニズム全体の提示は必須ではない。特定の施策・慣行が不平等を説明することさえ示せれば，介入の方向性もある程度限定できる。

本書の結論にあたる終章では，ショットガン・アプローチに基づく各章の知見から，新卒採用における不平等の生成・維持を説明するメカニズムを素描する。そして，メカニズムの粗い全体像をもとに，不平等研究への貢献や，今後予想される変化の方向性を論じる。さらに，雇用の不平等に関連する企業の行動が，求職者の視点からどのように認識されうるかについても言及する。

2　企業を捉える視角

本節では，前節で提示した分析戦略を遂行するうえで，どのような視角から企業を捉えていくかを，英語圏の議論を参照しながら論じる。以下の議論は，本書と問題意識を共有する Barbara F. Reskin の2003年の論文「属性間不平等のモデルにメカニズムを含める（Including Mechanisms in Our Models of Ascriptive Inequality）」に大きく依拠する。

（1）雇用の不平等を説明する2つのアプローチ

雇用の不平等を社会学的に説明する視角として，Reskin（2003）は2つのアプローチを提示している。

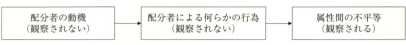

図1-1 属性間の不平等を捉える「動機に基づく」アプローチ
注：Reskin（2003：4）の図1より著者作成。

　観察された社会的不平等を，雇用機会や資源を配分するアクターの動機に帰着する説明は「動機に基づく（motive-based）」（Reskin 2003：2）アプローチとよばれる。このアプローチが想定するモデルを図1-1に示している。まず，個人を対象とする調査データの計量分析によって，属性間の不平等（図1-1右）が測定される。次に，観察された不平等が，配分者（allocator）の動機，たとえば女性に対する差別的な嗜好（Becker 1971）に帰着して説明される（図1-1左）。このとき，実際に機会や資源が配分されるしくみ（図1-1中）は観察の対象にならない。
　このアプローチには，いくつかの理論的限界がある（Reskin 2003：4-5）。Reskin（2003：4-5）は5点指摘しているが[17]，主要なものは以下の2点に集約できる——不平等が観察できない要因に還元される点と，意図や動機によらない不平等の生成・維持を説明できない点である。上記のモデルが想定する配分者の動機は，経験的な観察が難しい。それゆえに，説明に動員される特定の動機を，経験的に反証することも難しい。結果として，このアプローチのもとでは，配分者の動機以外の要因は顧みられなくなりやすい。だが，観察者の想定とは異なる動機や，配分者が意図しないメカニズム，たとえば企業の雇用慣行や法制度が不平等に寄与している可能性も，多くの場合否定できない。
　動機に基づくアプローチに対置されるのが「メカニズムに基づく（mechanism-based）」アプローチである。図1-2に説明図式を示している。このアプローチのもとでは，不平等の原因として特定の動機を想定せず，根本的な原因の同定も目指さない（「何でも」）。そのかわり，資源が配分される実際のメカニズム（図1-2中）に着目し，これを経験的に観察する。ここで観察されるメカニズムとは，「属性に基づく集団を，機会や報酬に結びつける社会的な取り決め（social arrangements）」（Reskin 2003：6）を意味する。たとえば，労使間の協定や各企業の施策，インフォーマルな慣行などが「社会的な取り決め」に含まれる。このような配分メカニズムの観察を通して不平等の説明を試

図 1 – 2　属性間の不平等を捉える「メカニズムに基づく」アプローチ
注：Reskin（2003：8）の図 2 より著者作成。

みるのが，メカニズムに基づくアプローチである。

　Reskin（2003：5-7）は，動機に基づくアプローチと，個人を対象とする調査データ分析の密接な関連を指摘する。両者の結びつきは，次のような研究で典型的に見られる──①アウトカム（たとえば賃金）に影響する個人特性を回帰式の右辺に入れる，②着目する属性（たとえば人種）の回帰係数を推定する，③係数が統計的に有意であれば雇用主による差別があると判断する。このとき，雇用主の動機は，回帰式の右辺にどんな個人特性を入れるかで決まってしまう（Reskin 2003：6）。こうした研究は不平等の測定としては有意義だが，測定された不平等の説明にはなっていない（前節（2））。

　他方メカニズムに基づくアプローチは，資源の配分者である雇用主を対象とした調査データを利用し，その配分行動を観察する。[18]すなわち，雇用主の行動から不平等の近接的な原因（proximate causes）を探るアプローチである（Reskin 2003：8）。不平等の厳密な測定を犠牲にするかわりに，資源や報酬が不均等に配分されるプロセスを観察することで，不平等を説明する分析視角といえる（前節（3））。

　雇用主の側から不平等のメカニズムを捉える必要性は，英語圏の他の文献でも指摘されている。世代間移動における教育達成の役割を再検討した Jackson et al.（2005：10）は，個人の教育達成は，「なんらかの「自動的な」形で，いわば人間の行為から独立して，個人が特定の職を得る機会に影響するわけではない。雇用主（またはその代理）による採用・雇用継続・昇進の決定に組み込まれる限りにおいてのみ効果をもつ」（強調は原著者）と指摘する。[19]雇用主の行動や評価プロセスは，雇用の獲得をめぐる不平等にとって重要なだけでなく（Bills et al. 2017；Rivera 2020），それに付随する地位や賃金も規定する点で，他の様々な不平等に与える影響も無視できない（Bills 2003）。

　国内の先行研究にも，同様の指摘を見てとれる。竹内洋は，労働市場における学校歴のはたらきを，教育システムに還元する従来の議論に対し，「学校歴

25

を市場能力に無媒介的に帰属させる誤認の認証の幇助」（竹内 1995：123）を行っていると指摘する。そして，James Rosenbaum や Mark Granovetter の議論に依拠し，「「何故」の選抜ではなく「いかなる」選抜がおこなわれているか」（竹内 1995：122）を照準すべき問いとして提示する。後続の研究でも，こうした配分メカニズムが理論的にも実証的にも検討に値することが指摘されている（平沢 2005；平沢ほか 2013）。

　前節で提示したように，本書は**メカニズムに基づくアプローチ**を選択し，不平等の説明を目指す。これはすなわち，雇用主の採用行動に対する経験的な観察から，雇用の不平等を維持・変化させる配分メカニズムの導出を目指すということである。

（2）組織のメカニズム（Organizational Mechanisms）への着目

　不平等の維持・変化につながる配分メカニズムを，Reskin は心理（intrapsychic），対人（interpersonal），組織（organizational），社会（societal）の4つに分類している。心理的メカニズムは配分者の心理状態に基づくもので，その説明は社会的認知理論やステレオタイプ，地位期待などに依拠する（Reskin 2003：8-9）。社会学では心理的メカニズムの経験的な観察は難しいと Reskin（2003：8）は述べているが，近年では潜在連合テストや感情誤帰属手続きなど新たな手法の導入により，意識／無意識によらずこうしたメカニズムの観察が進んでいる（組織を対象とする例に Srivastava and Banaji 2011）。対人メカニズムは，配分者の心理状態が，他者へのふるまいに変換される過程に関わる（Reskin 2003：9）。とくに他者の属性に応じて配分者のふるまいが変わる場合に，不平等が生じることになる（e.g. Rivera 2012）。組織のメカニズムは，組織の施策や慣行の作用に関わり，それらの違いが不平等にいかなる帰結をもたらすのかを説明する（e.g. Kalev et al. 2006）。社会的メカニズムは組織を取り巻く社会的・経済的要因に着目し（Reskin 2003：10），法制度（e.g. Zhang 2022）や訴訟（e.g. Hirsh and Cha 2018）の効果がこれに含まれる[20]。

　不平等にもっとも近接する原因と位置づけられているのが組織のメカニズムである（Reskin 2003：12-14）。心理的・対人的なメカニズムが資源の配分にどの程度影響するかは，組織の施策や慣行に依るところが大きい。とくに，当人の意図とは無関係に生じるバイアスは，組織の慣行がこれをどの程度抑制／増

図1−3　属性間の不平等に結びつく4つの配分メカニズム
注：Reskin（2003：9）の図3より著者作成。

幅するかによって，不平等への影響も変化する（Reskin 2000：320）。法制度などの社会的な要因は，不平等に直接影響するというよりも，これを受けた組織の反応を通じて雇用の不平等に影響を与える（e.g. Dobbin 2009；Mun 2016）。このような関係を単純化すると図1−3のように表せる。心理的・対人的なメカニズム，社会的なメカニズムは，組織のメカニズムを媒介することで不平等に影響する。ただし，図1−3は不平等への寄与度を比較しているわけではなく，あくまで要因の近接性に基づく図式である。雇用の主体，すなわち職という資源を配分する主体が組織である以上，資源が配分された結果としての不平等にもっとも近接しているのは組織のメカニズムだといえる。

　雇用の不平等に直接関わるアクターとしての組織の重要性は，他の研究でもくり返し指摘されている。その先駆けが，"Bringing the Firms Back in" と題するBaronとBielbyの1980年の論文である（Baron and Bielby 1980）。彼らは，個人の地位達成に対する社会経済的構造のはたらきに注目する既存研究に対して，個人と社会構造をつなぐ企業（firms）が分析から捨象されていることを指摘し，これを経験的に研究する意義を主張する。不平等の生成・維持に寄与する組織レベルのメカニズムの総体を，Joan Acker（2006）は組織の「不平等レジーム（inequality regime）」として定式化している。不平等レジームは，組織における慣習やプロセス，行為や意味づけが相互にゆるやかに関連することで構成されており（Acker 2006：443），しばしば成員にも不可視化された形でジェンダー化（Acker 1990），人種化（Ray 2019）されている。不平等の近接因としての組織の重要性は，Donald Tomaskovic-DeveyとDustin Avent-Holtの「関係的不平等理論（Relational Inequality Theory: RIT）」（Tomaskovic-Devey and Avent-Holt 2019）でも強調されている。

　日本では，雇用関係への組織の影響力がとくに強いことを踏まえると，雇用

の不平等に対する組織の寄与も大きいことが予想される。古くは，Ronald P. Dore が英国の雇用慣行を「市場志向」，日本を「組織志向」と対比したように，企業別組合や終身雇用が特徴づけてきた日本の雇用関係において，組織の影響力はとくに顕著であるとされてきた（Dore 1973＝1987）。こうした慣行は，1980年代以降部分的には変化しているものの，組織の強い影響力は維持されている（Jacoby 2005＝2005；平野 2006；佐野 2021）。本書で着目する採用も例外ではなく，米国ではライン管理職個人の裁量に多くが委ねられているのに対し，日本では本社人事部の権限が依然として大きい（第 2 章第 2 節）。日本企業の新卒採用における不平等には，労働市場（社会的メカニズム）や採用担当者個人（心理的・対人的メカニズム）よりも，**組織のメカニズム**が寄与する程度が大きいと予想できる。[21]前節で提示した，「企業データの計量分析」という分析戦略は，こうした議論に基づいて選択されている。

（3）雇用施策・慣行，管理職層の効果とその異質性

　雇用の不平等を維持・変化させる組織のメカニズムを明らかにするために，本研究では組織の施策・慣行の効果，および管理職層の効果に着目する。さらに，施策の効果が組織内外の文脈に応じてどのように変化するかにも焦点を当てる。これは，「不平等に対する組織的アプローチ」をレビューした Stainback et al.（2010）で提示されている 3 つの観点，組織の構造・ロジック・慣行がもつ慣性，アクター間の相対的な権力，組織の制度的・競争的環境とある程度重なる。

　ひとたび構築された組織の**施策・慣行**は容易には変化しない性質をもち，これを「慣性（inertia）」とよぶ。不平等研究における慣性とは，構築された組織の構造や施策・慣行が，その後の不平等の生成にも寄与し続ける状況を指す。こうした構造，施策・慣行は，組織における「不平等レジーム」となり，階級やジェンダー，人種間の不平等を維持させる一方で（Acker 2006：443），組織の成員には可視化されづらい（Acker 1990；Ray 2019）。日本企業においても，歴史的に形成された制度や慣行——長期雇用慣行や新卒一括採用——が，ジェンダーや学校歴間の不平等生成・維持に寄与していると予想される。

　一方で，雇用の不平等を是正するための新たな施策・慣行が，意図した効果を発揮しているかも検討に値する。施策が雇用の平等化につながらない場合や，

別の雇用領域に対する潜在的（逆）機能（Merton 1957＝1961）をもつ場合もあるからである。たとえば，人事施策の形式化（formalization）は，雇用機会の平等化／不平等化どちらにも寄与する（Stainback et al. 2010：230-231；Dobbin et al. 2015）。管理職のバイアスを抑える施策，たとえば管理職に対するトレーニングは，しばしば逆効果になる（Dobbin and Kalev 2022）。こうした平等化施策の効果を検証することで，日本企業における採用の平等化を妨げるメカニズムが発見されるかもしれない。

　組織における**管理職層**も，様々な資源・報酬の配分に関わる点で，組織のメカニズムの一翼を担う。管理職は，採用・昇進などの人事決定（Cohen et al. 1998）だけでなく，部下に対する評価を通じた給与・賃金の決定（Srivastava and Sherman 2015），ダイバーシティ施策の導入（Dobbin et al. 2011）などを通じて，雇用の不平等に影響を与える。そのため，社会的に不利な属性集団が管理職に占める割合が高くなると，その属性に基づく雇用の不平等も緩和すると予想され，ジェンダー不平等を対象に研究が蓄積されてきた（レビューに Huffman 2013；Kalev and Deutsch 2018）。しかし，女性管理職の増加が，必ずしもジェンダー不平等を改善するわけではなく（e.g. van Hek and van der Lippe 2019），対象とする社会や，何をアウトカムにするかによって，管理職層が不平等に与える効果やそのメカニズムは異なると考えられる。

　組織の施策・慣行や管理職層が不平等に与える効果は，常に一定ではない。組織内外の文脈に依存して，その効果も変化する。文脈を構成する要素のなかでも，とりわけ重要な位置を占めるのが，組織を取り巻く環境である。これは，大きく競争的環境と制度的環境に区別できる。前者は景気や市場の独占・寡占など広い意味で市場に関わる要素，後者は法制度や政策，規範や文化などの要素を指す（Scott 2013）。環境の変化は，それ自体が雇用の不平等に影響する一方で，環境の変化が組織に与える影響は，組織間で一様ではない。図1－3が表すように，組織を取り巻く社会レベルの要因は，これに対する各組織の反応を通じて，雇用の不平等に影響する。同じ環境の変化に対する意味づけが組織間で異なることもあり，ときには雇用の不平等に正反対の効果をもたらす（Mun 2016）。こうした**文脈に応じた効果の異質性**も必要に応じて考慮することで，不平等のメカニズムにより接近することができる。

　第4～7章の実証分析では，これら3つの側面——組織の施策・慣行，管理

職層，および文脈に応じた効果の異質性——を，着目する不平等の種類に応じて操作化し検証する。

3　本書の検討課題

　本書の目的は，企業の採用行動を計量的に分析することで，組織の雇用，とくに新卒採用に関わる社会的不平等を維持・変化させる組織のメカニズムを描き出すことである。これを達成するため，ジェンダーを中心としつつ学校歴・障害の有無も合わせた3つの不平等について，第4〜7章では以下の4つの検討課題に取り組む。それぞれの課題は，前節で論じた3つの側面，組織の施策・慣行，管理職層，および文脈に応じた効果の異質性のいずれかに対応している（表1-1）。

　第4章では，企業の採用枠・雇用慣行と，採用実績者の学校歴構成の関連を検討する。選抜度の高い学校歴が，大企業への就職にとって有利に働くことは，教育社会学分野でくり返し示されてきた。しかし，大企業のどのような施策・慣行が，選抜度の高い大学からの採用と結びついているかは，経験的に示されてこなかった。この章では，技術職採用枠の有無と平均勤続年数の2点に着目し，学校歴構成との関連を明らかにする。

　第5章では，企業の管理職層，とくに女性管理職比率の変化が，女性採用・定着に与える影響を検討する。雇用のジェンダー不平等について，「ガラスの天井」，つまり指導的地位に占める女性の少なさが注目を集めている。このとき，ガラスの天井が不平等のボトルネックであること，つまり指導的地位に占める女性の増加が，ジェンダー不平等を改善させる重要な糸口になると想定されていることが多い。しかし，その帰結は必ずしも自明ではない。組織の管理職層に女性が増えることで，採用のジェンダー不平等は改善するだろうか？第5章ではこの問いを検討する。

　第6章では，企業が新たに実施する平等化施策として，ダイバーシティ部署の設置に注目し，これが女性や障害者の雇用に与える影響を検討する。先述のとおり，すべての不平等是正施策が効果をもつわけではない。施策の有効性には差があり，ときに逆効果になることもある。そうした施策のなかでも，担当部署の設置は，不平等の改善に有効だとされてきた（Kalev et al. 2006 ; Dobbin

第1章　分析視角

表1-1　検討課題の位置づけ

	学校歴	ジェンダー	障害の有無
施策・慣行の効果	第4章	第6章 （第7章）	第6章
管理職層の効果		第5章	
文脈に応じた 施策の効果異質性		第7章 （第6章）	

et al. 2015)。しかし，日本企業の文脈を踏まえると，部署の設置と実際の雇用行動は結びついていないかもしれない。この章では，女性採用，障害者雇用，女性管理職への登用の3つをアウトカムに設定する。これにより，平等化施策の効果について，不平等の種類に応じた，あるいは採用とそれ以外の雇用領域の間にある共通性／異質性も明らかになる。

　第7章では，企業のワークライフバランス（以下WLB）施策に着目し，施策の充実度から女性採用への影響が，景気によってどのように変化するかを検討する。企業の施策が雇用の不平等に与える影響は，つねに一定ではない。そして，施策の効果を左右する重要なファクターが，組織がおかれた環境である。この章では，そうした環境要因のなかでも，競争的環境としての景気に着目する。そして，「ジェンダー平等的」な施策とされるWLB施策について，女性採用に与える効果が，企業の業績に応じてどのように変化するかを明らかにする。

　これら4つの課題は，分析視角と対象に応じて表1-1のように整理できる。第4章では，企業の採用枠と長期雇用慣行が，採用実績者の学校歴構成に与える効果を検討する。第5章では，組織の管理職層が，採用・定着のジェンダー不平等に与える影響を検討している。第6章では，ダイバーシティ部署の設置という平等化施策の導入が，ジェンダーや障害の有無に基づく雇用の不平等に与える影響を検討する。さらに，組織の役員構成という文脈に応じて，部署設置の効果がどのように変化するかも検討している。第7章では，WLB施策が女性採用に与える一般的な効果を確認したうえで，景気に対応する組織の文脈に応じた効果の異質性を検討する。

　くり返し強調しておくが，本書はこれら4つの検討課題から，採用の不平等

31

を生み出すメカニズムのすべてを検証することを目的とはしていない。ショットガン・アプローチに基づき，先行研究や日本企業の文脈から，組織のメカニズムが現れやすいと予想される領域を選択している。一方で，こうした1つひとつの知見は，メカニズム全体を推測する上で重要な手がかりとなる。本書の結論に当たる終章では，そうした手がかりを組み合わせることで，新卒採用の不平等を生み出すメカニズムを，大胆かつ分析結果に矛盾しない形で描き出すことを目指す。

注

(1) 実証研究の例に苅谷 (2001)。また，ドゥオーキンを批判的に検討した分析的マルクス主義者のジョン・ローマーは，同一の環境要因が構成する集団内における相対的な「努力度」に基づいて不平等の程度を同定する案を提示している (Kymlicka [1990] 2002＝2005：123-126；宮寺 2014：33-34)。日本の所得不平等に対する実証的な応用例に浜田・石田 (2003)。

(2) 因果推論の理論と方法について，社会学を中心とした日本語のレビューに大久保 (2019)。

(3) Goldthorpe (2016：ch.1) は，社会学の目的に，マクロレベルの集合現象を 'visible' にする記述 (description) と，'transparent' にする説明 (explanation) の2つを提示する (麦山 2021：7)。不平等の測定／説明も，この区分に重なる (麦山 2021：7-8)。

(4) 媒介分析は，不平等の測定を複数回行うことで，positive な説明を試みる作業として位置づけることもできる。

(5) 不平等の測定と説明は，理論的な estimand の水準でも区別可能である (Lundberg et al. 2021)。測定の場合，その unit は個人，あるいはその代理指標 (Pager 2003) であり，unit-specific quantity は，そこで考えられている資源となる。一方で，説明の場合，unit は必ずしも個人やその代理指標である必要はなく，quantity も資源と一致していなくてよい。男女間の賃金獲得機会の不平等を考える場合，測定の理論的 estimand は「男性の潜在的な賃金と，女性の潜在的な賃金の差」となるが，説明の理論的 estimand は無数にあり，たとえば「雇用主の男性に対する潜在的な雇用確率と，女性に対する潜在的な雇用確率の差」がその1つである。

(6) RRA 仮説と階級文化仮説の対比は，多喜 (2020：6-11) を参照した。

(7) 原・盛山 (1999：184-187) は，大卒女性の就業継続を妨げる背景として「会社主義」的特性を挙げているが，これが唯一の原因と主張するわけではなく，「家族観，キャリア観，都市構造，保育制度，そして何よりも女性自身の選好のあり方が鍵で

第1章　分析視角

あることは否定できない」と留保もつけている。

(8)　「測定された不平等はどのように生じたのか？」「この社会規範が存在するからである」「では，この社会規範が存在しているとなぜいえるのか？」「この不平等が測定されたからである」という循環である。

(9)　ロールズの格差原理に対する批判の一部と対応する（Kymlicka［1990］2002＝2005：106-110）。

(10)　石田浩による組織研究は貴重な例外の1つである（Ishida et al. 1997, 2002）。英語圏の社会学でも，たとえば家族政策の充実が管理的地位への女性の進出をかえって妨げる「福祉国家のパラドックス」（Mandel and Semyonov 2006）について，労働者と雇用主双方のプロセスが考えられるにもかかわらず，雇用主の行動を直接検証した研究はほとんどないことが指摘されてきた（Mun and Jung 2018a）。

(11)　ただし，クラスへの割当にもっとも寄与するのは，企業規模ではなく雇用形態である（鈴木 2018：87）。

(12)　本書の「新規大卒者採用」には修士卒を含む。また，以降の「新卒採用」は，とくに断りのないかぎり新規大卒者採用を指すものとする。

(13)　ただし，1995年以降に入職した世代では，大卒の効果が減少しており，これは主に入試選抜度が相対的に低い私立大学の効果を反映している（豊永 2018a：54-58）。

(14)　官公庁も大企業と同じく「望ましい」就職結果として扱われることがある（平沢 2010）。しかし，官公庁の新卒採用は，そのプロセスや慣行において，民間企業と大きく異なるため，本書の分析対象から除外した。公務員の人事管理制度，および民間企業との相違は太田（2013）を参照。

(15)　これは後ろ向きの因果推論が，因果効果を扱う社会科学にとって無意味であることを意味しない。観察された異常性に対して理由を問うことは，前向きの因果推論を行う際のモデル確認や，新たな仮説生成にとって有益である（Gelman and Imbens 2013）。

(16)　ショットガン・アプローチは，「明確な戦略や理論的正当化なしに多くの変数を分析すること」（Vogt 2011）を意味することもあるが，これは本書の意図ではない。第4～7章の実証分析では，先行研究から重要だと考えられる変数をあらかじめ特定したうえで，統計的仮説検定によってその関連を同定している。

(17)　①配分者の動機自体は観察できないこと，②動機が属性に基づく集団内で同質であると仮定していること，③意図的な行為に説明が限定されること，④不平等の主要因が動機であるとは限らないこと，⑤不平等の程度が異なるメカニズムがブラックボックスになることの5点である（Reskin 2003：4-5）。

(18)　メカニズムに基づくアプローチと雇用主の側から不平等を捉える作業は，大きく重なるが例外もある。Becker（1971）の差別仮説を検証する「市場テスト」，す

33

なわち女性雇用率と企業利潤の関連から，雇用主の女性差別嗜好の有無を捉える実証研究（e.g. 佐野 2005）は，雇用主のデータを利用する一方で，メカニズムではなく雇用主の動機（差別嗜好）を推測するアプローチである。

(19)　雇用主の決定に組み込まれない教育達成の影響に，学歴に基づく求職者の自己選択がある。ただし，Jackson et al.（2005）は求人広告の内容分析を行っており，求職者による求人への応募も，雇用主の行動（ここでは広告内容）の帰結とみなしているのかもしれない。

(20)　このように，雇用の不平等に関わる労働需要側の要因をミクロ–マクロの水準で分類する方法は，他の文献でも確認できる。Baron and Bielby（1980）は，仕事と不平等（work and inequality）研究の分析視角を①個人的，②役割的，③組織的，④制度的，⑤社会的の5つに，Pager and Shepherd（2008）は，雇用の人種差別に関わる要因を①心理的（個人的），②組織的，③構造的（社会的）の3つに分類している。

(21)　日本社会論（中根 1967）や社会階層論（原・盛山 1999）においても，日本の社会構造における（企業）組織の重要性を指摘する議論がある。しかし本書は，たとえば階級概念と比較して組織概念の重要性を主張するものではなく，あくまで雇用関係の決定において，組織が果たす役割の重要性を論じているにすぎない。そのため，日本社会論や社会階層論における先述の議論や，これに対する批判（e.g. Erikson and Goldthorpe 1992：ch.10）は本研究の射程から外れる。

第2章
理論的・制度的背景

　本章では，前章で提示した検討課題に答えるうえで，その補助線となる理論的文脈および制度的背景を示す。先述のとおり，本書はショットガン・アプローチから，雇用の不平等を生み出すメカニズムの解明を目指しており，特定の理論仮説の検証を最終的な目標とはしていない。もちろん，個々の分析仮説を導出する際には，当該分野の理論や先行研究に依拠するものの，扱う要因や対象が多岐にわたる以上，単一の理論仮説の設定は困難であり，有意義でもない。

　そこで本章では，問いと関連する理論と制度の両方を，分析結果を本書全体の問い——「「良い」席はどのように分配されているのか？」——の下で解釈する際の道具として位置づける。道具である以上，基本的にはどのような理論・制度を援用してもよいのだが，先行研究との接続可能性の観点から，多くの既存研究で援用されてきた採用理論，および日本社会の雇用制度について整理する。

　第1節では，採用基準および採用差別について，代表的かつ本書の問いと関連の深い理論を提示する。第2節では国内大企業の雇用における諸特徴のうち，本書で検討する新卒採用の不平等に影響すると考えられる特徴を3点挙げる。これらの理論・制度から予想される新卒採用の不平等のあり方は，第4〜7章で経験的に検証されることになる。

1　理論的背景
——採用基準の理論と差別の形態——

　本書で扱う対象は，ジェンダーを中心とし，学校歴と障害の有無を合わせた3つである。このうち学校歴を含む教育達成は，雇用主の採用基準との関係で，ジェンダーや障害の有無は，採用の場面で起こる差別の客体として，それぞれ

論じられることが多い。この節では，学校歴の分析結果を解釈する補助線として採用基準の理論を，ジェンダー・障害の有無の分析結果を解釈する補助線として採用差別の理論を提示する。

（1）採用基準をめぐる理論

　企業は，多くの応募者のなかから，一定の基準に基づき，採用する相手を決定している。採用可否の判断を基礎づける何らかの基準を説明する理論を，ここでは「採用基準の理論」とよぶ。

　採用基準を説明する理論は複数存在し，それらを分類する方法もいくつかある。たとえば，Bills（2003）は，教育達成と社会経済的地位の関係への説明として，「学歴に基づく情報を，雇用主がいかに獲得・評価し，それに基づいてどのように行動するか」（Bills 2003：442）に関する理論を7つ——①人的資本理論，②スクリーニング理論，③シグナリング理論，④統制理論，⑤文化資本理論，⑥制度理論・チャーター理論，⑦資格理論——提示している。Bills et al.（2017）は，採用決定時に雇用主が依拠する情報を①人的資本（シグナリング，資格理論，スティグマの利用など），②社会関係資本（ネットワークや縁故の利用など），③文化資本（他の非認知的基準など）の3つに大別している。同様にRivera（2020）も，①能力ベース（人的資本理論，シグナリング理論，社会関係資本，統計的差別），②地位ベース（地位特性とステレオタイプ），③社会的閉鎖ベース（あからさまな差別，機会の占有）の3つに既存理論を分類している。

　これらの理論のなかから，ここでは Bills et al.（2017）における①（広義の）人的資本理論，あるいは Rivera（2020）における①能力ベースの理論に着目する。本書で扱う対象のうち，採用基準の理論ともっとも密接に関連するのが学校歴である。そして，学校歴を含む個人の教育達成は，その多くが能力ベースの理論に基づいて論じられてきた。

　もちろん，文化資本や社会関係資本も，採用の不平等を説明する重要なメカニズムの1つである。しかし，採用基準としての文化資本は，採用活動の参与観察（Rivera 2015）や監査研究（Jackson 2009）など観察方法が限定され，本書が用いる企業単位の調査データから接近することは難しい。社会関係資本について，とくに日本の高卒労働市場を説明するうえでは，学校と企業の制度的連結の意義が強調されてきた（苅谷 1991）。しかし，大卒労働市場では，学校を

介さない自由応募が一般的であり，学校経由の就職を利用した場合でも，離職
リスク低減などの恩恵をこうむるわけでもない（石田 2014）。また，いわゆる
OB・OG訪問（中村 2010）についても，その効果はバブル期の文系学生に限定
的であり（平沢 2010），90年代末以降は，その機能を主に男性学生への情報提
供に限定してきた（Chiavacci 2005）。

　前段で挙げた理由は，理論一般の水準で文化資本や社会関係資本理論が劣る
ことを主張するものではない。しかし，ここでの目的は，既存理論を網羅的に
示すことではなく，冒頭でも述べたとおり，本研究の結果を解釈する道具とし
て，関連の強い理論を整理することである。本書で扱うフィールド（現代日本
の大卒労働市場）や対象（学校歴），手法（企業データの定量分析）に照らして，こ
こでは能力ベースの理論に焦点を絞った。[1]

　能力ベースの理論のなかから，とくに日本の先行研究が着目してきた理論と
して，本節では（狭義の）**人的資本理論，シグナリング理論**，そしてシグナリ
ング理論の一種である**訓練可能性理論**の３つを取り上げる。人的資本理論・シ
グナリング理論は，学校から職業への移行を論じる国内の社会学研究で頻繁に
援用されてきた（竹内 1995：第１章；平沢 2005：30, 2021：116-117；苅谷 2017）さ
らに，日本企業における採用基準を説明する際には，シグナリング理論の一種
である訓練可能性理論もしばしば用いられる（竹内 1995：第４章；平沢 2005：30,
2021：117）。ここでは，この３つの理論を紹介し，学校歴の分析結果を解釈す
る際の見取り図を用意する。

　①人的資本理論

　人的資本理論を定式化したのは，経済学者の Gary S. Becker である。著書
『人的資本』（Becker［1964］1975＝1976）において，Human Capital 自体は必ず
しも明確には定義されていないものの（cf. Rosenbaum 1986：164；Bills 2003：
444），限界生産性の増加に貢献するような，職場訓練や学校教育を通じたスキ
ルや知識，情報の獲得，あるいは健康の増進などが，人的資本への投資とされ
ている（Becker［1964］1975＝1976：第２章）。投資行動の典型としての職場訓練
は，さらに一般訓練（general training）と特殊訓練（specific training）に分けら
れる（Becker［1964］1975＝1976：20）。一般訓練は，多くの企業で共通して限界
生産性を高めるような訓練であり，通常は労働者がその費用を払う。対して特

殊訓練は，ある企業での限界生産性のみを高めるような訓練であり，その費用のすべてまたは多くを雇用主が払う（Becker［1964］1975＝1976：22-40）。

実は，『人的資本』で主に扱われているトピックは教育から得られる収益であり，雇用主の採用行動への言及はほとんどみられない。しかし，現在の社会学分野では，人的資本理論を出発点として，採用基準の理論を整理することが一般的である（Bills 2003；Rivera 2020；平沢 2021）。人的資本理論では，求職者の限界生産性を，雇用主がある程度正確に観察できるという前提のもと（Rivera 2020：218），より限界生産性が高い求職者を雇用主は採用することになる。入職前にその企業への特殊訓練を受けることは稀であるため，求職者の限界生産性には，一般訓練を通じた人的資本への投資行動が主に反映され，多くの場合学校教育がその役割を担う（cf. Becker［1964］1975＝1976：40-42）。そのため，高卒よりも大卒で，選抜度の低い大学よりも高い大学で，人的資本への投資が顕著であるという前提のもと，限界生産性を基準とする採用行動の帰結として，より高い学歴・学校歴の求職者が採用されることになる。

②シグナリング理論

ここでは，経済学者 Michael Spence（1973）の論文 "Job Market Signaling" に基づき，シグナリング理論の概要を示す。シグナリング理論は人的資本理論と対置されることが多いが（Bills 2003；Rivera 2020；平沢 2021），Spence は上記の論文で明示的に Becker に言及しているわけではない。また，タイトルが示すとおり，労働市場における採用判断を扱う論文であり，Becker の『人的資本』とは議論の射程が異なる。

Spence（1973：356）は，個人の限界生産性を採用時に雇用主が観察できるわけではないという前提に立つ。人的資本理論に基づく採用行動との差異は，この点にある。もちろん，専門職や技術職の採用では，限界生産性をある程度正しく見積もれるだろうが，事務職や販売職，管理職の採用では，限界生産性の観察は困難と考えられる（Goldthorpe 2014：273-274）。このとき，ある個人を採用することは，「宝くじを買う」（Spence 1973：356）ような行為となる。

この状況のもとで，雇用主は購入する「宝くじ」を評価するため，観察可能な個人データとして，個人の特徴（characteristics）や特性（attributes）に依拠することになる（Spence 1973：357）。たとえば「学歴，職歴，人種，性別，犯

罪歴, 軍歴」(Spence 1973：357)が観察可能な情報に含まれる。これらの情報は2種類に分けられる。個人が操作できない情報, たとえば性別や人種, 年齢は, インデックス（indices）と定義され, 個人が操作可能な情報, たとえば学歴は, シグナル（signals）となる（Spence 1973：357）。シグナルを獲得するにはコスト（signaling cost）がかかる。コストの大きさは個人の能力と負に相関し（Spence 1973：358）, 能力が高いほど同じシグナルの獲得にかかるコストは小さくなる。すなわち, 一般的に獲得コストの大きいシグナルを獲得している求職者は, 観察できない限界生産性の水準も高いだろうという推測が成り立つ。

③人的資本理論とシグナリング理論の差異

　学歴・学校歴に関する採用判断への説明は, 人的資本理論とシグナリング理論の間で微妙に異なる。たとえば「高い学歴・学校歴をもつ求職者ほど採用されやすい」という結果への説明を考える。人的資本理論のもとでは, 雇用主は求職者の限界生産性を観察できており, 学歴・学校歴が高いほど個人の限界生産性も高い傾向にあるため, こうした結果が現れると解釈する。一方, シグナリング理論のもとでは, 雇用主は求職者の限界生産性を観察できない。そのため, 観察可能なインデックスやシグナルに頼ることになり, そうしたシグナルの1つに学歴や学校歴が位置づけられる。これは, 同一学歴・学校歴集団の平均的な情報から, その集団に属する個人の限界生産性を推測する点で, 統計的差別と同型の採用行動になる。

　就職結果への学校歴の影響を説明する際, 日本語圏の社会学では, シグナリング理論に依拠した説明がなされることが多い（福井 2016；豊永 2018b）。この理由として, 1980年代における「大学教育無用論」を背景に（濱中 2010：89）, 大学教育を人的資本への投資とみなす人的資本理論が社会的なリアリティをもちづらかった可能性が考えられる。いま1つには, 学校歴が採用慣行に組み込まれている日本の新卒採用のもとで（竹内 1989；齋藤 2007）, 求職者の限界生産性を雇用主が観察できているという人的資本理論の想定が疑わしいと捉えられてきた可能性も指摘できる。

　ただし, 人的資本理論とシグナリング理論の妥当性を経験的に判別するのは難しい（平沢 2010：62）。そもそも両理論は排反ではなく, 2つの理論から同一の事実が観察されることもある（平沢 2021：117）。そこで, 既存研究はしばし

ば強い仮定をおき，両者の識別を試みてきた。たとえば安部（1997）は人気企業への就職確率をアウトカムとし，偏差値の大学間差異と大学内変動の効果を識別したうえで，前者を大学教育や OB ネットワーク，後者を入学時の選別効果と対応させている。しかし，これは人的資本に対する大学教育の投資機能が，時点間で変化しないという想定のもとで成立する立論である。また，橘木・松浦（2009：第 7 章）は，教育の効果に対する回答者本人の認識を分析し，これがシグナリング理論に妥当することを示している。ただ，これも当人の認識が実態を正しく反映するという想定のもとで成り立つ議論であり，学歴の効用については，しばしば認識と実態にギャップが生じることがある（濱中 2013）。一方で，Ishida et al.（1997）は学校歴の効果を入社から昇進に至る長期間にわたって観察することで（Goldthorpe 2014：273 も参照），Araki（2020）は学歴とスキルを別々に測定することで，複数の理論の妥当性を経験的に識別している。

④訓練可能性理論

真の採用基準を雇用主は観察できないという点において，訓練可能性理論は，シグナリング理論のバージョンの 1 つとして捉えられる。シグナリング理論が採用基準を個人の限界生産性におくのに対し，訓練可能性理論はその仕事に対する求職者の訓練可能性（trainability）におく。以下，Lester C. Thurow（1975＝1984）の『不平等を生み出すもの』に沿って，同理論を概説する。

人的資本理論は，個人単位で定義される限界生産性に応じて，その個人が得られる収入が決まると考える。一方，訓練可能性理論では，限界生産性は仕事の方にあり，どの仕事に就くかによって，個人の収入が決まる（Thurow 1975＝1984：98；有田 2016 も参照）。その仕事で必要な能力の大部分は，入職前の時点で身につけているのではなく，入職してから昇進経路を進む過程で，公式／非公式の職場訓練（On-the-Job Training: OJT）を通じて習得していく（Thurow 1975＝1984：99）。

そして，労働者の訓練にかかる訓練費用（training cost）を最小にするよう，雇用主は求職者の背景特性を基準に採用を行う。Becker（[1964] 1975＝1976）の特殊訓練と同様，職場訓練の費用の大部分は雇用主が負担する（Thurow 1975＝1984：111-114）。そのため，雇用主にとっては，訓練にかかる費用をなるべく抑えることが経済合理的な選択となる（Thurow 1975＝1984：109）。しかし，

第**2**章　理論的・制度的背景

実際にかかる訓練費用は，その仕事に就いたあとで判明するため，採用時に訓練費用そのものを観察することはできない（Thurow 1975＝1984：109）。そこで雇用主は，訓練費用に影響する「背景となる特性（教育，生得能力，年齢，性，個人の習慣，心理学のテストの点数など）」（Thurow 1975＝1984：108）にしたがって，採用判断を行う。この点が，インデックスやシグナルをもとに採用判断を行うシグナリング理論との共通点である。なお，Thurow は，背景特性にしたがって求職者が順序づけられ，順位が上の求職者から順に雇用される「仕事競争モデル」を提示している。ただし，訓練可能性理論と仕事競争モデルは不可分ではなく，仕事競争モデルは本書の目的にさほど関連しないため，ここでは訓練可能性に関する議論に限定して論じる。

　Thurow 自身は明確に述べていないものの，職場訓練を通じた能力開発を前提とした採用基準には2つの側面がある——(1)訓練にかかる費用と，(2)訓練の結果得られるリターンである。(1)はこれまで論じてきた点であり，教育達成が重要な背景特性となる（Thurow 1975＝1984：110-111）。一方で(2)も重要である。企業が大部分の費用を負担して職場訓練を実施したとしても，労働者がすぐに離職した場合，求職者に投資したリターンを，企業は十分に享受できないからである。(2)の側面があることは，女性への統計的差別に関する Thurow の記述に認められる。「経営者は，事前に，どの女性が生涯，年間をとおしてフル・タイムで働く労働者になり，どの女性が労働力からしりぞき，あるいはパートの労働者になるかを見わけることはできない。経営者は OJT をほどこすので，投資したいと思うのは，フル・タイムの労働力でいる可能性が大きい人である。女性に訓練をほどこすと，投資の回収が難しくなる」（Thurow 1975＝1984：213，傍点原著者）。

　Thurow 自身は，おそらく(1)と(2)の両方を「訓練費用」という言葉で表している。訓練費用は「産業規律や良い労働習慣の模範をおしえこむ費用と，訓練費用が変動的であり，また未知の労働者をやとうことから生じる不確実性の費用」（Thurow 1975＝1984：109）を含むとされており，前半が(1)に，後半が(2)にゆるやかに対応すると考えられる。ただし，「訓練費用理論」という表現から想起されるのは(1)の側面であり，(2)の要素は捨象されやすい。そこで本書では，(1)と(2)の両側面を反映する理論として「訓練可能性理論」を定義し，以降はこの用語を用いる。

41

訓練可能性理論の前提は，日本企業における新卒採用とも整合し，それゆえ先行研究でもしばしば援用されてきた。訓練可能性理論は，労働者の能力・技能が，OJT を通じて形成されるという想定に基づく。また，労働者への訓練と，そのリターンの回収に一定の期間を要するため，ある程度の継続雇用が前提となっている。こうした条件は，第 1 章で挙げた長期安定雇用や，次節で後述する正社員の職務無限定性と整合する。それゆえ，日本企業における新卒採用，とくに学校歴との関連を検討する際に，訓練可能性理論に基づく解釈は一般的である（天野 1984a；八代 1997, 2015；太田 2010；豊永 2018b）[2]。本書の第 4 章で行う学校歴構成の検討でも，訓練可能性理論に基づき，企業の採用枠・雇用慣行との関連についての仮説を構築する。

（2）採用差別をめぐる理論

　雇用主にとって合理的な採用行動，あるいはその帰結が，社会規範に照らして不正義とみなされることがあり，その典型が属性に基づく差別である[3]。現代の日本社会においても，労働者の国籍，信条，社会的身分（労働基準法第 3 条），性別（男女雇用機会均等法第 5，6 条），障害の有無（障害者雇用促進法第34，35条）に基づく差別的取り扱いは，いずれも法律で禁止されている[4]。このように，雇用主の採用基準における差別的側面に着目した理論を，ここでは「採用差別の理論」とよぶ。本書の検討対象では，ジェンダーと障害の有無をめぐる採用行動が，採用差別の理論で解釈可能である。

　採用差別の理論として，以下では**嗜好に基づく差別**と**統計的差別**の 2 つを取り上げる。嗜好に基づく差別は Rivera（2020）の 3 分類における③社会的閉鎖ベースの理論，統計的差別は①能力ベースの理論に含まれる。この 2 つの理論は，日本の労働市場，とくに女性が被る不利益を説明する際に言及されることが多く（川口 1997, 2008；大槻 2015；原 2017），経験的な分析結果を解釈する際にもしばしば援用される（e.g. 佐野 2005；山口 2017）。本書でも，分析結果から示された不平等を解釈する道具として，この 2 つの理論を準備する。なお，これらにくわえて，制度に基づく差別も，採用差別を説明する理論として提示されることがある（川口 1997：217-218；原 2017：169-172）。前者 2 つの理論が経済学的な説明とされるのに対し，制度的な説明はより社会学的な説明といえる。ただし，国内大企業の雇用制度と，それが採用の不平等に与えると予想される

帰結は第2節で詳しく論じるため，ここでは制度に基づく差別に言及しない。

①嗜好に基づく差別

雇用主の嗜好（tastes）に基づく差別は，Becker（1971）が定式化している。Beckerの差別理論のポイントは，差別嗜好をもっているアクターが，あたかも追加の費用を払っているかのように行動するとみなし，その費用を差別係数（discrimination coefficient）としてパラメータ化した点にある（Becker 1971：13-18）。

雇用主による女性差別を例に考える[5]。ある雇用主が，女性に対する差別係数 d をもっているとする。女性の賃金が w 円だったとき，この雇用主は，あたかも賃金が $w(1+d)$ 円であるかのようにふるまうことになる（Becker 1971：39-40）。もし男女の限界生産性が等しく，労働市場におけるすべての雇用主の差別係数が d の場合，均衡賃金は男性 $w(1+d)$ 円に対し，女性 w 円となる。女性の賃金は男性の $1/(1+d)$ 倍となり，これが雇用主の嗜好に基づく差別の帰結となる（川口 2008：56；原 2017：164-165も参照）。

一方で，差別嗜好をもたない雇用主は，女性にも $w(1+d)$ 円の賃金を提示する。もし，このような雇用主の数が十分に多ければ，すべての女性が $w(1+d)$ 円で雇われることになり，男女間の賃金差別はなくなる（川口 2008：56）。しかし，女性の労働供給が，このような雇用主の数に対して過剰な場合，差別嗜好をもたない雇用主も $w(1+d)$ 円より低い賃金で女性を雇うことが可能になり，またそうすることが合理的になる。どの程度まで女性の均衡賃金が下がるかは，労働市場における雇用主の差別係数の分布に依存するが（川口 2008：57），この場合も女性の均衡賃金は男性よりも低くなる。

差別的な嗜好をもたない企業は，男性と同じ生産性の女性労働者を，男性より低い賃金で雇用できる。そのため，差別係数の高い企業と比べて，多くの女性を雇う差別係数の低い企業は，高い利潤を上げると予想される（川口 2008：57）。この予想に基づき，女性の雇用率と利潤の間に正の相関があるかによって，労働市場で嗜好に基づく差別が起きているかを測定する「市場テスト」は，主要な手法の1つである（佐野 2005；Kawaguchi 2007；Siegel／児玉 2011，簡潔なレビューに，原 2017：165；武石・高崎 2020：29）[6]。さらに，長期的には，差別的な嗜好をもたない企業が，差別的な企業を淘汰すると考えられ（Pager 2016），

競争的な市場でこの傾向が顕著だと予想できる（原 2017：166）。この予想は，女性雇用率と企業の成長率の関連によって検証されるが，日本では支持されないことが多い（佐野 2005；Kawaguchi 2007）。市場が十分に競争的でない可能性や，別の差別メカニズムが働いている可能性が指摘されている（Kawaguchi 2007：459）。

　これまでの説明は，企業が差別的な嗜好をもつことを前提とするが，差別係数の原因は，差別的な嗜好のみではない。川口（2008：58-68）は，他の非合理的な差別の類型を6種類挙げており，たとえば「固定観念による差別」や「偏った認識による」差別が含まれる。Rivera（2020：221）が挙げている「機会の占有（opportunity hoarding）」，すなわち雇用主が外集団から自らの機会を守ろうとする動きも，非合理的な差別の一形態と考えられる。

　②統計的差別
　統計的差別は，ある集団の平均的な情報から，その集団に属する個人の特性を推測し，それに基づいて雇用主が行動する場合に起きる。Phelps（1972：659）は，労働者や仕事の情報が十分に得られないときに，統計的差別が起きると指摘する。そして，「雇用主が，(a)白人よりも黒人が，男性よりも女性が，それぞれ資質，信頼性，長期雇用可能性の面で平均的に劣ると考えており，(b)さらに個々の求職者に関する情報を獲得するコストが過大であるとき，自らの期待利得を最大化しようとして黒人や女性を差別すること」（Phelps 1972：659，(a)(b)は引用者が追記）を統計的差別とよぶ。(a)の信念は，雇用主の過去の経験や，社会的なステレオタイプによって形成される（Phelps 1972：659）。

　統計的差別は，ある集団における特性の平均に基づくものだけでなく，その分散に対しても発生することがある。Aigner and Cain（1977）は，生産性を表す指標の信頼性が片方の集団で低いとき，すなわちその分散が大きいときに，(a)雇用主がリスク回避的な選好をもつ場合や，(b)その指標が一定の水準以下の求職者を除外する選抜方法をとる場合に，その集団に対する統計的差別が発生することを示した。ここでの「リスク回避的」は，「通常効用関数 U が凸型（$U'' < 0$）のため，不確定性が高いほど期待効用が期待値に対応する確定的効用を下回るため，行為者が不確定性をコストとみる傾向」（山口 2009：169）を指す。この傾向は，日本企業の人事決定に当てはまるとされ（山口 2009：182-

186），(b)についても，日本企業の「減点主義」（山口 2009：184）と整合的である。

　統計的差別は，雇用主にとって一見経済合理的な行動に見えるものの，長期的には，雇用主に不合理な結果を招くことがある。「統計的な」推測が実態とは異なる場合でも，差別を受けた集団が自己投資を行わなくなることで，集団間に生産性の格差が生じることがある（Coate and Loury 1993；山口 2009：169）。さらに，企業が統計的差別を行うことで，差別を受けた集団のなかで生産性の高い人ほど，その企業を選択しない，もしくは離れるという逆選択の問題も生じる（山口 2009：175-177, cf. Schwab 1986）。前者は，その集団がかりに自己投資を行った場合との生産性の差分が，後者は，企業を離れた労働者と，その代替として雇用された労働者の生産性の差分が（山口 2009：182），それぞれ統計的差別を行う企業にとっての機会費用となり，経済的に不合理な結果を招くことになる。これらは，統計的差別のフィードバック効果，あるいは予言の自己成就の一種ともいえ（原 2017：169；武石・高崎 2020：30），ゲーム理論や数理モデルで表現することも可能である（Coate and Loury 1993：1223-1227；川口 2008：第5章；内藤 2015）。

　③ジェンダー，障害の有無への応用

　統計的差別の議論は，英語圏においては賃金差別について用いられることが多い（川口 2008：71）。しかし，日本企業の女性雇用では，離職確率の推測に基づく，採用・配置の場面における統計的差別の影響が大きいと考えられる（武石 2006：8；川口 2008：71；山口 2009：第5章；武石・高崎 2020：30）。結婚や出産・育児に伴い女性の正規雇用就業率が低下する傾向から，女性の離職確率が平均的に高く見積もられ，長期雇用が期待される日本企業の採用・配置において，女性が集団として不利な扱いを受けるという統計的差別である。両者の重要な違いとして，賃金は連続変数であるのに対し，採用は0/1の二値変数である点が挙げられる。アウトカムが二値変数の場合，統計的差別の帰結がグループ間の差別にもなる点で，賃金よりもその影響は深刻といえる（Thurow 1975 ＝1984：204-215；川口 2008：79-82）。

　女性に対する差別に対して，地位特性理論（Status Characteristic Theory）が援用されることも多い。求職者のカテゴリーを通じて，限界生産性などの観察不可能な情報を推測する点で，統計的差別と地位特性理論は共通する（Rivera

2020：220）。しかし，統計的差別理論は，こうした推測が，雇用主の経験や実際の差異に基づくと考えるのに対し，地位特性理論は，こうした推測が地位に対する文化的信念やステレオタイプに基づいており，しばしば実態とも異なっていると考える（Correll and Benard 2006；Rivera 2020）。「母親」は地位特性の典型であり，仕事へのコミットメントが低いといった想定と結びつくことで，労働市場での差別を生み出す（Ridgeway and Correll 2004；Correll et al. 2007）。ジェンダーも，強力な地位特性としてしばしば作用する（Ridgeway 2006；Rivera and Tilcsik 2016）。

　先に述べた，離職確率，より一般化すれば仕事へのコミットメントに関する雇用主の想定も，実態に基づく統計的差別理論と，ステレオタイプに基づく地位特性理論の両方が当てはまると考えられる。しかし，本書の分析では両者を区別できないため，分析結果の解釈は，基本的に統計的差別に一貫して行う。これはあくまで説明の一貫性によるものであり，雇用主の想定にステレオタイプが組み込まれていないと想定しているわけではない。そうした側面を強調する場合は，「統計的な」判断，のようにカギカッコ付きで表現することで，地位特性理論の側面も含んでいることを示す。

　障害のある従業員に対する雇用主の懸念としては，以下の2点がしばしば指摘される。(a)生産性やパフォーマンスへの懸念と，(b)合理的配慮にかかるコストへの懸念である（Lengnick-Hall et al. 2008；Amir et al. 2009）。(a)について，障害者は能力の低さというステレオタイプと結びつけられており（Cuddy et al. 2007；Dwertmann 2016），現在だけではなく将来のパフォーマンス期待でもネガティブな評価を受ける（Ren et al. 2008）。(b)は，障害者の雇用に際して，合理的配慮や柔軟な対応にかかるコストに対して雇用主が抱く懸念である（Kaye et al. 2011；Foster and Wass 2013）。また，これ以外にも，同僚や顧客からのネガティブな反応への予期や，欠勤などコミットメントへの懸念も言及されることがあり，後者は身体障害と比べて精神障害に強く向けられやすい（Bjørnshagen 2022；Østerud 2023）。

　こうした懸念が，嗜好による差別と統計的差別のどちらに属するかを判定することは難しいが，多くの先行研究は，ステレオタイプやスティグマによって「歪んだ」認知が，こうした懸念を生み出し，差別につながっている可能性を指摘する（レビューに Shore et al. 2009；Dovidio et al. 2011；Kulkarni and Lengnick-

Hall 2014）。たとえば，前段で挙げた(b)の懸念は，賃金補助や合理的配慮にかかる補助金によって軽減されると予想されるが，こうした状況でも障害者が被る採用ペナルティは変わらないことが，監査実験で示されている（Baert 2016；Berre 2024）[7]。地位特性理論が予測するように，「障害者」という地位がネガティブなステレオタイプと結びついており（Bjørnshagen and Ugreninov 2021；Rivera and Tilcsik 2023），学歴や就業経験など，その他の個人特性の効果を覆い隠す，もっとも顕在的な 'master status' として雇用主に捉えられている可能性もある（Beatty et al. 2019；Berre 2024）。

　このように，ジェンダーと障害の有無は，採用差別の理論が当てはまる程度やメカニズムにおいて，無視できない違いがある。本書はこうした理論の直接的な検証を目指すものではないが，両者を同時に扱う第6章では，この違いが分析結果の違いにも反映される可能性がある。

2　制度的背景
——国内大企業における採用の特徴——

　新卒採用の不平等に関わる制度的な背景を示すため，本節では国内大企業における人事慣行，とくに新卒採用に関わる諸制度を整理する。ここでは正社員の職務無限定性，人事部に集中する人事権限，新卒一括採用制度の3点を取り上げる。

（1）正社員の職務無限定性
　企業が採用後の社員に何を期待するかに応じて，採用基準やその判断も当然変化する。たとえば，プログラミング業務への従事が期待されている場合，当然そのスキルが重要な採用基準となる。したがって，本書が対象とする国内大企業の採用基準を考えるうえでは，そこで働く正社員に何が望まれているかを考えることが重要である。

　国内大企業の正社員に特徴的な性質として，**職務の無限定性**がくり返し指摘されてきた。日本企業における正社員は，特定の職務のみに従事することが期待されているわけではない。キャリアを通じて幅広い職務への従事が期待されており，労働者は職務や配置の転換に関して，企業の命令に従う義務を負っている（八代 1997, 2015；濱口 2009, 2010, 2013, 2021；鶴 2019）。

職務の無限定性に付随して，働く時間や場所の無限定性も，国内大企業の正社員に課せられている。2018年に労働基準法が改正されるまで，労働基準法の上限は残業時間規制ではなく，残業にかかる賃金規則としての機能しかもたなかった（濱口 2010：92-93, 2013：89-91）[8]。また，労働者個人の職務領域が曖昧で，集団として仕事を行う日本企業では，その分残業も発生しやすい（濱口 2013：93）。労働者にとっても，能力や評価の代理指標として労働時間が人事評価基準に組み込まれているため，長時間労働を行うインセンティブが発生する（八代 1997）。さらに，定期人事異動慣行のもとで転勤も頻繁に発生し，労働者は企業の転勤命令に応じる義務をもつ（八代 1997；濱口 2010, 2013；鶴 2019）。無限定的な労働時間・勤務地のもとで，正社員やその家族が生活上の大きな犠牲を負うことを余儀なくされる（八代 1997）。

　職務の無限定性は，定期人事異動，および業務上の訓練（OJT）を通じた能力開発とも，密接に結びついている。日本企業の正社員は，数年単位の定期的な人事異動を通じて，幅広い職務に従事する（久本 2008a；濱口 2009, 2013；八代 2015）。これにより，多様な業務に対応できる熟練した労働者，高度な企業特殊的資本（Becker［1964］1975＝1976）を備えた労働者になることが期待されている（小池 1991, 2005；八代 2015；平野・江夏 2018：92）[9]。

　ここまで述べてきた，職務および労働時間・勤務地の無限定性を端的に表す概念が，濱口桂一郎の「メンバーシップ型」雇用である（濱口 2009, 2013, 2021）。濱口は雇用制度における仕事と人の結びつき方に着目し，欧米諸国にみられる「「仕事」をきちんと決めておいてそれに「人」を当てはめる」社会のあり方を「ジョブ型」，日本に特徴的な，「「人」を中心にして管理が行われ，「人」と「仕事」の結びつきはできるだけ自由に変えられるようにしておく」社会を「メンバーシップ型」とする（濱口 2013：35-37）。職務等の無限定性も，企業の「メンバー」としての地位が雇用契約で保証されているかわりに，仕事や労働時間・場所との結びつきが，契約上も実際の慣行上も特定されていないことに起因する。鶴（2019）の「正社員の無限定性」，佐藤（2019）の「無限雇用」も，基本的には同種の概念である[10]。

　このような正社員にかかる義務は，雇用保障や企業福祉などの諸権利と結びついている。国内企業の正社員は，前述した無限定性に応じる「フレキシブルな適応能力」，およびそこから派生する「生活態度としての能力」を要請され

る（今井 2021：74, 熊沢 1997も参照）。「フレキシブルな適応能力」は，職務の転換や時間外労働，転勤・異動・出向などに応じて柔軟に働く能力を意味する（熊沢 1997：46；今井 2021：62）。さらにそれを下支えする「体力増強も勉強も，アフターファイヴにおいては私生活上の都合よりもたとえば残業や QC 活動を優先させる志向，要するに「精鋭会社員」らしい生活態度」も同時に要求される（熊沢 1997：40）。会社にフルコミットするこのような姿勢が，日本社会における「理想的労働者規範」（Williams 2001）を形成してきた。こうした義務と引き換えに，正社員は雇用保障，すなわち長期にわたる雇用の安定を享受する（濱口 2010；八代 2015；鶴 2019）。日本社会における権利と義務の結びつき，具体的には「安定した雇用と賃金，（特に大企業において）特権的な企業福祉への権利と，企業の生産性のためのフレキシビリティを受け入れる態度と高いコミットメント」の義務の結びつきを，今井（2021：307）は「企業別シティズンシップ」と概念化している。

　ここまで挙げてきた特徴は，欧米諸国とは明確に異なっており，日本社会にかなりの程度特有の性質であるといってよい。雇用制度を理論的に 4 分類し，国際比較を行っている Marsden（1999＝2007）でも，日本は「職能（competence rank）」ルールに該当し，フランス・アメリカ，イギリス，ドイツとは異なる制度に位置づけられている。Marsden の枠組みに依拠し，日英百貨店の雇用システムと人事管理を事例調査から分析した佐野（2021）も，英国では「職務ルール」，すなわち特定の仕事が従業員に結びついているのに対し，日本では無限定の幅広い職域が社員に割当てられる「職域・職能ルール」が該当すると指摘する（佐野 2021）。また，日本の百貨店社員は，販売業務・管理企画業務の両方を担当し，経営側の指示で配置転換に応じる義務も負っており，どちらも英国ではみられない特徴である（佐野 2021）。

　ただし，こうした特徴は，日本におけるすべての労働者に該当するわけではなく，大企業・正社員に特有の性質である。日本社会において，非正社員は正社員にかかる権利―義務関係から排除されている（濱口 2010：95-96）。前段で挙げた佐野の調査でも，日本の百貨店における契約社員には，正社員よりも狭い職域が割り当てられている（佐野 2021：297-298）。また，中小企業における社員の職務も無限定であるものの，採用は不定期で解雇もより頻繁に行われることから，社員に「メンバー」としての地位が保障されているわけではない

（濱口 2021：43-44）。また，「メンバーシップ型」雇用は，日本における伝統的な制度とは必ずしもいえない。戦前にもその萌芽を見出せるものの，基本的には戦後に発達し1970〜80年代に最盛期を迎えた，時代特殊的な雇用システムである（熊沢 1997：34-45；濱口 2010：104, 2021：13-14；今井 2021）。90年代以降は，日本経営者団体連盟の『新時代の「日本的経営」』（1995年）で提言されたように，このシステムが包摂する正社員の絞り込み，「少数精鋭化」（濱口 2021：16）を伴いながら，現在でもこうした雇用システムは維持されている（佐藤・広田 2010）。

　では，正社員の職務無限定性は，その採用基準にいかなる帰結をもたらすだろうか。

　まず指摘されるべきは，採用職種の無限定性である。幅広い職務への従事が期待されることに対応して，正社員の採用も，特定の職種ではなく，大括りの職種に基づいて行われる（久本 2008a：116；平野・江夏 2018：91；鶴 2019：11-12）。ここでの「大括り」とは，事務系／技術系／製造系程度の差異（久本 2008a：116），あるいは総合職／一般職のようなキャリアトラック上の差異を意味し（平野・江夏 2018：91），総務／経理／営業といった程度まで細分化されているわけではない。定期人事異動のもとで複数の職務を経験するため，入社時の職務を特定する必要性が薄いことが背景にある。

　そのため，新卒採用では，特定の職種に対応するスキルではなく，より職務一般的な能力としての訓練可能性が求められる。採用時の職種が限定されているわけではないため，「経理の知識」「営業のスキル」など，特定の知識・技術・スキルが採用時に求められることは少ない。むしろ，幅広い職務に対応できる，より一般的かつ潜在的な能力――「大卒者としての一般的能力」（濱口 2013：67）や「潜在的な仕事能力」（八代 2015：253），「地頭の良く，適応能力の高い人材」（鶴 2019：41）や「度重なる企業からの新たな要請に対する柔軟な対応力」（平野・江夏 2018：97）――が要求される。これらは，前節で整理した訓練可能性理論における(1)訓練にかかる費用の少なさに対応する。一方で，(2)訓練の結果得られるリターン，すなわち，どれだけ長い期間企業へのフルコミット――職務の無限定性や労働時間・勤務地の無限定性へのコミット――が期待できるかも，重要な採用基準となる。両者を統合した概念としての訓練可能性――あるいは「訓練受容性」（太田 2010：236）や「可塑性」（八代 2017：

27)──に基づいて採用決定を下すことが，企業にとって合理的な行動となると予想できる（八代 1997：186-187）。

（2）人事部に集中する人事権限

日本企業では，募集・採用や配属・異動，教育訓練など，人事管理に関わる各種の権限が人事部に集中している（Jacoby 2005＝2005；濱口 2009：8-9, 2021：29-31；平野・江夏 2018：115）。こうした権限を背景に，日本企業の人事部は，アメリカと異なり，個別人事，すなわち個々の社員の配置転換にも積極的に関与する（平野 2011）。無限定な職務に対応する正社員も，人事部の決定に従うことが基本的に求められる（八代 2015：280）。このような**人事部に集中する人事権限**も，日本企業に特徴的な制度である。

人事部への権限集中は，ライン管理職との対比によって，よりよく理解される。人事労務管理は，会社のトップ層，人事部，そしてライン管理職（各部署で部下をもつ管理職）の3者が担う（佐藤ほか 2019：22）。このうち「組織志向」の人事システムでは人事部による集権的な人事管理が，「市場志向」ではライン管理職による分権的な管理が行われ（Jacoby 2005＝2005；上林・平野編 2019），人事部とライン管理職の間では，ときに人事権をめぐる管轄争いも起きる（一守 2016）。日本以外の社会では，人事権限がライン管理職に付与されているのに対し，日本企業では，採用をはじめとする人事権限の多くが人事部に集約されている（濱口 2009：8-9, 2021：29-31；一守 2016）。

本社人事部はあらゆる人事権限をもつわけではないものの，本研究が着目する新卒採用についてはこの傾向が強い。山下（2008：266）によると，入社後の配置や昇進はライン管理職の権限が大きい一方で，従業員の採用権限は本社人事部が握る傾向にある。[11] 周辺的な労働力と比べて，コア人材の人事権限は本社人事部が掌握する傾向にあり（山下 2008：255），近年ではこうした人材に対する人事部の個別管理が強化されている（平野 2006）。

人事部への権限集中は，欧米諸国をはじめとする諸外国と比べても，日本企業に固有の特徴である。日米企業の人事管理を事例研究と調査票調査から分析した Sanford M. Jacoby は，日本企業の人事部は徐々に分権化しているものの，アメリカ企業ではそれ以上にラインへの分権化が進展しており，結果として日米のギャップはむしろ拡大していることを指摘している（Jacoby 2005＝2005；

Jacoby et al. 2005)。同様の結果は，日系・米系企業の人事部を定性的・定量的に比較した一守（2016）や，日英百貨店の人事管理を調査した佐野（2021）でも観察されている。濱口（2009, 2021）も，人事部への採用権限の集中が，「メンバーシップ型」雇用ゆえの特徴であることを強調する。

　日本でもラインへの分権化は徐々に進んでいるものの，人事部による集権的な人事管理は依然として頑健である。90年代以降，ビジネス・プロセス改革（BPR）やグループ経営改革は，人事管理の分権化を促し（平野 2006），実際に，人事スタッフの減少や業務のアウトソーシング，ライン管理職への権限移行が確認されている（Jacoby 2005＝2005；上林・平野編 2019）。しかし全体として，人事決定の権限や多くのスタッフが本社人事部に集中する状況に変化はない（Jacoby 2005＝2005；平野 2006）。この傾向は，より最近の質問票調査（平野 2011）や人事データ分析（大湾・佐藤 2017：40-41）でも確認されている。島貫（2018：17）も，近年の人事部研究をレビューしたうえで，「2000 年代以降も人事部門が事業部・ライン管理者よりも新卒採用や昇進管理などの人事管理の意思決定に強い影響力を有し，高い企業内地位にあることを示している」と整理している。

　集権的な人事部は，日本企業の雇用慣行を前提に，最適な人事管理を効率的に行ううえで有効である。企業内訓練の効率的な実施にとって，配置転換による職務割当ての重要性は大きく，全社的観点から最適な割当てを行うには，人事情報や権限を 1 つの部署に集約することが望ましい（一守 2016：24-25；平野・江夏 2018：115；佐藤ほか 2019：24-25）。ライン管理職に異動権限を分散させた場合，管理職は自らの部門から優秀な社員を移動させないインセンティブをもつため，全体最適な人事管理が阻害されるからである（八代 2002）。採用についても，採用業務の効率化や，採用基準の画一的な運用といった観点で，権限の集約は合理的である（一守 2016：25）。

　人事部への権限集中は，正社員の新卒採用とどのように関連するだろうか。

　まず，周縁的な労働力と比べて，企業のコアに位置する大卒正社員の採用は，本社人事部が担う傾向にある。短期労働者や臨時労働者の採用は各事業所が管轄する一方，基幹従業員である正社員の採用は本社人事部の職掌であることが多い（山下 2008：266）。さらに，製造業を例にとると，同じ正社員でも高卒の生産工程従事者は事業所採用，事務職・技術職などの大卒ホワイトカラーは本

社採用となりやすい（佐藤ほか 2019：36）。本書が対象とする大企業の新規大卒者採用も，多くの企業では本社人事部が担っており，その採用実績は，人事部による決定の帰結と捉えられる。

　さらに，前節で指摘した訓練可能性に基づく採用も，人事部主導の採用管理と親和的である。一守（2016）は，職種に共通する「基盤スキル」を採用時に重視する場合は人事部が，職種の「専門的スキル」を重視する場合はラインが，それぞれ人的資源管理の主体になることを指摘する。(1)で取り上げた正社員の職務無限定性と，本社人事部への人事権集中は，相互に補完的（cf. 佐口 2018）な制度だといえる。

（3）新卒一括採用制度

新卒一括採用制度も，日本企業に特徴的な雇用慣行である。この制度は，「採用者の多数を，一時期に新規学卒者を一括して採用することを通じて確保する制度」（佐口 2018：74），あるいは「新規学卒者をすでに労働市場に参入している労働者（主に転職希望者）から区別し，新卒者のみを年度初めに（＝卒業直後に）一括して採用する制度」（有田 2017：115）と説明できる。ここでのポイントは以下の 2 点，採用の対象が新規学卒者である点と，採用活動が一括で行われる点にある。

　国内企業の採用において，新規学卒者を対象とする採用は，中途採用から明確に区別されており，コアとなる労働力の供給源として重視されている。正社員の採用において，新卒と中途の採用比率は2010年代を通じておよそ 3 対 7 であり，量的には中途採用の占める割合が大きい（リクルートワークス研究所2022）。しかし，全社的な採用方針では，中途採用よりも新卒採用を重視する企業の方が多く，とくに従業員数1,000人以上の大企業では，新卒重視の傾向が顕著である（HR 総合調査研究所 2012；三菱 UFJ リサーチ＆コンサルティング2015）。こと男性の正社員に対する雇用管理は，新卒採用主義が典型的といえる（久本 2008b：22）。

　新卒重視の採用は，企業特殊的資本を重視する日本企業の雇用慣行と適合的である。国内企業の労働者は，幅広い職務での OJT を通じて，企業特殊的資本を蓄積する。企業は，労働者に対する企業内訓練のコストを負担するため，そうした訓練投資のリターンを得られる期間をできるだけ長くする，つまり高

度な企業特殊的資本を蓄積した労働者を長く雇い続けることが望ましい（Becker［1964］1975＝1976：28-40；有田 2017：130）。このとき，同じ大卒者という学歴区分のなかでも，将来の期待勤続年数がもっとも長い新規学卒者を採用することが合理的となる（太田 2010：127；有田 2017：130）。

　新規学卒者が一括で採用される点，つまり毎年同じタイミングで集中的に採用活動が行われる点も注目に値する。多くの大企業が，1年に1回，大学在学中の学生を対象とした採用活動を実施し，内定を得た学生は，卒業後の4月に企業へ入社し，間断なき移行を達成する。採用スケジュールを定めた就職協定（1997年まで）や経団連指針（2021年卒まで）の廃止もあり，通年採用を実施する企業も一定数存在するものの，2023年卒でも依然26.7％にとどまり，従業員1,000人以上の大企業ではさらに少ない（リクルートワークス研究所 2022：6）。[12]

　一括採用制度は，企業にとっても好都合である。求職者の募集や選抜を集中的に実施することは，採用にかかる人的・金銭的コストの削減につながる（平野・江夏 2018：91-95；鶴 2019：41）。先に挙げたリクルートワークス研究所（2022：9）の企業調査で，通年採用を実施しない理由として，「これらの施策を実施しなくても，必要な人員数を確保できるため」（58.9％）に次いで「採用担当者の負担が増すため」（53.1％）が挙げられていることも，これを裏づける。さらに，一括採用によって形成される同期集団が，従業員のモチベーション維持など，雇用管理の面でプラスに働くことも指摘されている（竹内 1995：第5章；佐口 2018：78-79, cf. 野村 2007：54-57）。

　新卒一括採用制度は，欧米諸国では一般的な欠員補充方式と対照的である。これは，「必要なときに，必要な資格，能力，経験のある人を，必要な数だけ」（濱口 2013：40）採用する制度であり，対象が新卒に限定されているわけでも，採用活動が一括で行われるわけでもない。この点で，日本の新卒一括採用制度は，欧米諸国など他の社会とは大きく異なる（濱口 2009：8-9, 2013：39-48）。[13]日本の特殊性を傍証する調査結果も確認できる。リクルートワークス研究所（2013）が2012年に行った調査では，在学中に卒業後の仕事が決まっていた割合は，アメリカ（46.3％）や韓国（42.3％）と比べて，日本（81.4％）で顕著に高い。また，1998〜99年に実施されたやや古い調査（日本労働研究機構 2001）ではあるが，大学卒業直後（4カ月後）に正社員である割合は，日本では6割にのぼるのに対し，欧州では約1割にすぎない（伊藤 2004：62-63）。もちろん米

第**2**章 理論的・制度的背景

国でも，日本の新卒採用に対応するカレッジ・リクルーティング／キャンパス・リクルーティングは存在するものの，その対象となる学卒者は一部である（関口 2014）。新卒一括採用制度は，日本企業に特徴的な雇用慣行といって差し支えないといえる。

　このような新卒一括採用制度は，日本社会において一定の歴史を有しており，大卒採用については，両大戦間期にすでに普及していた。竹内（1995：162）は，新卒一括採用の起源を，日本郵船と三井が定期採用を開始した1895年にまで遡る。この慣行は第一次世界大戦期に始まり（野村 2007：68），両大戦間期に一層の普及をみる（伊藤 2004：64）。私立大学による就職部・就職課の設置も戦間期のことである（伊藤 2004：64）。福井（2016：103-106）も，大企業による知識階級の採用について，昭和初期にはそのほとんどが定期採用で，採用時期も3～4月に集中し，新卒志向の企業も8割を超えていたことから，新卒採用制度がこの時期には広く普及していたことを確認している。

　では，新卒一括採用制度は，採用判断の基準とどのように結びつくだろうか。

　先に挙げた2つの特徴と同様，新卒一括採用制度も訓練可能性に基づく採用と親和的である。新卒社員には，OJTを通じて高度な企業特殊的資本を蓄積し，その企業に長く勤め続けることが期待される。そのため，採用基準は，採用時点における特定のスキルよりも，幅広い職務に対応し，効率よく企業特殊的なスキルを習得するポテンシャルに基づくものになりやすい。これは，「土木技術者」「法務」など，多くの中途採用で特定の職種に対応するスキルが要求されることと対照的である。実際に，企業特殊訓練が活発に行われている企業や，若年者の育成意欲が高い企業で，新卒者や若年者の採用が重視される傾向にある（原・佐野・佐藤 2006；太田 2010）。同時に，新卒社員には企業に長く勤めることが期待されるため，訓練可能性理論のもう1つの側面に関連して，どの程度長く企業へのコミットメントが見込めるかも，採用判断に組み込まれると予想される。

　さらに，一括採用のもとで，個人の訓練可能性の判断は，集団の平均的な属性に基づいてなされると予想できる。欠員補充方式では，応募者集団はあらかじめ限定されており，企業も1人の選考に多くの人的・時間的コストを割くことができる。したがって，採用判断には，求職者のスキルや職務経験への評価が反映されやすい。一方で，一括採用制度のもとでは，膨大な応募者集団のな

55

かから，短期間で採用予定者を選考する必要がある。求職者の情報が希薄ななかで採用判断を行わざるをえず（佐口 2018：82），可視的な属性に基づく判断が，採用決定にある程度反映されると予想される。いわゆる「学歴フィルター」は，その最たる例である。一括採用では1人の学生の評価に多くのコストをかけられない以上，その判断は，求職者が属する集団の平均的な評価に依拠せざるをえないと予想される。

　ここまで，新卒採用の不平等に関連する理論的背景と制度的背景を整理してきた。章の冒頭で述べたとおり，本書はこうした理論や制度から予想される帰結の検証を目的とするものではない。あくまで各章の分析結果を解釈する際の道具として，重要な背景を整理するのがこの章の役割である。第4～7章の分析結果を各章末で解釈する際に，こうした理論的・制度的背景は，必要に応じて援用される。また終章では，各章の分析結果を統合した際に見えてくる，採用理論や制度との関連についても議論する。

注
(1)　Bills や Rivera も述べているように，いくつかの理論は共通点をもち，採用決定において排他的でもない――1つの採用決定を複数の理論で同時に説明できることもある（Rivera 2020：221）。たとえば，スクリーニング理論とシグナリング理論の違いは，雇用主と学生のどちらが先に動くかに還元できる（Bills 2003：447；Weiss 1995）。シグナリング理論は，学校教育で得たスキル・知識でなく，学歴と能力の関連に対する認知を重視する点で，資格理論と重なる（Rivera 2020：218）。社会関係資本も，雇用者が依拠するシグナルの1つとみなすことができる（Rivera 2020：219）。
(2)　採用行動の分析ではないものの，Fujihara and Ishida（2016）は，Thurow の仕事競争モデルに基づき教育達成の相対的指標を作成したうえで，出身背景に基づく教育機会の不平等とその趨勢を示している。初職に対する学歴の効果から，資格理論・仕事競争モデル・人的資本理論の識別を目指した関連研究として Sakamoto and Powers（1995）も参照。
(3)　Pager and Shepherd（2008：182）に依拠し，本書は属性に基づく差別を，「属性に基づき個人や集団を不平等に扱うこと」と定義する。この定義は，属性そのものを理由とする扱いの差だけではなく，一見平等に見える規則やプロセスが，特定の集団に対する不利の生成・強化につながるような場面も含む（Pager and

Shepherd 2008：182）。後者を含むことで，組織の慣行に埋め込まれた不平等生成のメカニズムも検討対象にできる（Acker 1990；Ray 2019）。

（4） ただし，労働基準法第3条は採用後の待遇を規制するもので，採用の時点には適用されないとする判例・学説が多数である（水町 2019：311）。

（5） Becker（1971：39-54）は白人と非白人に関して雇用主の差別を説明しているが，本書の関心に合わせて，ここでは男女差別を対象に説明する。また，原著で賃金は π 円と表記されているが，円周率との混同を避けるため，ここでは賃金（wage）の頭文字 w で表した。

（6） ただし，「この結果は，男女間賃金格差の要因が雇用主の差別にあるとする仮説を棄却しなかった」と Kawaguchi（2007：458）が適切に記述しているとおり，市場テストは，あくまで雇用主による差別が存在する必要条件の検証にすぎない。女性の雇用率と企業利潤の間に観察された正の相関が，雇用主の差別以外の要因で説明できる可能性を排除できないからである。川口（2008：59）も参照。

（7） Berre（2024）は，こうしたコストを軽減するいくつかの施策のうち，賃金補助のみがペナルティを軽減し，他の施策はペナルティの減少につながらないことを示している。

（8） 2018年の法改正により，労働基準法第36条第4項が定める限度時間は，努力義務から強行規定となった（和田 2019：7）。時間外労働の上限規制については，厚生労働省の Web ページも参照（https://hatarakikatakaikaku.mhlw.go.jp/top/overtime.html，2022年11月12日取得）。

（9） ただし，日本の労働者が経験する職務の幅も，際限なく広いわけではない。小池和男の一連の議論によると，多くの労働者が経験するキャリアの幅は，1つの専門分野のなかで多様な業務を担っていく「専門のなかで幅広いキャリア」（小池 2005：59），「やや幅ひろい1職能型」（小池 2002：25）であり，これはブルーカラー・ホワイトカラーに共通する特徴である（小池 2005：62）。ここで「専門」あるいは「職能」とは「広義の経理，営業，人事，生産管理など」（小池 2002：19）を指し，多くの労働者は企業内異動を通じて，特定の専門内で多様な業務・市場・取引先などと関わることになる。なお，小池（2002）は，こうした特徴が日本に特有のものではないと指摘するが，アメリカやドイツと比べ，日本の部課長は複数の職能を経て管理職に到達した比率が顕著に大きく，職能内部で経験した業務の幅も広い（佐藤 2002）。また，望ましい課長の育成方法としても，日本では複数の職能を経験することが他の2カ国と比べても重視されている（佐藤 2002）。

（10） Williams et al.（2013：213）は，米国の専門職に「仕事にいつでも対応できること（unlimited availability to work）」が求められると指摘する。職務の無限定性そのものというよりも，それが適用される範囲の広さに日本企業の特徴が表れていると整理した方が適切かもしれない。

(11) 平野（2019：29-30）は，賃上げや昇進，労使協定は人事部の意向を強く反映する一方，新規採用や教育訓練，人員計画・配置の権限は開発部門が握る傾向にあると整理する。ここで新規採用が開発部門に分権化されているのは，質問項目が「開発部門配属の新規採用の選抜」であるためと思われる。また，調査の回収率は4.5％と低く，回答者数も134社と，本書で用いるデータよりサンプルサイズは小さい（上林 2019：12）。

(12) 就職協定とその変遷については中村（1993），福井（2016：第4章）を参照。

(13) ただし韓国の採用慣行も，日本の新卒一括採用制度とある程度共通点をもつ（有田 2017）。

(14) 竹内（1995）は，以下の資料からその起源を確認している——「帝国大学卒業生は如何なる動機経路によりて実業界に出でたるか（二）」『実業之日本』12巻2号，1909年，25頁。

第3章
分析対象と使用するデータ

　この章では，実証分析の前段階として，分析対象と用いるデータについて論じる。第1節では本書の検討対象である国内大企業について，その位置づけと特徴を確認する。第2節では，第4〜7章の実証分析で用いるデータについて述べる。本書では，東洋経済新報社の企業パネルデータを利用するが，通常の社会調査とは異なる点も多く，先行研究での使用例もわずかである。そこで，データの概要を丁寧に示したうえで，その特徴や分析上の留意点を提示する。

1　国内大企業の位置づけと特徴

（1）検討対象とする企業群

　中小企業基本法では，大企業は積極的に定義されていないものの，資本金と従業員数に基づいて中小企業の定義は与えられている（中小企業庁 2024）。卸売業・サービス業・小売業をのぞく産業では，①資本金の額又は出資の総額が3億円以下，②常時使用する従業員の数が300人以下のいずれかを満たす企業が中小企業者と定義されている（表3−1）。中小企業でない企業を大企業とするならば，資本金が3億円を上回り，従業員数が300を超える企業が大企業に該当する。

　社会階層論や教育社会学の先行研究でも，企業規模の判定には従業員数が参照され，従業員300人以上の企業が大企業とみなされることが多い。国内の階層研究で用いられる階層分類の1つに，SSM 職業大分類に従業上の地位と企業規模を加味した SSM 総合8分類がある（原・盛山 1999）。この分類において，大企業ホワイトおよび大企業ブルーは，官公庁もしくは従業員数300人以上の企業として定義されている[1]。そのため，大卒者の初職への移行についても，従業員数300人以上の企業を大企業として分析がなされることが多い（平沢

表 3 - 1　中小企業者の定義

業　種	中小企業者 （下記のいずれかを満たすこと）		小規模企業者
	資本金の額又は 出資の総額	常時使用する 従業員の数	常時使用する 従業員の数
①製造業，建設業，運輸業 その他の業種（②～④を除く）	3 億円以下	300人以下	20人以下
②卸売業	1 億円以下	100人以下	5 人以下
③サービス業	5,000万円以下	100人以下	5 人以下
④小売業	5,000万円以下	50人以下	5 人以下

注：中小企業庁（2024）より著者作成。

2011；有田 2017；豊永 2018b）[2]。国際比較の文脈でも，たとえば Erikson and Goldthorpe（1992：349-350）は従業員数300人を基準に，階級分類を修正し日本社会に適用している。

　これに対し本書では，原則として，従業員数が1,000人以上の企業を分析対象とする。これは，以下の 3 つの理由による。第 1 に，従業員数1,000人以上に限定しても，日本の労働市場において，この企業群は十分なプレゼンスを有している。企業数ベースではわずかな比率にすぎないものの，常用雇用者ベースでは 3 割程度が従業員数1,000人以上の企業に勤めており，日本社会に与えるインパクトもけっして無視できない。第 2 に，本書で着目する大企業の「望ましい」特徴は，従業員数1,000人以上の企業でより顕著に表れる。序章で述べたとおり，本書は「「良い」席はどのように分配されているのか？」に答えることで，機会の不平等を説明する。賃金や雇用の安定性で測られる席の「良さ」がより際立っている点で，従業員数1,000人以上の企業は本書の目的に適している。第 3 に，従業員数1,000人以上の企業は，多くの学生が志望する就職先でもある。このとき，採用結果に企業行動が反映される程度はより大きくなり，採用実績の分析結果を機会の不平等を説明するメカニズムとして解釈しやすくなる（第 1 章第 1 節）。

　従業員数1,000人以上の企業が大企業とみなされることも少なくない。賃金構造基本統計調査では，常用労働者1,000人以上の企業が大企業に区分されている（厚生労働省 2024：4）。大卒就職を扱う先行研究でも，Ishida（1998）や平

第**3**章　分析対象と使用するデータ

表3-2　従業員数1,000人未満の企業例

業　種	企業名	業　種	企業名
農林業	ホクト	情報通信業	キーウェアソリューションズ
建設業	大豊建設		三菱総合研究所
	ミサワホーム	運輸・郵便業	川崎汽船
製造業	アシックス		商船三井
	FDK	卸売・小売業	井筒屋
	J－オイルミルズ	金融業・保険業	高知銀行
	チノー		大和証券グループ本社
	ポーラ・オルビスホールディングス	不動産業	東急不動産
	マブチモーター		三菱地所
	ミルボン	サービス業	ディー・エヌ・エー

注：「CSRデータ」に掲載されている2008～2016年度の従業員数が，複数年度において1,000人を下回っていた企業。2025年現在における企業名や従業員数とは異なる。

沢（2010）では従業員数1,000人以上の企業が大企業とみなされている。また，SSMやJLPS-Y/JLPS-M，JGSSなどの国内の主要な社会調査において，いずれの調査でも従業員数1,000人以上の企業は識別可能である[3]。そのため，本書の分析結果を，こうした社会調査データの分析結果と照らし合わせることも可能になる。以上の理由から，本書では，基本的に従業員数1,000人以上の企業について，新卒採用の不平等を分析する。

　ただし，従業員数のみで分析対象を限定する問題点として，閾値を満たさない一部の有名企業が，分析対象から除外される点がある。表3-2には，本書で用いるデータに掲載されている企業のうち，観察期間における従業員数が1,000人未満である代表的な企業を挙げている。こうした企業群も，労働市場における「良い」席の一角を占めるものの，1,000人以上の企業に対象を限定した場合は，そこで生成・維持されている不平等のメカニズムを捉えそこなってしまう。

　そこで，分析に用いるデータに応じて，章によっては全上場企業を分析対象とする。従業員数1,000人以上の企業について，先に挙げた3つの理由——労働市場におけるプレゼンス，賃金や雇用の安定性の面で「望ましい」雇用機会の提供，学生の志望度の高さ——は，上場企業にも当てはまる。さらに，上場

企業を分析対象とすることで，表3－2に示したような企業群も含め，不平等に関わるより一般的なメカニズムを明らかにできる。データの特徴については第2節で後述するが，着目する変数の関係で「CSRデータ」を用いる第5章と第6章では，この調査が上場企業を明示的な調査対象とし，そのすべてに調査票を送付しているため，上場企業を分析対象として選択した。一方，第4章と第7章で用いる「就職四季報」は，掲載される企業の基準が必ずしも明確ではないため，従業員数1,000人以上の企業に限定して分析を行った。ただし，上場企業と従業員数1,000人以上の企業は重複も多く，不平等生成のメカニズムが大きく異なるとは考えにくい。そこで，以降の議論では，どちらの分析結果も区別せずに，「国内大企業」の採用メカニズムを表すものとして論じる。

（2）国内大企業の位置づけ

（2）～（4）では，国内大企業に着目する3つの理由，労働市場におけるプレゼンス，「望ましい」雇用機会の提供，学生の志望度の高さについて，主に公的統計に基づいて，その内実を概観する。ただし，上場企業か否かを識別可能な公的統計はほとんど存在しないため，従業員数1,000人以上の企業について動向を確認した。

まず，国内大企業の位置づけを企業数ベースで確かめる。国内の全企業・事業所を対象として，数年に一度実施される「経済センサス―活動調査」を用いた。ここでは，本書の分析期間に重なる平成24年と28年のデータを参照している[4]。

すべての経営組織に占める大企業の比率はごくわずかである（図3－1上）。平成24年2月1日時点で，経営組織の総数は4,128,215だが，このうち従業員数1,000人以上の組織数は3,940にすぎない。これは全組織数のわずか0.10％である。平成28年6月1日時点でも，従業員数1,000人以上の組織は4,383であり，全体の0.11％にとどまっている。企業単位でみると，国内大企業は無視できるほど小さい集団にみえる。

一方で，従業者数ベースでみると，国内大企業が占める割合は顕著に拡大する（図3－1下）。平成24年における国内の常用雇用者総数44,003,257人のうち，30.52％にあたる13,429,340人が従業員数1,000人以上の組織に雇用されている。同様に平成28年でも，全体の31.90％にあたる15,191,332人が大企業に勤めてい

第3章 分析対象と使用するデータ

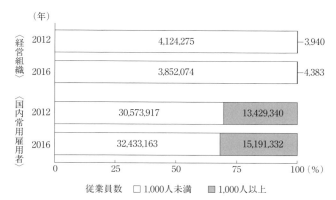

図3－1 企業数と従業者数からみる国内大企業の位置づけ

注：平成24年，28年経済センサスより作成（総務省統計局 2014, 2018b）。グラフ内の数値は，従業員数1,000人以上の組織における，経営組織数および国内常用雇用者数。

る。企業数では0.1％程度にすぎない従業員数1,000人以上の大企業に，国内常用雇用者の30％程度が雇用されている。

　国内大企業は，企業単位ではわずかな割合にすぎないが，労働者単位では十分大きな位置を占めている。大企業の数は一見無視できるほど少なくみえるものの，実際には一定数の「良い」席を提供していることがわかる。

　（3）に移るまえに，国内大企業の基本的な構成を経済センサスで確認しておく。ここでは，より新しいデータである平成28年調査を参照する。

　従業員規模の構成を図3－2に示している。大企業のなかでも半数超（54.9％）は従業員数1,000～1,999人の企業であることがわかる。一方で，従業員数5,000人以上の企業も621社（14.2％）存在している。

　つづいて産業大分類別の構成を図3－3に示している。国内大企業のうちもっとも多くを占めているのは製造業の895社（20.4％）であり，卸売業・小売業の876社（20.0％），サービス業（他に分類されないもの）の442社（10.1％）と続く。また，全経営組織に占める比率は1～2％程度だが，運輸業・郵便業（5.9％），情報通信業や金融業・保険業（ともに4.7％）は，大企業に限定するとその比率が大きくなる。一方で，経営組織総数に占める比率が比較的大きい建設業（11.2％）や不動産業・物品賃貸業（7.9％）は大企業の数が相対的に少な

63

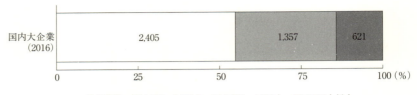

従業員数　□1,000～1,999人　■2,000～4,999人　■5,000人以上

図3-2　国内大企業の従業員規模構成

注：平成28年経済センサスより作成（総務省統計局 2018b）。グラフ内の数値は企業数。

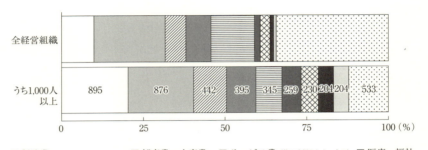

□ 製造業　　　　　　　　　■ 卸売業，小売業　　　☑ サービス業（他に分類されないもの）　■ 医療，福祉
目 宿泊業，飲食サービス業　■ 運輸業，郵便業　　　■ 教育，学習支援業　　　　　　　　　　■ 情報，通信業
□ 金融業，保険業　　　　　□ その他

図3-3　国内大企業の産業構成

注：平成28年経済センサスより作成（総務省統計局 2018b）。日本標準産業分類に基づく。グラフ内の数値は企業数。その他は，「農業，林業」「漁業」「鉱業，採石業，砂利採取業」「建設業」「電気・ガス・熱供給・水道業」「不動産業，物品賃貸業」「学術研究，専門・技術サービス業」「生活関連サービス業，娯楽業」「複合サービス事業」を含む。

く，中小企業の構成割合が高い産業だといえる。

（3）大企業が提供する「望ましさ」

次に，国内大企業が提供する「望ましい」特徴を，「賃金構造基本統計調査」を参照しながら概観する。

まず大卒者の初任給について，企業規模による差は意外にもほとんど確認できない。図3-4をみると，1990～2000年代にかけて，大企業（従業員数1,000人以上）と中企業（100～999人）の初任給の差は男女ともほとんどないことがわかる。年によっては，中企業の初任給が大企業を上回っている。ただ，2010年

64

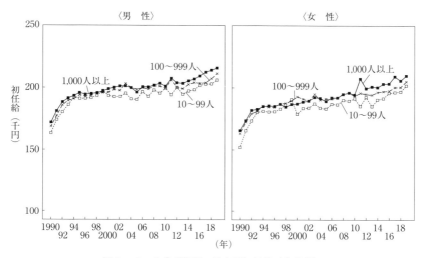

図3－4　企業規模別・男女別初任給（大卒者）

注：賃金構造基本統計調査より作成（総務省統計局 2019）。初任給は所定内給与額から通勤手当を除いた値。

代に入ると，企業規模による初任給の差が徐々に表れ，2019年の大企業初任給は男性が215.9千円，女性が209.7万円で，いずれも中企業の1.02倍である。とはいえ，額・比率ともに大きな差とはいえない。少なくとも初任給について，大企業が中小企業と比べて顕著に「望ましい」特徴を有しているとはいえない。

しかし，キャリアを通じた大卒者の賃金推移には，企業規模による差がはっきりと表れる。図3－5から，キャリア初期にはほとんどみられなかった企業規模間の賃金差が，年齢とともに顕著に拡大していることが読み取れる。55～59歳では，大企業に勤める大卒男性は平均560.9千円の賃金を得ており，これは中企業の1.09倍，小企業の1.32倍に当たる。女性も50～54歳と60歳以上を除くと，概ね同様の傾向を見せる。55～59歳の賃金は大企業で419.6千円であり，これは中企業の1.09倍，小企業の1.25倍である。賃金における大企業の「望ましさ」は，キャリアの中期から後期にかけて明確に表れている。

さらに，雇用の安定性の面でも，大企業の有利さは顕著である。勤続年数を企業規模別に示した図3－6から，大企業ほど勤続年数が平均的に長いことがわかる。55～59歳の大卒男性では，大企業労働者の平均勤続年数は27.7年であ

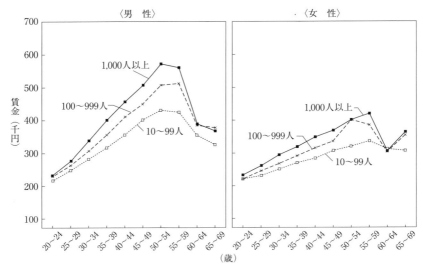

図3−5　企業規模別・男女別・年齢階級別賃金（大卒者）

注：令和2年賃金構造基本統計調査より作成（総務省統計局 2021b）。賃金は令和2年6月の所定内給与額。これは「労働契約等であらかじめ定められている支給条件、算定方法により6月分として支給された現金給与額（きまって支給する現金給与額）のうち、超過労働給与額（①時間外勤務手当、②深夜勤務手当、③休日出勤手当、④宿日直手当、⑤交替手当として支給される給与をいう）を差し引いた額で、所得税等を控除する前の額」（厚生労働省 2024：4）を指す。

り、中企業より1.20倍長い。大卒女性は、結婚や出産・育児期における就業継続の困難さから、勤続年数は男性より全体的に短いものの、大企業では55〜59歳で17.8年と、中小企業より平均2年以上長い。賃金の高さだけでなく、安定した雇用を提供する点でも、大企業は多くの労働者にとって「望ましい」雇用主といえる。

　以上の結果から、本書で扱う国内大企業は、賃金や雇用の安定性の面で「望ましい」特徴をもつ「良い」席を労働者に提供しているといえる。より正確には、入職時にはさほど「良い」とはいえないものの、離職しづらく賃金も顕著に伸びる点で、徐々にその「良さ」が際立つ席を提供している。さらに、長期勤続によって、単年の賃金差が蓄積し累積的有利・不利を形成する点で（DiPrete and Eirich 2006）、賃金差と雇用の安定性は相乗的に席の「良さ」に貢献する。翻って新規大卒者の視点に立つと、キャリア全般にわたって安定した

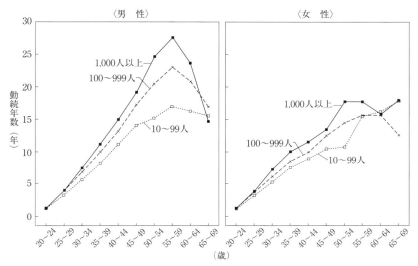

図3-6 企業規模別・男女別・年齢階級別勤続年数（大卒者）
注：令和2年賃金構造基本統計調査より作成（総務省統計局 2021b）。

雇用や高い賃金を得るためには，大企業が提供する席を学卒時に獲得することが重要であるといえる。

（4）大企業の新規大卒者採用

最後に，国内大企業の新規大卒者採用について，その基本的な特徴を確認する。大企業に限定して新卒採用の需給状況を確認できる公的統計は2024年時点で存在しないため，やや信頼度は下がるものの，リクルートワークス研究所の「大卒求人倍率調査」を参照する。

2000年以降，大企業の求人倍率は中小企業よりも著しく低く，労働供給過剰の状態が続いている。図3-7から，従業員数1,000人以上の大企業に対する求人倍率はつねに1を下回っており，求人数を超える就職希望者数が存在することがわかる。新型コロナウイルス感染症の影響を受ける直前の2020年3月卒について，大卒労働市場全体の求人倍率は1.83であり，大卒者に対して席数が余っている。しかし，従業員数1,000人以上の企業に限定すると，求人数は196,100人，就職希望者数は257,100人と推計され，求人倍率は0.76である。こ

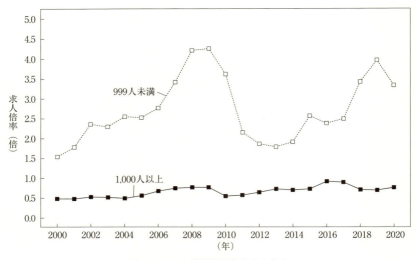

図 3 - 7　企業規模別大卒求人倍率
注：リクルートワークス研究所「大卒求人倍率調査」より作成（リクルートワークス研究所 2021）。

れは同年における中小企業の3.34を大きく下回る。国内大企業については，就職希望者数に対して席が足りない状況であり，「良い」席をめぐって大卒者どうしが争っている構図が見てとれる。

　ここまで確認してきたように，①常用雇用者ベースでは一定のプレゼンスを示す従業員数1,000人以上の企業は，②賃金や雇用の安定性において「望ましい」雇用機会を提供し，③その機会をめぐって新卒労働市場は競争的である。大企業がもつこれらの特徴は，新卒採用の不平等を説明するメカニズムの彫琢という本書の目的にも合致する。②は雇用の様々な側面をめぐる不平等を生み出すアクターとしての大企業の重要性を，③は結果の不平等を機会の不平等に読み替える妥当性を，それぞれ支えている。また，分析から発見されたメカニズムが，日本社会の一定部分に当てはまることも①から支持される。

2　企業パネルデータの利用

　分析で用いるデータは以下の3条件，(a)大企業が一定数含まれる，(b)施策・慣行や採用実績に関する情報を含む，(c)同一企業を複数年追跡したデータであ

る，を満たす必要がある。第2節では，この3条件に照らして，2024年時点で利用できる企業データのなかで，東洋経済新報社が調査・提供するデータが，本研究の目的にもっとも適していることを論じる。本書では，主に『就職四季報』と『CSRデータ』という2つのデータセットを利用する。ただし，各章の分析目的に応じて，補助的な資料も適宜組み合わせており，その手続きについても本節で提示する。あわせて，各章の分析に共通するデータの処理やハンドリングの方法についても説明する。

（1）なぜ東洋経済新報社の企業データか

先述した条件のうち(a)と(c)を満たすデータ，すなわち国内大企業のパネルデータはさほど多くない。しかし，いくつかの調査が現在利用可能なデータとして蓄積されており，先行研究でも用いられている。

公的統計では「企業活動基本調査」と「賃金構造基本統計調査」が挙げられる。経済産業省が実施する「企業活動基本調査」は，従業者50人以上で，資本金又は出資金が3,000万円以上の会社を対象に，年1回実施される全数調査である。[5]企業名は特定できないものの，永久企業番号を用いたパネルデータ化が可能である（松浦・清田 2004）。上記の条件を満たすすべての企業を網羅しているため，分析目的に特化した個別の調査データと組み合わせて用いられることも多い（山本・松浦 2011；黒田・山本 2013, 2014）。「賃金構造基本統計調査」の標本は，5人以上の常用労働者を雇用する16産業の民営事業所から抽出されている。[6]こちらも毎年1回実施されており，事業所番号によるパネルデータ化や，他の公的統計とのマッチングも行える（村田・伊藤 2015）。たとえば「工業統計調査」とのマッチングから，労働生産性と賃金率の関連を検討したり（川口ほか 2007），「雇用動向調査」とのマッチングから，管理職昇進の賃金プレミアムと移動率の関連を検討したり（上野・神林 2014）することが可能である。

公的統計以外の企業パネルデータも存在し，なかでも独立行政法人経済産業研究所（RIETI）の調査データは本書の関心にも近い。たとえば，2011年度から2017年度まで計7回実施された企業パネル調査に「人的資本形成とワークライフバランスに関する企業・従業員調査」がある。この調査は企業と従業員の双方を対象とし，人的資源管理やワークライフバランスに関する設問を含む。第1回の有効回答企業は719社，第7回は627社と，一定規模のサンプルも確保

されている。正社員や管理職の女性比率（山本 2014）や従業員のメンタルヘルス（黒田・山本 2014）に影響する企業特性の解明，WLB 施策に対する負の賃金プレミアムの推計（黒田・山本 2013）など，企業の雇用行動や施策・慣行に着目した先行研究でも用いられている。

　これに対し，本書では東洋経済新報社の企業パネルデータを利用する。同社の調査データは，企業の施策・慣行や雇用行動，とくに採用実績に関する情報を豊富に含む点で（条件(b)），先述した各種データよりも本書の目的にとって望ましい。第 1 章で設定した分析課題に照らせば，少なくとも企業の採用・雇用行動に関する 3 つの側面，ジェンダー・学校歴・障害の有無に関する情報が必要であるが，この 3 つの情報を含む企業パネルデータは管見の限り東洋経済新報社の調査データしかない。さらに，大企業・有名企業を中心に，少なくとも1,000 社以上の企業が掲載されており（条件(a)），年 1 回の追跡調査が長期的に行われている点でも（条件(c)），本書の目的にとってふさわしい。さらにRIETI の調査データとは異なり，同社のデータは基本的に公開されており，分析結果の再現可能性にも開かれている。こうした特徴を備えた東洋経済新報社のデータは，すでに国内外の関連する先行研究で利用されている。とくに，ジェンダー不平等の観点から日本企業の雇用行動を検討している Eunmi Munの一連の研究では，東洋経済新報社のデータがくり返し利用されている（Mun and Brinton 2015, 2017；Mun 2016；Mun and Jung 2018a, 2018b；Mun and Kodama 2022）。

　これらの理由から，本研究では東洋経済新報社の企業パネルデータを利用して，雇用の不平等につながる企業組織のメカニズムを明らかにする。

（2）使用するデータの概要

　本書で用いる第 1 のデータは『就職四季報 総合版』である。これは，東洋経済新報社が就職活動に臨む大学生向けに年 1 回刊行する資料であり，1983年の創刊以来，毎年発行されている。掲載内容は同社の独自調査に基づき，「掲載料をもらわず客観・中立的な立場で制作している」（東洋経済STORE 2022）ため，企業が開示しづらい情報も掲載できる，と謳われている。

　『就職四季報』の掲載企業数は約1,300社である（東洋経済データサービス 2022）。調査対象企業や回答率は未公開だが，学生からの人気や要望，業界内での序列，企業業績（複数年赤字でないか）などを踏まえて，編集部の総合的な判断に基づ

き選定されている。調査は，ほとんどの大企業が採用活動を完了している7～8月ごろに実施される。たとえば，2009年7～8月に実施された調査は，『就職四季報2011年版』として2009年末に発売され，2010年4月に入社予定の採用人数まで掲載される。冊子の名称が2011年版となっているのは，対象とする読者が2011年3月に卒業する学生，いわゆる「2011年卒」だからだと考えられる。また，『総合版』の系列誌に『就職四季報 女子版』がある。こちらは女子学生を主な読者として想定しており，第7章ではこの資料も利用した。[8]

　本研究のアウトカムに当たる採用実績は，大卒・修士卒，男女，文理別に掲載されている。また，大学別の採用人数も示されている。[9]ただし，本研究の分析に用いる採用人数では，総合職・一般職を区別していない。『総合版』では総合職・一般職が区別されておらず，『女子版』ではコース別の採用人数が男女別に掲載されているものの，独自のコース名を付している企業も少なくなく，総合職に相当する採用人数を同定することが困難である。そこで，『総合版』に掲載されている大卒・修士卒の採用人数を合わせた値をアウトカムとして用いた。総合職・一般職のコース別採用が，実質的に「ジェンダー化」されている，すなわち女性を排除する契機を内包していることを踏まえると（脇坂1997；山口 2014），この点は本書の限界の1つである。ジェンダー不平等に関する本書の知見は，ある意味でインパクトを「過小評価」していることになり，総合職に限定すると，さらに深刻な不平等生成メカニズムが現れる可能性がある。逆に，不平等の発見にとって「不利な」条件でも明らかになったメカニズムがあるならば，それは総合職にも妥当することが予想される。

　独立変数に当たる企業の雇用施策・慣行は，技術職採用の有無などの採用試験情報，離職率や勤続年数，残業時間などが掲載されている。また，『女子版』には女性の役職者，産休・育休の施策やその取得者数など，『総合版』にはない情報も開示されている。さらに企業の基本情報，たとえば本社所在地や設立年，男女別従業員数も掲載されており，こうした特性を条件づけて，着目する変数の効果を推定できる。ただし，企業業績について，売上高や経常利益は掲載されているものの，企業の財務状況を判断するために使われる ROA（総資本利益率）や ROE（自己資本利益率）は未掲載のため，これらは別の資料から外挿した。

　本書で用いる第2のデータは『CSR データ（雇用・人材活用編）』である。東

洋経済新報社は，企業の CSR 情報を『CSR 企業総覧』として年 1 回刊行している。そのうち雇用・人材活用編について，法人向けに同社が提供するデータベース版を購入し，分析に利用した。2005年に第 1 回調査が行われ，2024年 9 月時点で2023年調査までの情報を年単位のパネルデータとして利用できる。本書では，2009〜17年調査に相当する「2010〜2018年版」を購入し，分析に用いた。

　調査票は，毎年 6 月ごろに全上場企業と主要未上場企業に送付される。2017年調査を例にとると，3,685社に調査票が送付され，回答があったのは1,227社，これに追加調査の結果や公開情報のみから掲載した企業を合わせて，1,413社（うち上場企業1,370社）が2018年版の『CSR データ』に掲載されている。ただし「主要な」未上場企業の選定基準は公開されていないため，『CSR データ』を用いる場合の分析対象は上場企業に限定している。

　CSR データには，就職四季報と同様，新卒採用人数は学歴・男女別に掲載されている。ただし，文理や学校歴に関する情報はない。一方で，就職四季報よりも企業の雇用施策・慣行に関する情報は充実している。たとえば，管理職・役員の人数は，職階や男女・外国人別に掲載され，多様な人材の活用施策に関する設問も多い。障害者雇用に関する設問が設けられているのも特徴である。

　本書では，分析の目的に合わせてこの 2 つの資料を使い分け，さらに必要に応じて別の資料と組み合わせることで，各章に合わせた企業データセットを構築し，分析に用いる。

（3）データセットの構築

　（2）で示した 2 つのデータに複数の資料を組み合わせて，本書で用いるデータセットを構築した（表 3 - 3）。採用実績者の学校歴構成を検討する第 4 章では，『就職四季報』に毎日新聞出版『サンデー毎日』の掲載記事をマッチングし，さらに株式会社マイナビの「就職企業人気ランキング」の結果も利用する。管理職層と雇用施策が女性採用・障害者雇用に与える影響を検討する第 5 章・第 6 章では，『CSR データ』に東洋経済新報社の Web ページ「会社四季報オンライン」の情報を組み合わせる。経営状況に応じた WLB 施策の効果異質性を検討する第 7 章では，『就職四季報』総合版・女子版に，東洋経済新

第3章　分析対象と使用するデータ

表3-3　本書で用いるデータ

	主なデータ	組み合わせるデータ
第4章 採用枠・雇用慣行の効果	『就職四季報』総合版	『サンデー毎日』 「就職企業人気ランキング」
第5章 管理職層の効果	『CSRデータ』	「会社四季報オンライン」
第6章 雇用施策の効果	『CSRデータ』	「会社四季報オンライン」
第7章 経済的環境に応じた施策の効果異質性	『就職四季報』総合版・女子版	『会社財務カルテ』

報社『会社財務カルテ』の企業業績をマッチングさせる。また，『CSRデータ』はパネルデータとして提供される一方，第4章・第7章で用いる『就職四季報』は，複数年の刊行資料をもとに分析者がパネルデータを構築する必要がある。

　データセットを構築するうえで，以下の2点を考慮する必要がある。①複数のデータ間，②複数の時点間で，企業の同一性をどのように判断するかという問題である。

　①については，de Leeuw and Keijl（2023）で4つのマッチング方法（matching method：MM）が紹介されている。MM1は名称の完全一致に基づくマッチングである。たとえば「小林製薬㈱」という名称が2つのデータに含まれる場合，その2つを同一企業とみなしてマッチングする。MM2はIDの完全一致に基づく。複数のデータに共通するIDが付されている場合は有効な方法である。MM3は名称とIDの双方を用いたマッチングである。どちらか一方でしかマッチしないケースは，郵便番号やWebサイトなどの補足情報から妥当性を判断する。MM4は名称のあいまい一致によるマッチング（fuzzy matching）である。名称の表記ゆれに対応するために，複数のキーワードを用いて同一性を判断する。「本田技研工業㈱」であれば，「本田技研工業」「ホンダ」「HONDA」などがキーワードの候補になる。判断に迷う場合は，MM3と同様，補足情報による追加検討が行われる。

　実際の企業データを4つの方法でマッチングした結果から，著者らはMM4を推奨している。MM1やMM2は同一個体の見落とし（false negative）が発生

しやすく，目的とする多変量解析において，係数の標準誤差が大きくなり検出力が落ちる。ただし，MM3やMM4で行われる補足情報の確認を怠った場合も，誤ったマッチング（false positive）が発生し，係数の推定にバイアスがかかる可能性がある。

　本書でも de Leeuw and Keijl（2023）の主張と同様に，MM4を採用した。すなわち，表記ゆれを考慮して企業の名称が一致するかを判定したうえで，必要に応じて補足情報を参照しながらマッチングを行った。東洋経済新報社は各企業に時点不変の ID を付しているが，『就職四季報』の誌面では公開されておらず，MM2やMM3は採用できない。また，企業名の完全一致（MM1）では，先述のとおり false negative が発生する。たとえば，『就職四季報』2017年版の「沖電気工業」（p.330）と『サンデー毎日』2016年8月7日号の「OKI」（p.91）は同一企業だが，名称の完全一致では除外される。そこで，表記ゆれも含めて名称の同一性を確認したうえで，判断に迷う場合は他の情報にも依拠して判定を行った。上の例では，沖電気工業の公式 Web ページで「OKI」「沖電気工業」の呼称がともに使われていることを確認し，さらに両資料に掲載されている採用人数も同規模であることから，2つを同一企業とみなしてマッチングした。de Leeuw and Keijl（2023：277）も述べるように，本来は，一連の作業を複数の研究者が別個に実施し，その結果を照合する方が望ましい。しかし，本研究では時間や労力の観点から，上記の作業を著者1人で行っている。

　②については，(a)企業合併，(b)企業名の変更，(c)会社形態の変更（持株会社への移行，子会社化など）の3点を考える必要がある。(a)企業合併は，『CSR データ』に付されている東洋経済新報社独自のコード TKC と同じ基準により，時点間の同一性を判定した[10]。吸収合併（会社法第2条第27号）の場合は，存続企業を合併前と同一とみなしている。たとえば，三越（TKC：10833184，以下同様）と伊勢丹（10010742）が合併したケースでは，合併後の三越伊勢丹（10833184）に存続会社の三越と同一のコードが割り振られる。一方，新設合併（会社法第2条第28号）では，合併前後の企業に同一性を認めていない。鈴鹿富士ゼロックス（10058139），富士ゼロックス新潟（10076776），富士ゼロックスイメージングマテリアルズ（10802700）の3社が新設合併した富士ゼロックスマニュファクチュアリング（11017210）には，新しいコードが割り振られている[11]。TKC を利用できない『就職四季報』を用いる場合は，誌面や Web 上の情報，とくに

企業公式ページの沿革を参照した。(b)企業の名称変更は，①と同様，MM4に基づき同一性を判断した。(c)会社形態の変更は，基本的に(a)や(b)を伴う。サトーは，2011年に純粋持株会社制へ移行したが，社名も「サトーホールディングス」に変更している。この場合は，(b)と同様にMM4で同一性を判断した。合併とは異なり，会社自体は存続する子会社化（cf. 会社法第2条第3号）も同様の処理だが，この場合は子会社の上場廃止を伴うことが多く，ROAなどの企業業績は欠損値となる。そのため，完全子会社化された企業は，本書の有効サンプルからは実質的に除外される。2010年に上場廃止し，日立製作所の完全子会社となった「日立マクセル株式会社」（2024年9月現在はマクセル株式会社）が典型である。

（4） 想定される限界とその対処

最後に，データの限界と，その対処について述べる。

第1に，本書で用いるデータは，母集団から無作為抽出されたものではない。『就職四季報』はそもそも調査対象企業が未公開であるが，無作為抽出の標本調査ではないと推察される。『CSRデータ』は，調査対象企業である全上場企業・主要未上場企業のすべてに調査票が送付される全数調査である。掲載率は38.3％（2018年版）であり，結果として母集団と標本に近い関係となっているが，こちらも無作為抽出に基づく標本ではない。結果的に，本研究の分析対象である従業員数1,000人以上の企業，あるいは上場企業との関係においても，両調査の掲載企業は無作為抽出に基づくとはいえない。対象企業のなかでも，有名企業や巨大企業，学生からの人気企業に偏って掲載されていることが予想される。以降の分析では，企業の雇用施策・慣行と採用実績の関連を，統計的仮説検定から明らかにするが，無作為抽出に基づく標本調査でない場合，仮説検定を用いる妥当性は自明ではない。

しかし，データに表れる各企業の採用実績には，多様な偶然的事情——採用担当者や求職者の属人的要素など——が介在する。これにより，本書で着目する雇用施策・慣行と採用実績の関連も，一定の統計的誤差を伴って出現すると考えられる。さらに，本書は「「良い」席はどのように分配されているのか？」という問いを立て，これを大企業に着目して検証するものである。データに掲載されている企業は，ターゲット母集団（従業員数1,000人以上の企業／上場企業）

における平均的な「良い」席よりも，さらに「良い」方向に偏っている可能性が高い。この偏りは，「良い」席の配分メカニズムから不平等の説明を試みる本書にとってさほど痛手ではなく，ある面ではむしろ望ましい。「良い」席の配分メカニズムが，何らかの形でその「良さ」に依存していた場合，そのメカニズムがより顕著に現れると考えられるからである。以上の理由から，データの欠点はあるものの，統計的仮説検定に依拠して知見を導出することに致命的な瑕疵はないと考えた。

　第2に，回答バイアスが懸念される[12]。調査の回答率自体はさほど高くなく，『CSR データ』の掲載率は概ね30％台を推移している。公的統計でも，企業調査の回収率は90年代以降低下しており（山田 2003, 2006, 2013；吉村 2017），経営状況全般に関する調査よりも，雇用関連調査の方が回答率は低い（山田 2003, 2013；吉村 2017）。ただし，調査に対応する間接部門をもつ大企業の方が回答率は高く（山田 2006, 2013；吉村 2017），本書で扱うデータでも，仮に全企業を対象とした場合よりは高い回答率だと考えられるが，それでも SSM 調査などと比較して相対的に回答率は低い。また，（3）で言及した企業合併は特定の業種――本書の分析期間では百貨店や製薬業など――で集中的に起きるため，脱落バイアスの影響も危惧される。さらに，各設問への回答／無回答がランダムではない可能性も高い。たとえば，女性管理職比率（第5章）や WLB 施策（第7章）などの設問には，他社よりもジェンダー平等的な企業の方が情報を開示する傾向にあると予想される。このとき，データから得られる情報は，母集団よりも「望ましい」方向に偏る可能性がある。

　こうした回答バイアスに対し，本書ではもっとも適切と考えられる欠損値処理としてリストワイズ処理を選択した。前段に挙げた欠損は，MNAR（Missing Not At Random）の可能性が高い。他社よりも「遅れている」企業ほど無回答になりやすく，互いに関連する一連の設問，たとえば女性雇用に関する設問全般に無回答の場合は，他の変数からの予測も妥当ではないからである。MNAR のもとでリストワイズ処理と多重代入法を比較すると，(a)独立変数が従属変数に依存しない MNAR では，リストワイズ処理の結果は不偏推定量となるが（Allison 2002：6-7, 87），多重代入法の結果にはバイアスが生じうる（Pepinsky 2018）。(b)その他の MNAR でも，リストワイズ処理に伴うバイアスは，多重代入法よりも小さくなることが多い（Pepinsky 2018）。以上の理由から，本

書で用いるデータに対しては，リストワイズ処理がとりうる最善策だと考えた。

　もちろん，調査対象の偏り，および回答バイアスの影響は，完全に除去できるものではない。とくに，より「望ましい」方向に掲載企業や回答が偏ることで，本書が解明を試みる不平等生成・維持のメカニズムが部分的に不可視化されるおそれもある。しかし逆にいえば，それでもなお発見されたメカニズムは，国内大企業にかなりの確度で妥当するといえる。本書では，メカニズムの発見に対して「保守的な」特徴をもつデータの分析から，妥当性の高いメカニズムの導出を目指す。

　第4〜7章では，この章で提示したデータを使い，実際の計量分析に進んでいく。ジェンダーを中心として学校歴・障害の有無も合わせた3つの観点に関し，どのように席が分配されているのかを具体的に検証することで，雇用をめぐる機会の不平等を説明するメカニズムの彫琢を目指す。

注

(1)　中小企業基本法では，従業員数がちょうど300人の企業は中小企業に含まれるが，SSM総合8分類では大企業に含まれる。

(2)　高卒就職についても，たとえば小川（2014）は従業員数300人以上を大企業としている。一方で，苅谷（1991）やKariya（1998）は大企業の定義を示していないものの，苅谷（1991：31）の記述が分析にも当てはまる場合，従業員数1,000人以上を大企業とみなしていると考えられる。また，石田（2005）は従業員数500人以上の企業を大企業として扱っている。

(3)　ただし，個人を対象とする調査で回答された企業規模の正確性には留保すべきである。とくに，回答者のなかで，高賃金などの「望ましい」特性と企業規模の大きさが結びついている場合，こうした特性を享受している回答者ほど，実態より企業規模を大きく回答する可能性は否定できない。このとき，個人調査データから得られる大企業のアドバンテージは過大に推定される可能性がある点に注意が必要である。一方で，本書で用いる企業調査データから得られる従業員数は基本的に実測値であるため，こうしたバイアスは生じない。

(4)　ここではすべて「総数（経営組織）」の値を確認した。経営組織には法人と個人経営が含まれる。法人は会社企業と会社以外の法人に分類され，会社企業はさらに株式会社，有限会社，相互会社，合名会社，合資会社，合同会社および外国の会社（いわゆる外資系企業とは異なる）に枝分かれする（総務省統計局 2018a：73-74）。いずれの経営組織も大卒労働市場に参入していると考え，これらの総数を参照した。

(5) ただし対象業種の事業所をもつ企業に限定される（経済産業省 2022）。

(6) 常用労働者10人以上の公営事業所からも標本が抽出されている。

(7) 2018年2月に当時の就職四季報編集部から得た回答に基づく。

(8) 2024年現在，「女子版」は「働きやすさ・女性活躍版」としてリニューアルされている。

(9) ただし，大学別採用人数は，紙幅の都合上，一部の大学について省略されることがあるため，第4章では『サンデー毎日』の掲載記事を利用している。

(10) 以下の手順は，2020年8月に東洋経済新報社データ事業局の担当者から得た回答に基づく。

(11) 正確には，富士ゼロックス株式会社竹松工場も合わせた3会社，1工場の新設合併である（富士フイルムマニュファクチャリング株式会社 Web ページ，https://www.fujifilm.com/fbmfg/company/history，2024年9月11日閲覧）。

(12) 組織調査の回答率と，調査結果に与えるバイアスの関係については Fulton（2018）も参照。

第4章
採用枠・雇用慣行が学校歴構成に与える効果

第4～7章では，第1章の表1-1で整理した検討課題に，企業データの実証分析から取り組んでいく。第4章では，雇用施策・慣行が企業の採用行動に与える影響を，採用実績者の学校歴構成に着目して明らかにする。これは，採用枠・雇用慣行が雇用の不平等に与える影響の1つを示すだけでなく，第2章で整理した採用基準の諸理論が，現在の日本企業にどの程度整合的かを考える一助にもなる。さらに，主に教育社会学分野が注目してきた大学選抜度について，その大卒労働市場における機能，ひいては学校歴に付与されてきた意味づけを浮かび上がらせる点で，本章の結論は，広義の日本社会論の1つとして読むことも可能である。

1　大卒就職・採用における学校歴

大学進学率の増加に伴い，大卒労働市場も近年拡大傾向にある。大学進学率は，1990年代以降も緩やかに増加しており，2023年には過去最高となる57.7％を記録した（文部科学省 2023：5，過年度卒を含む）。18歳人口は1990年代初頭から大きく減少しているものの，大卒労働市場の規模は現在に至るまで緩やかに拡大しており，同年の大卒就職者数も448,073人と過去最高の値である（文部科学省 2023：6）。これは，1990年の324,220人と比較して約1.38倍の規模である。

大卒労働市場の拡大を背景に，就職結果に影響を与える大卒者間の差異，なかでも出身大学の影響に社会的な関心が集まっている。とくに，大手企業へのエントリーや説明会の参加などの場面で，上位大学出身者が優先的に扱われており，結果的に出身大学によって就職機会に差が生じていること——いわゆる「学歴フィルター」は，しばしば注目の的となる（石山 2014）。学生に可視化される形で行われた場合は批判の対象になることもあるが（鎌田・上野 2021），一

部の人気企業がそうした慣行をとっていることは，学生にとっても半ば公然の事実だと思われる（朝日新聞 2024）。

このように，学生の出身大学が就職先に与える効果，より一般化すれば，高等教育の学校歴が初職に与える影響は，教育社会学や社会階層研究でもくり返し検討されてきた。そこでは，個人属性や出身階層を考慮しても，大学選抜度の高さが大企業就職に対して有利に働くことが，一貫して示されてきた（平沢 2010）。「この高選抜度大学から大企業へ」という関連を，企業側から捉えた先行研究も少ないながら存在する。これらの研究は，国内大企業に対象を限定し，新卒採用における学校歴の位置づけ，たとえば，採用実績者の偏差値別構成（竹内 1989）やその経年変化（松尾 1999）について，重要な知見を提示してきた。

しかし，大企業の採用実績を検討してきた先行研究において，大企業間の異質性はほとんど扱われていない。一般的な社会調査では，企業規模や産業，所在地以外の企業情報はほとんど尋ねられておらず，選抜度の高い大学出身者が，大企業に就職しやすいという知見を，企業の観点からさらに掘り下げることは難しい。企業側からの研究，たとえば竹内（1989）でも，学生側の視点に立つ従来の知見と対比させる形で，大企業に共通の採用傾向が強調されており，それぞれの大企業で採用実績がどの程度異なっているかは検討されていない。「高選抜度大学から大企業へ」という図式は，社会的にも，学術レベルでも共有されてきた一方で，「大企業のなかでも，どのような特徴をもつ企業で，選抜度の高い大学出身者が多く採用されているのか」については，ほとんど検討されてこなかった。

そこでこの章では，大企業のなかでも，どのような施策・慣行をもつ企業で，選抜度の高い大学からの採用が多い／少ないのかを明らかにする。日本企業の採用行動は，訓練可能性理論に基づいて説明されることが多く（第2章第1節），さらに学校歴は訓練可能性の主要なシグナルとみなされてきた（太田 2010）。これを踏まえ，訓練可能性理論と関連する企業の採用枠・雇用慣行に着目し，高選抜度大学からの採用がこれらとどのように関連しているかを明らかにする。分析結果は，学校歴が新卒採用においてどのように位置づけられているかを示す，経験的な判断材料を提供する。この作業は，大企業という「良い席がどのように分配されているか？」をデータから捉えることで，学校歴間で就職機会の不平等が生まれるメカニズムの推測にもつながる。

この問いを検討するため，各企業の大学別採用実績データを用いた計量分析を行う。学校歴の位置づけの検討は，これまで事例研究や小規模のサンプルでなされてきた。これに対し，本章では多変量解析にたえうるデータを計量的に分析し，学生側の選好や各年の状況変化なども踏まえたうえで，企業の施策・慣行と採用実績の関連をより一般的な形で示すことを目指す。

2　学校歴の位置づけをめぐる先行研究と残された課題

（1）高等教育の学校歴と初職の関連

教育と社会階層をめぐる諸研究は，高等教育の学校歴が，初職の様々な側面に影響を与えることを示してきた。大卒者の学校歴は，初職の職種や職業威信スコアと関連しており（近藤 1997；中西 2000），性別や出身階層を考慮しても，学校歴の影響は依然として残る（平沢 2010）。こうした学校歴の効果は，非大卒者を分析に含め，学歴の効果と合わせて検討した場合でも確認されている（平沢 2011）。

学校歴が初職に与える種々の影響のなかで，一貫して確認されてきたのが，初職の企業規模に与える影響である。学校歴の効果を包括的に検討した平沢（2010）は，大企業・公務員への就職に学校歴が大きな効果をもつことを示しており，これは専門職入職への効果よりも顕著である。大学の専攻分野・学校歴が初職に与える影響を検討した豊永（2018b）の分析からも，専門職入職には専攻分野が強く影響しており，学校歴の効果は確認できない一方で，ホワイトカラー職内部の企業規模には，学校歴が依然として影響していることが確認できる。

企業規模に対するこのような学校歴の効果は，主に大学選抜度に基づいて解釈されてきた。学校歴の分類には，研究機能（天野 1984b）や設置時期（金子 1996）など複数の指標が用いられており，標準的な分類は定まっていない（平沢 2011：157-158）[1]。しかし，実際には大学選抜度を反映した分類を用いることが多く，明示的には選抜度を参照していない分類も，選抜度によって概ね層化されていることが多い。そのため，前段で示した知見も「高選抜度大学から大企業へ」という方向で解釈されることが一般的である（cf. 平沢 2005：29-30）。

（2）企業から見た学校歴

一方で，学校歴と初職の関連を企業側から検討する作業も，こうした関連の背後にあるメカニズムを明らかにするうえで重要な作業である。求職者の教育達成は，それ自体が自動的に初職に影響するのではなく，雇用者の評価に組み込まれることで，初職との関連が観察されるような特性である（Jackson et al. 2005：10）。出身大学の選抜度も，採用時における企業の評価，とくに国内大企業の評価において何らかの肯定的な意味づけを付与されていると考えられる。

企業側の視点に立つ数少ない先行研究は，国内大企業の採用行動や採用実績に着目し，新卒採用における学校歴の位置づけを詳らかにしてきた。大企業の多くは，たしかに大学選抜度を採用判断の一基準としており，これは採用目標校の設定（竹内 1989）や Web サイトを通じた企業案内の送付（齋藤 2007）といった採用行動にも反映されている。その一方で，一定の選抜度以上の大学群について，大企業はむしろ多様な大学からの採用を志向していたり（竹内 1989），同じ選抜度の大学群であっても，景気の良し悪しによって採用時の評価が変わったりすることも確認されている（松尾 1999, 2012）。既存研究は，国内大企業の新卒採用において大学選抜度の高さが評価されていることを裏づける一方で，選抜度の高い大学が常に望ましいとみなされているわけではないことも示してきたといえる。

（3）学校歴の位置づけと企業の施策・慣行

国内大企業を対象とする先行研究から，新卒採用における学校歴の位置づけが明らかにされてきた一方で，同じ大企業のなかでも，採用施策や雇用慣行の違いに応じて学校歴の位置づけがどのように異なっているかについては，ほとんど検討されてこなかった。竹内（1989：31-33）は，一定の選抜度以上の大学からバランスよく採用する「クオータ制」が，巨大企業に一般的な傾向であることを強調しているが，大企業のなかでも採用施策や採用後の雇用慣行には違いがみられる。松尾（2012）は，大企業の業種間差異に着目しているものの，1つの業種につき1～数社のみ分析されており，その一般化可能性には疑問が残る。

先行研究において，学校歴が訓練可能性（Thurow 1975＝1984）のシグナルとして捉えられてきたことを踏まえると，企業が訓練可能性を重視する程度に応

じて，その企業における学校歴の位置づけも異なると考えられる。「高選抜度大学から大企業へ」という関連の背後には，学校歴が訓練可能性のシグナルとして機能していると指摘されてきた（太田 2010；豊永 2018b）。ここでの訓練可能性は，実際の業務を通じた企業内訓練（OJT）を，どの程度効率的に受容できるかを意味する（太田 2010：第7章）。OJT は2，3年で部署を異動するジョブローテーションを通じて行われるため（濱口 2013），訓練可能性は，それぞれの部署で必要な特定の職務能力というよりも，多くの部署での職務遂行に共通する特性として評価されていると考えられる。この想定が妥当であれば，選抜度の高い大学からの採用は，大企業のなかでも採用時に訓練可能性を重視する──幅広い職務遂行に共通する能力を重視する──企業で多く，逆に，採用において訓練可能性をさほど重視しない──たとえば，特定の職務能力を従業員に求める企業では少ないと予想される。

　そこで本章では，訓練可能性が重視される程度と関連する──いわばその代理指標とみなせる採用施策・雇用慣行に応じて，国内大企業の採用実績者における学校歴構成がどのように異なっているかを検討する。もちろん，代理指標はあくまで代理指標であり，取り上げる施策・慣行と，訓練可能性を重視する程度が，1対1で対応するわけではない。さらに，かりに妥当な代理指標であったとしても，入社後の訓練可能性を重視する企業で高選抜度大学からの採用が多いことが，自動的に，学校歴が訓練可能性のシグナルとして評価されていることを意味するわけではない。しかし，訓練可能性の想定に整合する仮説を構築し，これを経験的に検証することは，企業における学校歴の一般的な位置づけについて有力な判断材料の1つを提供する。この点で，本章で行う作業は，「学校歴を市場能力に無媒介的に帰属させる」（竹内 1995：123）ものとは一線を画す。

　上記の問いを実証的に検討するには，多変量解析にたえうるサンプルサイズをもつ企業データを用いた計量分析が有効である。大卒者の就職先企業が，就職時点でどのような状況にあったかについては，通常の大規模社会調査データからほとんど情報が得られない。また，企業を対象とする事例調査も，プライバシー保護や業務情報の秘匿性の観点から大きな困難を伴い（cf. 平沢 2005：31），一般化可能性の面でも限界がある。そこで本章では，既存の出版資料から，詳細な企業情報・大学別採用実績情報を含むデータセットを構築し，これ

を計量的に分析する（第3章第2節）。これにより，他の企業特性を考慮しても，着目する企業の施策・慣行と学校歴構成の間に関連がみられるかを，より一般化可能性を確保した形で明らかにできる。

　なお，本章で検討するのはあくまで国内大企業の採用と学校歴の関連であり，中小企業については検討の対象としない。これまで一枚岩的に扱われてきた国内大企業における異質性を明らかにするため，問いの範囲を大企業に限定している（第3章第1節）。また，国内大卒労働市場において，多くの学生は大企業就職を志望しており，競争倍率も高いため（米田 2015），採用実績を企業による選抜の結果として解釈しやすいという利点もある。翻って言えば，これは学生側の自己選択の余地が相対的に小さいことを意味し，中小企業を含めた場合よりも分析結果が「機会の不平等」に接近することになる。

（4）仮説構築

　採用時に訓練可能性がどの程度重視されているかをデータから直接観察することは難しい。そこで，①特定の職務に関わるスキルや能力を採用時に要求しない企業，また②長期安定雇用が維持されている企業で，訓練可能性が相対的に重視されており，結果的に選抜度の高い大学からの採用が多くなると予想した。

　①については，技術職採用枠の有無との関連を検討する。技術職採用においては，特定の職務に関わるスキルや能力（たとえば建築系や機械系）が重要な採用基準となり，訓練可能性の重要度は相対的に低下すると考えられる（Goldthorpe 2014：273-274）[4]。そのため，学校歴が訓練可能性のシグナルとみなされているならば，技術職採用を行う企業は，上位大学からの採用が相対的に少なくなると予想される。先行研究も，この推論を支持する傍証を示している。採用時に特定のスキルが重視される場合，たとえ学歴が要求水準を上回っていても，そのスキルをもたない求職者は採用時の評価が低くなる（Di Stasio 2017）。日本でも，職務能力の特定性が高いと考えられる専門職への入職には，学校歴よりもむしろ大学の専攻分野が強く影響している（豊永 2018b）。そこで，技術職採用枠との関連について，前述の予想を仮説1として設定し，これを検証する。

　②については，平均勤続年数との関連を検討する。OJT は2,3年単位の人事

異動を通じて行われるため（濱口 2013），ある程度の長期勤続を前提とした制度である。さらに，企業内訓練を経験した人材は代替困難であるため，企業にとっては長く雇い続ける方が合理的であると同時に，長期の雇用保障は，企業内訓練を通じた技能の継承を促進させる働きももつ（八代 1997：41-42）。したがって，学校歴が訓練可能性のシグナルとみなされているならば，平均勤続年数が長い企業では上位大学からの採用が相対的に多くなると予想される。ただし，求職者の能力を示すシグナルが「良すぎる」場合，離社リスクが高いとみなされ，組織へのコミットメントを疑問視されることも指摘されている（Galperin et al. 2020）。この傾向が国内大企業にも当てはまる場合，長期勤続を期待する企業は，学校歴が「良すぎる」求職者をかえって避けているかもしれない。そこで，平均勤続年数については，両方の想定に対応する仮説2a・2bを構築し，どちらが支持されるかを検証する。

仮説 1：他の企業特性を統制すると，技術職採用を行っている企業では，採用実績者に占める上位大学出身者の比率が，相対的に低い。

仮説 2：他の企業特性を統制すると，平均勤続年数が長い企業ほど，採用実績者に占める上位大学出身者の比率が，相対的に高い（2a）／相対的に低い（2b）。

3　『就職四季報』と『サンデー毎日』データのマッチング

（1）対象・データ

分析対象は国内の大企業，具体的には従業員数1,000人以上の企業である。2016年時点で，国内の常用雇用者のうち31.90%が従業員数1,000人以上の企業に雇用されており（総務省統計局 2018b，図3-1も参照），大卒労働市場においても，これらの企業群が重要な位置を占めている。

分析に用いたデータは，2種類の出版資料を組み合わせて作成した。まず，各企業の大学別採用実績は，毎日新聞出版が発行する『サンデー毎日』の掲載記事を参照した。同誌は毎年1回，数百社の大企業について，大学別採用人数を集計した詳細なデータを掲載しており，入手可能な資料のなかでは本章の目的にもっとも適している。ただし，『サンデー毎日』には企業情報がほとんど

85

掲載されていないため，これを補完する東洋経済新報社『就職四季報』もあわせて利用した。2つの資料を企業名と採用年をキーとしてマッチングすることで，どのような特徴をもった企業が，どの大学から何人採用しているかについての詳細なデータセットを構築することができる[5]。

　なお，『サンデー毎日』『就職四季報』の掲載企業は，母集団である従業員数1,000人以上の国内大企業から無作為抽出されているわけではなく，いわゆる人気企業の採用実績を中心に掲載している。そのため，分析から示される施策・慣行と採用実績の関連が，国内大企業の一般的な傾向とは異なる可能性には留意が必要である（第3章第2節を参照）。

　分析対象時期は，2013～16年の4年間である。この期間は，リーマン・ショック（第7章）やコロナ禍などの大きな景気変動・社会変動を経験しておらず，大企業の採用実績も概ね安定的であったと考えられる。採用実績に対応させる企業情報は，入社前年にあたる2012～15年時点の値を用いた。

　使用する変数について欠損値を含むケースを除外した結果，時点を区別した最終的なサンプルサイズは892社－年（290社）となった[6]。分析に用いた変数の基礎統計量は表4－1に記載している。

（2）変　数

　従属変数は，採用人数合計に占める上位大学出身者の比率である。上位大学の操作的定義については，服部・新井（2017）で提示されている大学類型を参照した。この類型の特徴は，入学偏差値に基づく大学分類を作成したあとで，実際の採用担当者からの聞き取り調査を踏まえ，適宜分類を修正している点にある（服部・新井 2017：638）。この点で，利用可能な類型のなかでは，企業から見た各大学の位置づけにもっとも近い類型だと考えられる[7]。服部・新井（2017）が整理した1から11までの大学カテゴリーのうち，1から6までを上位大学として定義した。ただし，カテゴリー5には，カテゴリー1～4に含まれないすべての国公立大学が該当し，その就職実績は『サンデー毎日』で網羅的に掲載されていないため，今回の定義からは除外した。表4－2に示した国公立大学13校，私立大学10校が，本章で定義する上位大学に含まれる。この操作的定義に分析結果がどこまで頑健であるかも，追加的な分析として確認する。

　注目する独立変数は，技術職採用枠の有無と平均勤続年数である。技術職採

第4章　採用枠・雇用慣行が学校歴構成に与える効果

表4－1　分析に用いた変数の基礎統計量

	平均値	標準偏差	最小値	最大値	変数の説明	資料
上位大学出身者比率	0.43	0.19	0	0.96	採用人数合計に占める上位大学出身者の比率	
採用人数合計	181.00	205.35	18	1920	採用人数の合計値	
（うち上位大学出身）	73.52	87.26	0	887		
（うち国公立上位大学）	33.85	42.23	0	286		『サンデー毎日』
（うち私立上位大学）	39.66	57.56	0	739		
国公立掲載大学採用比率	0.36	0.21	0	0.87	全掲載大学77校からの採用人数に占める国公立掲載大学21校出身者の比率	
技術職採用ダミー	0.75		0	1	1＝技術職採用あり，0＝なし	
平均勤続年数	16.34	3.03	2.7	23.3	全従業員の平均勤続年数（役員・臨時雇用者は除く）	
首都圏ダミー	0.72		0	1	1＝東京・埼玉・千葉・神奈川，0＝それ以外	
従業員数（対数値）	8.50	0.84	6.91	11.87	全従業員数（役員・臨時雇用者は除く）	『就職四季報』
初任給（対数値）	12.31	0.06	12.07	12.74	大卒・修士卒の平均	
企業年齢	69.60	31.12	0	208	調査年－設立年	
赤字ダミー	0.03		0	1	1＝経常赤字，0＝それ以外	
企業人気度（文系）					文系学生の志望企業ランキング	
1-20位	0.04		0	1		
21-50位	0.07		0	1		
51-100位	0.09		0	1		
ランク外	0.80		0	1		マイナビ「就職企業人気ランキング」
企業人気度（理系）					理系学生の志望企業ランキング	
1-20位	0.06		0	1		
21-50位	0.09		0	1		
51-100位	0.12		0	1		
ランク外	0.73		0	1		
入社年ダミー					採用実績者の入社年	
2013年	0.26		0	1		
2014年	0.24		0	1		
2015年	0.26		0	1		
2016年	0.25		0	1		

$N = 892$（$n = 290$）

表 4 - 2　分析における上位大学の操作的定義

国公立大学	私立大学
東京，京都，北海道，東北，名古屋，大阪，九州，一橋，東京工業，筑波，神戸，横浜国立，東京外国語	早稲田，慶應義塾，上智，国際基督教，学習院，明治，青山学院，立教，中央，法政

注：ただし国際基督教大学は，分析期間の『サンデー毎日』には就職実績が掲載されていない。

用枠は『就職四季報』の「試験情報」欄を参照し，採用枠が設けられていれば1，それ以外は0となるダミー変数を作成した。平均勤続年数は2乗項も投入し，平均限界効果に基づいて仮説を検証した。

　統制変数は，従業員数（対数），本社所在地（首都圏ダミー），企業年齢，初任給（対数），赤字ダミー，入社年ダミー，そして企業人気度である。[8]上位大学の多くは首都圏に位置するため，首都圏に本社を置く企業は，地理的な要因によっても，これらの大学からの採用が多くなる。そのため，本社が首都圏にあることを示すダミー変数（東京・埼玉・千葉・神奈川を1，それ以外を0）をモデルに投入した。企業年齢は，調査年から設立年を引いた値である。大卒初任給は，総合職の値を参照し，大卒と修士卒で値が異なる場合はその平均値を用いた。[9]初任給は，入社時点の学生に求める人的資本の水準をある程度反映していると考えられるため，この要素を条件づけてもなお，学校歴が訓練可能性のシグナルとして機能しているかを明らかにすることになる。企業人気度は，株式会社マイナビが年1回発表している「就職企業人気ランキング」の結果を用いた。このランキングは，就職活動を控えた大学3年生・修士1年生への調査結果に基づいており，有効回答数はいずれの年でも15,000以上である。ここでは，文系・理系それぞれのランキングに基づき，「1-20位」「21-50位」「51-100位」「ランク外」というカテゴリカル変数を作成した。不完全な形ではあるものの，この変数は，企業による選抜以前に学生が持っている企業選好をある程度反映している。こうした選好を考慮してもなお，特定の施策・慣行との間に関連が確認されれば，それらが企業の採用行動における差異と関連している可能性が高くなる。

（3）分析手法

　分析モデルには，採用人数合計をオフセット項とした負の二項回帰モデルを

用いた。分析対象である上位大学出身者比率は割算値であるが，これを従属変数にすると，分母・分子が別個にもっている情報が失われる（久保 2012：130-134）。そこで，分母である採用人数合計をオフセット項としてモデルに投入し，分母・分子どちらの情報も利用して推定を行った。モデル上の従属変数である上位大学出身者数について過分散が確認されたため（平均73.5，分散7614.2），負の二項回帰モデルを選択している[10]。また，今回はプーリングデータとしての分析であり，時点の異なる同一企業を別ケースとみなしているため，標準誤差の推定には企業ごとにクラスター化したクラスター頑健標準誤差を用いた。

　オフセット項を用いたモデル構築について，以下に述べる（Long and Freese 2014：504-506）。企業 i について，採用人数合計を t_i，うち上位大学出身者数を μ_i とする。上位大学出身者比率 μ_i/t_i を予測する負の二項回帰モデルについて，その両辺に t_i を乗じると以下の式

$$\mu_i/t_i \times t_i = \{\exp(\mathbf{x_i}\boldsymbol{\beta} + \varepsilon_i)\} \times t_i,$$

が得られる。このとき，$t_i = \exp(\ln t_i)$ と表せるため，上式は

$$\mu_i = \exp(\mathbf{x_i}\boldsymbol{\beta} + \varepsilon_i + \ln t_i),$$

と変形できる。この式において，採用人数合計は自然対数変換され，回帰係数が１に固定された形でモデルに投入されており（$\ln t_i$），これをオフセット項とよぶ。このモデルでは，もともとの検討対象である上位大学出身者比率 μ_i/t_i について，分子である上位大学出身者数 μ_i がモデル上の従属変数として，分母である採用人数合計 t_i がオフセット項として，どちらも推定に利用されている。これにより，採用人数合計を考慮して，独立変数と上位大学出身者比率の関連を推定することが可能になる。

　モデルには平均勤続年数の２乗項も投入されており，係数のみから関連の向きや強さ，統計的有意性を判断することができない。そこで，限界効果（marginal effects）に基づき実質的な関連を判断する（Long and Freese 2014：239-242）。限界効果とは，独立変数の変化に対する従属変数の変化量（ここでは上位大学出身者の予測値が何人増えるか）を表す。技術職採用枠については「なし」から「あり」に変化したとき，平均勤続年数の場合は観測値を中心として１標準偏差分（＝3.03年）増加したときの限界効果を計算し，その標本平均か

ら平均限界効果を算出した（Long and Freese 2014：242-244）。なお，平均限界
効果は上位大学出身者数を単位として示されるが，モデルには採用人数合計を
オフセット項として投入しているため，実質的には上位大学出身者比率との関
連を表している。

4　技術職採用・平均勤続年数との関連

（1）基礎的分析
　採用人数合計に占める上位大学出身者比率について，その分布を図4－1に
示している。この図から，大企業のなかでも，上位大学の学生をまったく採用
しない企業から，ほぼ全員を上位大学から採用する企業まで幅広く存在してい
ることがわかる。注目する独立変数との関連をみると（表4－3），技術職採用
を行っている企業では，私立上位大学からの採用は少ないが，国公立上位大学
からの採用はむしろ多くなる傾向がみられた。この背景として，技術職採用を
行う企業では，大学選抜度によらず，国公立大学からの採用が多くなる傾向に
ある点が挙げられる。技術職のほとんどは理系学部からの採用と考えられるが，
国公立大学は私立大学よりも理系の学生比率が高い。2016年3月の大卒就職者
のうち，「理学・工学・農学」の比率は国公立で25.4％，私立で14.9％である
のに対し，「人文科学・社会科学」の比率は国公立で38.5％，私立で56.1％で
ある（総務省統計局 2016）。ここから，技術職採用枠と大学選抜度の実質的な関
連を判断するには，国公立大学への採用志向を企業ごとに条件づけたうえで，
国公立・私立別に推定を行う必要があると示唆される。一方，平均勤続年数に
ついては，上位大学および国公立上位大学出身者比率との間に，統計的に有意
な正の相関が確認された。

（2）多変量解析──企業人気度のみ考慮したモデル
　予備的な分析として，企業人気度のみを考慮したモデルで，技術職採用・平
均勤続年数と上位大学出身者比率の関連を検討した（表4－4モデル1）。
　モデル1では，技術職採用と上位大学出身者比率との間に，統計的に有意な
関連は確認されなかった。しかし国公立・私立別に推定すると，技術職採用を
行っている企業は，国公立上位大学からの採用が平均で18.76人多くなる一方，

第4章 採用枠・雇用慣行が学校歴構成に与える効果

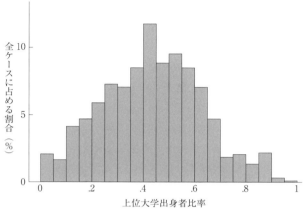

図4-1 上位大学出身者比率の分布

表4-3 注目する独立変数と上位大学出身者比率との関連

		上位大学出身者比率の平均値		
		上位大学	うち国公立	うち私立
技術職採用	有	0.433	0.245 ***	0.188
	無	0.440	0.131	0.309 ***

	上位大学出身者比率との相関係数		
	上位大学	うち国公立	うち私立
平均勤続年数	0.245 ***	0.327 ***	−0.008

注:***:$p<.001$,**:$p<.01$,*:$p<.05$,†:$p<.10$(両側検定)。「うち国公立」「うち私立」は,分母は国公立・私立の両方を含む採用人数の合計,分子はそれぞれのカテゴリに属する上位大学からの採用人数からなる比率である。

私立上位大学からの採用は20.32人少なくなる(いずれも$p<.001$)。これは表4-3と同様の傾向であり,技術職採用を行う企業では,選抜度によらず,理系学生の多い国公立大学からの採用が多くなっていると考えられる。国公立では理系学生からの人気度が,私立は文系学生からの人気度が,それぞれ5%水準で有意な正の関連を示していることもこの解釈と整合する。そのため,最終的な多変量解析(モデル2)では,第3節で示した統制変数とともに企業の国公

立採用志向も考慮して推定を行う。

　一方，平均勤続年数については，設置種別を問わず，平均勤続年数が長くなるほど，上位大学出身者比率も高くなる傾向がみられた。平均勤続年数が観測値を中心に1標準偏差分（＝3.03年）長くなると，国公立では7.60人（$p<.001$），私立では3.37人（ただし$p=.05$），上位大学からの採用が平均的に多くなると予測される。

（3）多変量解析──企業の諸特性も考慮したモデル

　こうした関連が，他の企業特性，および（1）で言及した国公立採用志向による交絡である可能性をできる限り排除するため，これらを考慮して技術職採用・平均勤続年数との関連を再検討した（表4-4モデル2）。国公立採用志向を表す指標には，採用人数合計に占める国公立大学出身者の比率を用いることが望ましいが，『サンデー毎日』にこの情報は掲載されていない。そこで，代理指標として「国公立掲載大学採用比率」（全掲載大学〔77校〕からの採用人数に占める国公立掲載大学〔21校〕出身者の比率）を用いた。

　企業の諸特性を条件づけると，技術職採用を行っている企業では，上位大学からの採用が一貫して少なくなっていた。国公立について，5％水準では統計的に有意でないものの，他の変数を観測値に固定すると，技術職採用枠のある企業では上位大学からの採用が平均4.50人少なくなる（$p=.09$）。私立についてはより関連が強く，技術職採用を行っている企業で，上位大学からの採用が平均15.58人少なくなると予測される（$p<.001$）。

　平均勤続年数が長くなるほど上位大学からの採用も多くなる傾向は，諸要因を統制したモデル2でも確認された。平均勤続年数が1標準偏差（＝3.03年）長くなると，国公立では2.28人（$p=.005$），私立では5.05人（$p=.001$），上位大学からの採用が多くなると予測される。

　最後に，上位大学の操作的定義に対して，分析結果がどの程度頑健であるかも確認した。服部・新井（2017）の大学類型を参照し，以下の3パターン

・国公立上位大学を9校に限定した場合
　（カテゴリー4の筑波，神戸，横浜国立，東京外国語を除く）
・私立上位大学を4校に限定した場合

第4章　採用枠・雇用慣行が学校歴構成に与える効果

表4－4　上位大学出身者比率に関する平均限界効果

	モデル1			モデル2		
	上位大学	うち国公立	うち私立	上位大学	うち国公立	うち私立
技術職採用ダミー	-4.320	18.763 ***	-20.320 ***	-27.291 ***	-4.496 †	-15.581 ***
	(5.968)	(3.838)	(4.057)	(6.442)	(2.644)	(4.028)
平均勤続年数	11.167 ***	7.602 ***	3.368 †	6.763 **	2.276 **	5.053 **
	(2.545)	(1.763)	(1.722)	(1.956)	(0.810)	(1.467)
首都圏ダミー				18.396 ***	2.536	17.777 ***
				(3.584)	(1.541)	(2.458)
従業員数（対数値）				-2.757 †	-0.724	-2.066 *
				(1.480)	(0.689)	(1.044)
初任給（対数値）				7.981 ***	2.778 **	5.374 ***
				(2.157)	(0.866)	(1.521)
企業年齢				1.249	0.096	0.557
				(1.446)	(0.613)	(1.106)
赤字ダミー				6.947 †	-1.397	5.587 †
				(4.197)	(2.326)	(3.355)
国公立掲載大学採用比率				24.350 ***	27.204 ***	-4.750 **
				(1.975)	(1.395)	(1.569)
企業人気度（文系）（基準：ランク外）						
1-20位	25.080 **	8.729	21.943 ***	27.689 ***	13.334 ***	18.050 ***
	(7.963)	(6.422)	(5.985)	(6.601)	(3.150)	(4.666)
21-50位	25.326 **	15.152 †	16.493 **	19.624 ***	11.816 ***	15.062 ***
	(8.863)	(8.194)	(4.758)	(5.125)	(2.616)	(3.753)
51-100位	13.533 †	5.146	12.539 **	12.907 *	7.496 **	10.162 *
	(7.423)	(5.577)	(4.716)	(5.484)	(2.401)	(4.036)
企業人気度（理系）（基準：ランク外）						
1-20位	10.312	8.411 *	-1.096	6.359	3.882	3.777
	(7.133)	(3.797)	(5.197)	(6.508)	(2.507)	(4.991)
21-50位	10.616 †	7.131	2.784	10.286 *	5.140 **	5.773 †
	(5.926)	(4.472)	(3.858)	(3.969)	(1.974)	(3.149)
51-100位	9.571 *	8.464 *	1.120	5.360	4.056 **	2.562
	(4.644)	(3.774)	(3.347)	(3.506)	(1.531)	(2.844)
入社年ダミー（基準：2013年）						
2014年				0.593	1.057	-0.641
				(1.592)	(0.709)	(1.170)
2015年				0.194	0.484	0.096
				(1.673)	(0.776)	(1.213)
2016年				-5.661 **	-1.382	-5.291 ***
				(2.014)	(0.909)	(1.408)
alpha	0.222 ***	0.482 ***	0.283 ***	0.128 ***	0.073 ***	0.212 ***
サンプルサイズ（企業－年）			892			
サンプルサイズ（企業）			290			
Wald χ^2 (df)	41.49 (9)	117.60 (9)	87.22 (9)	236.85 (18)	813.40 (18)	309.89 (18)
Log Pseudolikelihood	-4091.31	-3680.70	-3569.40	-3876.89	-3072.75	-3456.98

注：***：$p<.001$，**：$p<.01$，*：$p<.05$，†：$p<.10$（両側検定）。平均勤続年数は2乗項も投入している。
　　値は平均限界効果を示す。独立変数がカテゴリカル変数の場合は基準カテゴリから変化したとき，連続変数
　　の場合は観測値を中心として1標準偏差分増加したときに，上位大学出身者の予測値が平均的にどの程度変化
　　するかを表している。カッコ内は企業ごとにクラスター化したクラスター頑健標準誤差を示している。

（カテゴリー 6 の学習院，明治，青山学院，立教，中央，法政を除く）

・私立上位大学を14校に拡大した場合

（カテゴリー 7 の関西，関西学院，同志社，立命館を加える）

について，モデル 2 と同様の推定を行った。分析の結果，関連の向きは上記と
すべて同様であり，統計的有意性についても，国公立上位 9 校について技術職
採用ダミーの平均限界効果が10％水準でも非有意となった以外は，すべて有意
な関連が確認された。技術職採用と国公立上位大学との関連を除けば，分析結
果は上位大学の操作的定義を変更しても頑健であるといえる。

5 訓練可能性のシグナルとしての学校歴

（1）知見の整理と意義

技術職採用を行っている企業で，採用実績者に占める上位大学出身者比率が
低くなる傾向は概ね確認された（仮説 1 は支持）。ただし，国公立大学では，こ
の傾向は弱く，頑健とはいえなかった。この理由に，国公立大学では，大学間
での選抜度の差が比較的小さいことが挙げられる。個人を対象とした調査に基
づく先行研究でも，初職の職業達成に関して，銘柄大学以外の国公立大学も，
銘柄大学と同程度の有利さをもつことが指摘されている（平沢 2011）。一方で，
平均勤続年数が長い企業ほど，上位大学出身者比率も高くなる傾向は，国公
立・私立に共通して確認できた（仮説2a は支持，2b は不支持）。

仮説 1 の結果から，技術職採用枠を設置している企業では，採用時に特定の
職務スキル・能力を求めることと引き換えに，採用判断に占める訓練可能性の
ウェイトが下がり，結果として上位大学からの採用が少なくなっていると考え
られる。技術職採用では，選抜度の高い大学の出身であっても，求められるス
キル・能力の水準によっては，必ずしも高く評価されるわけではない（cf. Di
Stasio 2017）。反対に，学生からの人気度を統制しても，技術職採用枠のない企
業で上位大学からの採用が多かったことは，複数の職務内容（たとえば営業・総
務・企画・人事など）をどの程度効率的に習得できるか，つまり訓練可能性のな
かでも訓練費用の側面が採用判断の一角を占めており，そのシグナルとして学
校歴が機能しているという想定と整合的である。

仮説2a・2bの結果も，訓練可能性が重視されている企業——ここでは，その代理指標としての平均勤続年数が長い企業——で上位大学からの採用が多いことを示しており，学校歴が訓練可能性のシグナルとして評価されているという推論を支える。大学選抜度の高さは，仮説2bで予想したように離社リスクの高さからネガティブに評価されるわけではなく，基本的にはポジティブに捉えられている。[11]さらに，入社時点で要求されるスキル・能力の水準を反映する初任給を統制してもなお仮説2aが支持されたことは，入社後の訓練可能性を示すシグナルとして学校歴が機能していることのさらなる傍証になる。

本章の分析結果は，先行研究で共有されてきた「高選抜度大学から大企業へ」という図式を，2つの点で更新する。第1に，大企業内部の異質性を経験的に示した点である。同じ従業員数1,000人以上の企業であっても，上位大学からどの程度の学生を採用しているかには大きな違いがあり，これは図4－1にも端的に表れている。第2に，そうした異質性が系統的に生じていることを示した点である。他の企業特性や学生の企業選好を考慮しても，採用時に訓練可能性を重視していると考えられる企業——技術職採用枠を設けておらず，平均勤続年数が長い企業——で，選抜度の高い大学からの採用が多くなっていた。[12]訓練可能性のシグナルとしての学校歴は先行研究でも想定されてきたが（太田2010），この想定を支持する結果を，企業の採用実績に対する実証分析から示した点に本章の貢献がある。

（2）機会の不平等としての解釈

第1章では，本章の分析結果が基本的に「結果の不平等」を扱っていることを認めたうえで，どの程度まで「機会の不平等」として解釈可能かどうかを，分析の結果や，その文脈に即して解釈していく，という基本戦略を提示した。

それでは，本章の知見は，労働市場に参入する個人の立場からみて，どの程度機会の不平等と言えるだろうか。当然，学生側の選択も結果に反映されていることは否定できない。理工系の学生は，出身大学の選抜度がさほど高くなくても，技術職採用枠をもつ大企業を志望する傾向にあるだろうし，上位大学出身者は，長期安定雇用を志向し，そうした企業を志望しているのかもしれない。

しかし，以下の3点から，本章の結果は，少なくとも部分的には機会の不平等を反映していると考える。第1に，本章の分析は，企業人気度を条件づける

ことで，採用以前に学生が抱いている企業選好を一定程度考慮している。第2に，大学選抜度に基づく志望傾向の差は，就職機会の差を観測した結果，選抜度の高くない学生のアスピレーションが切り下げられた結果である可能性が高い。苅谷（1986）が中学生に見出した「自己選択」が，より直接的な形で起きているということである。第3に，そもそも学校歴の獲得において機会の不平等，たとえば出身階層に基づく不平等がある以上（平沢 2011），学校歴そのものについては結果の不平等にすぎない場合でも，個人間では機会の不平等が起きているといえる。

　では，ここでの機会の不平等とは，どのような「チャンス」をめぐるものだろうか。あくまで，知見から導出可能な1つのインプリケーションにとどまるが，平均勤続年数について簡単に論じておきたい。本章の結果は，大企業のなかでも平均的に長く勤められる企業への就職に，大学選抜度の高さが有利に働いている可能性を示している。長期の正規雇用は，少なくとも雇用の安定性の面では「望ましく」，こうした雇用機会を獲得できるチャンスが学校歴によって異なっているといえる。

　ここで注意すべきは，必ずしも「大学選抜度が高いほど，初職で就いた企業に長く勤める傾向にある」わけではない点である。この検証には，個人を対象とする調査データの分析が必要であり，企業データからの推測は生態学的誤謬に陥る。実際に，高選抜度大学の出身者には，同一企業への長期勤続を希望しない層も一定数いるだろう。ここではむしろ，「当人の実際のキャリアがどうであれ，長期安定雇用が期待できる企業に勤められる」という側面が重要である。かりに転職する場合でも，こうした企業に勤めている場合，より有利なポジションを探す時間的・金銭的余裕が生まれるであろうし，ライフコースの設計も容易になる。学校歴の高さは，「雇用の安定性が得られる」機会（だけ）ではなく，「雇用の安定性の見通しが得られる」という機会の獲得に貢献しているのではないか。

（3）企業側の視点からみた解釈

　本書の序章では，分析結果を，企業の人事行動の文脈に即して解釈しなおす意義を提示した。それでは，この章で明らかにした学校歴との関連は，企業の立場から，どのように捉えられているのだろうか。

第4章　採用枠・雇用慣行が学校歴構成に与える効果

　企業側の視点に立つと，長期勤続を前提として採用を行うことは，一種のリスクでもある。かりに企業が採用に「失敗」したと認識した場合でも，長期間雇い続けなければならないからである。したがって，長期安定雇用慣行をもつ企業は，リスク回避的な採用行動として，選抜度の高い大学から多くの学生を採用しているのかもしれない。このとき，訓練可能性のシグナルとしての学校歴は，その平均的な水準だけでなく，分散の小ささ，あるいは下限値の低さが評価されている。

　ただし，この傾向が，本章が観察した2010年代以降も維持されるかはわからない。第2章で，訓練可能性理論には2つの側面，(1)訓練にかかる費用と，(2)訓練の結果得られるリターンがあると述べた。前段の議論は(1)の点でのリスクの低さに関わるが，かりに上位大学出身者の早期転職確率が高くなった場合，(2)の点ではむしろリスクの高さを示すシグナルになる可能性がある。具体的にどの程度まで採用行動が変化するかは，各企業が(1)と(2)に置いているウェイトによるが，本章の知見は，たとえばこういったメカニズムで，将来的に変化する可能性もはらんでいる。

　本章は，大学別採用実績データの分析から，国内大企業の新卒採用における学校歴の位置づけを検討したものである。第1章第3節で挙げた3つの側面のうち，この章では施策・慣行の効果に着目し，採用枠や長期雇用慣行が，学校歴間の就職機会に関わる「不平等レジーム」(Acker 2006)を構成する要素の1つであることを確認した。それでは，対象をジェンダーに移したとき，企業の採用メカニズムはどのようなものとして現れるだろうか。次の第5章では，管理職層の効果に着目して，この点を確認していく。

注

(1)　SSM 調査を用いた学校歴分類の詳細については豊永（2022）を参照。

(2)　第2章第1節で示した，OJT による能力開発を念頭においた採用基準における2側面のうち，（1）訓練にかかる費用に対応する。

(3)　個人を対象とする社会調査データを用いた場合でも，たとえば partial observability プロビットモデルを用いることで，求職者と雇用者の意思決定を同時に分析することはできる（小川 2014）。ただし，その意思決定について，強い仮定をおいた分析である点には注意が必要である。

(4)　技術職以外にも，特定の資格やスキルが採用時に要求されることはあるものの，

採用時に要求されるスキル・能力の特定性が反映された代表的な採用慣行として，技術職採用に着目した。

(5) 分析に用いたのは，『就職四季報』2014～2017年版，および『サンデー毎日』2013年8月4日号，2014年8月3日号，2015年8月2日号，2016年8月7日号である。ただし，『サンデー毎日』の大学別採用実績には，大学院修了者を含む大学と含まない大学がともに含まれている。

(6) 平均勤続年数が38.7年であった1ケースは外れ値として除外しているが，これを加えても主要な結果は変わらないことを確認している。

(7) 先行研究で参照されてきた天野（1984b）や金子（1996），近藤（1997）の大学類型は，いずれも1990年代以前に作成されたものであり，2010年代における大学選抜度を反映した類型として必ずしも適切ではない可能性がある。服部・新井（2017）の類型は，より近年の偏差値や採用担当者の評価に基づいており，これも彼らの類型を参照した根拠の1つである。

(8) 仮説1は，産業間と産業内，どちらの差異も念頭に置いており，同一産業の企業群における，技術職採用枠の有無がもたらす差異のみに着目するものではない。したがって，産業は統制変数に加えなかった。

(9) 事務職・技術職で異なる値が設定されている場合は，その平均値を用いた。また，初任給の設定額に幅がある場合は，上限と下限の中間値を用いた。

(10) NB2モデルを選択した（Long and Freese 2014：509）。

(11) 上位大学の操作的定義を狭めた場合でも分析結果が変わらなかったことも，この解釈を支持する。

(12) 訓練可能性とは関係なく，単に国内の伝統的な企業の特徴を示しているのではないかという疑問が浮かぶかもしれない。しかし，表4－4のモデル2において，企業年齢の効果はすべて統計的に有意ではない（統制変数ゆえ，留保つきの解釈であるが）。

第5章

女性管理職は「変化の担い手」か「機械の歯車」か？

第5章では，企業の管理職層が採用の不平等に与える影響を検討する。とくに，管理職の女性比率に着目し，その多寡が新卒女性の採用・定着に与える影響を検討することで，女性管理職がジェンダー不平等を緩和する（「変化の担い手」）のか，それともそのような効果はない（「機械の歯車」）のかを明らかにする。強調しておきたいのは，これは採用の不平等を生じさせるメカニズムを女性の管理職に帰着させる試みではない。むしろ，管理職のジェンダー構成の分析を通じて，その背後にある日本企業の雇用慣行が，いかにして採用の不平等と結びついているかを明らかにするものである。

1　不平等の「原因」としての管理職のジェンダー構成

近年，「女性活躍」の名のもとに，指導的地位に占める女性の割合を高める取組が進められている。2015年に閣議決定された第4次男女共同参画基本計画は，民間企業の雇用者について，2020年までに係長相当職は25％，課長相当職は15％，部長相当職は10％程度の女性割合を達成することを成果目標として掲げていた（内閣府男女共同参画局 2015：15）。

こうした政策において，指導的地位の女性比率はジェンダー不平等の一側面，すなわち不平等の「結果」として扱われており，先行研究もこうした地位への到達を左右する様々な要因に着目してきた。例として，子どもの有無（山口 2017：第2章）や勤続年数（中井 2009），労働時間（Kato et al. 2013）について，これらが管理職到達や昇進確率に与える影響は男女間で異なることが明らかになっている。

一方，指導的地位に就く女性には，不平等の程度を示す「結果」としての側面だけではなく，他の領域でのジェンダー不平等の程度を変化させる「原因」

としての側面もある。組織の指導的地位である管理職は，採用・昇進に関わる人事決定や，給与や待遇に関する部下の処遇を通して，従業員や求職者に影響を及ぼす。そのため，女性の管理職が多い企業では，女性の採用が増える，女性社員の待遇が改善するなどの形で，ジェンダー不平等が緩和されるかもしれない。実際に，英語圏の研究は，職場のジェンダー不平等に影響する要因の1つとして女性管理職に着目し，男女間賃金格差や職場の性別職域分離に与える効果を検討してきた（Cohen and Huffman 2007；Stainback et al. 2016）。

　だが日本では，組織の指導的地位につく女性管理職の効果に着目した研究は少ない。とくに，企業内のジェンダー不平等に与える影響を検討した先行研究はわずかである。日本企業における女性管理職比率の影響を検討した実証研究の多くは，企業業績や生産性への効果，たとえば ROA（Siegel ／児玉 2011；山本 2014）や労働時間当たりの売上総利益（山口 2017：第6章）への効果を検討しており，適正賃金認識（森川 2023）や，部下の育休取得（Fuwa 2021）への影響を除くと，雇用への影響はほとんど着目されてこなかった。

　そこで本章では，日本企業を対象に，組織の指導的地位としての管理職に占める女性の多寡が，当該組織のジェンダー不平等に与える影響を検討する。もし女性管理職が不平等を緩和していた場合，指導的地位に占める女性の少なさが，他の側面でのジェンダー平等化を妨げていることが明らかになる。逆に，そうした効果がみられなかった場合は，女性の管理職による不平等改善を妨げる，日本企業に固有の構造・慣行の影響が示唆される。さらにこの視点は，ポジティブ・アクションの効果を考えるうえでも重要である。もし女性の管理職が不平等の軽減に寄与していた場合，管理職の一定比率に女性を登用するクオータ制によって，管理職以外への波及効果も期待できるからである。

　雇用をめぐるジェンダー不平等の一側面として，本章では新卒採用だけでなく定着率におけるジェンダー差に着目し，両者に対する効果を定量的に検討する。女性活躍推進法が定める基礎項目4点には，女性管理職比率とともに，女性採用比率と平均勤続年数の男女間差異も含まれており（厚生労働省・都道府県労働局雇用環境・均等部（室）2020：4），女性の採用・定着は雇用のジェンダー不平等における重要な領域の1つに位置づけられている。さらに，企業があらかじめ採用数を固定するなどして女性採用を機械的に増やした場合，入社後のミスマッチを助長し，女性の早期離職率はかえって高まるかもしれない。そのた

め，採用と定着をともに検討対象とすることで，雇用をめぐるジェンダー不平等への実質的な効果を捉えられると考えた。分析に際しては，様々な企業特性や時代的トレンドによる交絡の影響を考慮するとともに，職階に応じて管理職の効果が異なる可能性も検討する。これにより，女性管理職の効果をより正確に捉えることを目指す。

2　「変化の担い手」仮説と「機械の歯車」仮説

（1）女性管理職の効果

　管理職とジェンダー不平等の関連を検討してきた先行研究の多くは，女性の管理職昇進を阻む要因，いわゆる「ガラスの天井」に関わる要因を明らかにしてきた。Maume はアメリカの所得動態パネル調査（PSID）から，女性の管理職到達確率は男性より低く，労働時間や子供の有無，性別職域分離が到達確率に与える影響も男女間で異なることを示している（Maume 1999, 2004）。日本でも，中井（2009）が女性の管理職到達に影響する要因として，学歴や家族状況，就業の中断／継続や性別職域分離の影響を包括的に検討している。

　しかし近年，これと反対に，女性管理職がジェンダー不平等に与える影響を検討する実証研究も英語圏で増えている。その端緒が，男女間賃金格差への影響を検討した Cohen と Huffman の論文である（Cohen and Huffman 2007）。この論文では，女性の管理職がジェンダー不平等を緩和するという仮説を「変化の担い手（Agents of Change）」，緩和しないとする仮説を「機械の歯車（Cogs in the Machine）」と名づけている。女性の管理職が主体となって企業のジェンダー不平等を変えていくのか（「変化の担い手」），それとも組織の構造や慣行に阻まれ，企業組織のなかの1つのパーツとしてふるまわざるをえないのか（「機械の歯車」），という意味である。

　「変化の担い手」仮説は，女性管理職がジェンダー不平等を改善する意欲と権限を有するという想定に基づく。意欲の根拠として，女性管理職が女性従業員の利益となるように行動する傾向や，不平等を是正するための施策・慣行をより強く支持する傾向をもつことを挙げている（Cohen and Huffman 2007：682-683, Scarborough et al. 2019も参照）。「機械の歯車」仮説は，女性管理職がジェンダー不平等に影響しないとする「弱い」バージョンと，不平等をむしろ悪化さ

せるとする「強い」バージョンに分けられる（Maume 2011；van Hek and van der Lippe 2019）。前者は権限に関する想定を疑問視し，管理職のなかでも権限の弱いポジションに女性が集中しやすい点を指摘する（Cohen and Huffman 2007：684, Jacobs 1992；Cohen et al. 2009も参照）。後者は不平等を改善する意欲を疑問視し，管理職に到達した女性が既存のジェンダー構造に対してむしろ親和的である可能性を念頭におく（Cohen and Huffman 2007：684, Derks et al. 2011, 2016も参照）。アメリカ国勢調査データを用いた分析の結果，女性管理職比率が男女間賃金格差を縮小させており，Cohen と Huffman は「変化の担い手」を結論としている。

　後続の研究でもこの問いは検討されているが，その結果は一貫していない（レビューに Huffman 2013；Kalev and Deutsch 2018）。一方では，Cohen and Huffman（2007）と同じく，女性管理職がジェンダー不平等を緩和するという知見（＝「変化の担い手」）が示されている。とくに従業員構成をアウトカムとする研究でこの傾向が強く，組織の役員・管理職に占める女性比率が高いと，より低い職階の女性比率も高くなり（Cohen et al. 1998；Kurtulus and Tomaskovic-Devey 2012；Skaggs et al. 2012；Stainback et al. 2024），職場レベルの性別職域分離の程度も小さくなる（Huffman et al. 2010；Stainback et al. 2016）。他方で，女性管理職は不平等を緩和しないとする研究（＝「機械の歯車」）もある。ヨーロッパ9カ国を対象とした van Hek and van der Lippe（2019）は，組織の女性管理職比率と男女間賃金格差の間に関連がないことを示している（van Hek and van der Lippe 2023も参照）。また，組織レベルの女性管理職比率の効果と比べると，個人レベルの効果，すなわち上司が女性であることが女性の部下に有利に働く効果は，さほど確認されていない。たとえば，女性社員の上司が同じ女性であっても，男性上司の場合と比較して，給与や賃金が高くなるわけではなく（Penner et al. 2012；Srivastava and Sherman 2015；van Hek and van der Lippe 2019），上司からのサポートが手厚くなるわけでもない（Maume 2011）。

　このような結果の非一貫性は，着目するアウトカムの種類や対象国の違いのほかにも，次の2点に起因している可能性がある。第1に，観察できない企業特性の影響がどの程度考慮されているかという点である。前段に挙げた研究には，1時点のデータから不平等との関連を検討しているものもある（Skaggs et al. 2012；Stainback et al. 2016）。しかし，これらの研究では観察されない企業特

性，たとえば組織文化の影響は考慮されておらず，これが結果に影響しているかもしれない。実際，Skaggs et al.（2012：946）や Stainback et al.（2016：129）でもこの点は限界として挙げられている。第2に，どの職階の管理職に着目するかという点である。Cohen and Huffman（2007）は職階を考慮して管理職の効果を検討しており，同じ管理職のなかでも職階の高い地位を女性が占めているほど，男女間賃金格差を縮小させる効果が大きいことを示している。同じ種類のジェンダー不平等に対しても，管理職の職階に応じてその効果は異なる可能性がある。

（2）採用と定着への応用

こうした英語圏の研究動向を踏まえ，本章では国内企業を対象に，指導的地位への女性の進出が組織のジェンダー不平等にもたらす影響を検討する。具体的には，企業の女性管理職比率が，新卒採用および入社後の定着におけるジェンダー差に与える効果に着目する。定着率の指標には，厚生労働省（2021a）の調査や関連する先行研究（小林 2016）を参照し，就職後3年以内の非離職率を用いる。

採用への効果について，海外および日本の関連研究は「変化の担い手」仮説に整合的な結果を示している。米国の貯蓄貸付業界を分析した Cohen et al.（1998）によると，上位の管理職に一定数の女性がいると，その下の職階への女性の昇進・採用が促進される。女性の採用担当者（Gorman 2005）や現職の女性比率（Gorman 2006）が女性の採用確率を高めることは，米国の法律事務所でも確認されている。さらに，企業固定効果と時点固定効果を統制してもなお，米国企業のトップ管理職における女性比率は，より職階の低い管理職に占める女性比率を高めている（Kurtulus and Tomaskovic-Devey 2012）。日本企業についても，女性管理職比率が高いほど新卒女性採用比率も高くなっており，この関係は企業業績の良し悪しに依存しないことが明らかになっている（吉田 2020）。

定着への効果についても，断片的ではあるものの，「変化の担い手」仮説と整合する研究結果が確認されている。たとえば，上司の性別が部下と同じであるとき，部下の離職率は低下する（Giuliano et al. 2006；Grissom et al. 2012）。これらの研究は米国の一企業や公立学校を対象としている点に留意が必要であるが，もしこの知見が日本企業にも適用できると仮定すれば，女性の管理職が増

加すると，定着率のジェンダー差は縮小すると予想される。

　これらの先行研究から，女性管理職は採用・定着における不平等を改善する意欲と権限をともに有すると予想できる。しかし，日本企業の女性管理職については，不平等の改善に必要な権限を有しているとはいえない可能性がある。日本の管理職に占める女性比率は，欧米諸国よりも相当程度低く，2022年時点の女性管理職比率は，OECD平均が34.1％であるのに対し，日本は12.9％にとどまる（OECD 2024b）。そのため，「クリティカル・マス」理論が指摘するように（Konrad et al. 2008；Torchia et al. 2011；Charles et al. 2015），たとえ女性管理職比率が増加しても，多くの企業では施策・慣行の変化に必要な権限を得られないかもしれない。さらに，日本企業の特徴として，人事管理の権限が人事部に集中しており，ライン管理職の人事権限は相対的に弱い点が挙げられる（平野 2006，第2章第2節も参照）。そのため，とくに採用への効果については，管理職からの影響が限定的であると予想され，「機械の歯車」仮説が支持されるかもしれない。

　さらに，日本企業において，様々な企業特性や時代的なトレンドを考慮してもなお「変化の担い手」仮説が支持されるかについても検討の余地が残る。日本企業を対象とした吉田（2020）は企業間差異に着目しており，女性管理職比率と女性採用比率の間にみられた正の関連が，他の企業特性による交絡から生じている可能性は十分考えられる。女性雇用が企業業績を高める効果について，クロスセクショナルデータでは確認できるもののパネルデータでは効果がなくなるとする，児玉ほか（2005）の知見を踏まえると，とくに日本企業においては，企業特性による交絡の影響が無視できない程度に大きいと予想される。さらに，女性管理職比率や女性採用比率がともに増加傾向にある場合，両者の間に見かけ上の関連が現れる可能性もあり，こうした時代的トレンドの影響も考慮すべきである。

　くわえて，女性管理職の効果は，職階に応じて異なるかもしれない。Stainback and Kwon（2012）は韓国を対象として両仮説を検証し，管理職（managers）に占める女性比率は職場の性別職域分離を一貫して縮小させるのに対し，より下位の監督職（supervisors）では，閾値を境に女性比率の高さが職域分離の拡大と結びつくことを示している。「変化の担い手」仮説が，管理職の権限の強さを想定していることを踏まえると，権限の強い上位管理職では

第**5**章　女性管理職は「変化の担い手」か「機械の歯車」か？

「変化の担い手」仮説がより支持されやすくなると予想できる。一方でドイツを対象とする Zimmermann（2022）は，上位管理職よりも下位管理職に占める女性比率の方が，従業員の男女間賃金格差の縮小に寄与することを発見し，下位管理職の方が，業務の監督や人事評価などの形で，従業員とより直接的に関わることからこの結果を説明している。本章の分析でも，定着率への効果については，従業員が日常的に接する下位管理職が，より顕著な効果を見せるかもしれない。

　以上の議論を踏まえ，女性管理職が新卒女性の採用・定着に与える影響について，「変化の担い手」「機械の歯車」に基づく競合仮説を職階別に設定し，様々な企業特性や時代的トレンドを考慮したうえで，どちらが支持されるかを検討する。

　●変化の担い手
　Ⅰ-1a：企業の下位管理職に占める女性比率は，新卒採用における女性比率を高める。
　Ⅰ-2a：企業の上位管理職に占める女性比率は，新卒採用における女性比率を高める。
　Ⅱ-1a：企業の下位管理職に占める女性比率は，入社3年後の定着率におけるジェンダー差を縮小させる。
　Ⅱ-2a：企業の上位管理職に占める女性比率は，入社3年後の定着率におけるジェンダー差を縮小させる。

　●機械の歯車
　Ⅰ-1b：企業の下位管理職に占める女性比率は，新卒採用における女性比率に影響するとはいえない，または女性比率を低下させる。
　Ⅰ-2b：企業の上位管理職に占める女性比率は，新卒採用における女性比率に影響するとはいえない，または女性比率を低下させる。
　Ⅱ-1b：企業の下位管理職に占める女性比率は，入社3年後の定着率におけるジェンダー差に影響するとはいえない，または拡大させる。
　Ⅱ-2b：企業の上位管理職に占める女性比率は，入社3年後の定着率におけるジェンダー差に影響するとはいえない，または拡大させる。

3 「CSR データ」のパネルデータ分析

（1）データと変数

本章で用いるデータは，株式会社東洋経済新報社が提供する「CSR データ（雇用・人材活用編）」である。これは，CSR（企業の社会的責任）全般について同社が毎年１回実施している企業調査に基づくデータである（第３章第２節）。サンプルサイズが比較的大きく，企業の雇用情報を豊富に含み，パネルデータとしても利用できるため，本章の目的にもっとも合致したデータである。2008～16年度の企業情報，計９カ年分のデータを利用した[2]。

母集団は国内の全上場企業である。CSR 調査の対象には，全上場企業にくわえて少数の主要未上場企業も含まれるが，「主要な」企業の選定には恣意性が残ると考え，母集団を全上場企業に限定した（第３章）。全上場企業には，従業員数1,000人未満の企業も含まれるが，第３章でも論じたとおり，「望ましい」雇用機会の提供や，学生の志望度の高さなど，本研究の目的にとって重要な特徴を大企業と共有しており，データを最大限活かすために，この章では全上場企業を分析対象としている。利用データの最新年度にあたる2016年度では，少数の未上場企業を含む3,685社を対象に調査が実施され，そのうち上場企業1,370社の情報がデータに収録されている。

従属変数は，新規大卒採用者に占める女性比率（女性採用比率[3]）と，入社３年後の定着率における男女比（定着率男女比）である。定着率男女比は，３年前の４月入社者（全学歴）のうち，３年後の４月時点で何割が在籍しているかを男女別に算出し，その比をとった値である。たとえば，2014年４月に男性50人，女性30人が入社し，2017年４月時点で男性40人，女性18人が在籍していた場合，定着率男女比は$18/30 \div 40/50 = 0.75$となる。この値は「男性と比べて女性は何倍定着しやすいか」を表し，１だと男女差がなく，０に近づくほど男性と比べて女性が早期離職しやすい企業といえる。（２）で後述するように，女性採用比率は２時点，定着率男女比は３時点の値を合算してモデル上の従属変数とした。また，定着率男女比は右に歪んだ分布となるため，対数変換して正規分布に近似させた。

注目する独立変数は，下位／上位管理職に占める女性比率である。CSR デー

タの管理職は「部下を持つ職務以上の者，並びに部下を持たなくともそれと同等の地位にある者」と定義されており，役員は含まれない。上位管理職は部長職以上とし，管理職全体から上位管理職を除いた値を下位管理職の人数とした。女性管理職比率の効果について，比率が50％に近づくにつれジェンダー差を改善する必要性が認識されにくくなり，その効果が逓減する可能性が指摘されている（Cohen et al. 1998）。効果の非線形性は他の先行研究でも指摘されているため（Cohen and Huffman 2007；Huffman et al. 2010；Stainback et al. 2016），これらの研究と同様にモデルには下位／上位ともに2乗項を追加している。[4]

　企業の特性や状態を反映する変数として，従業員数（対数），女性従業員比率，従業員平均年齢，平均勤続年数，平均年間給与（対数），下位／上位管理職人数合計，ROA，本社所在地（首都圏ダミー）をモデルに投入した。従業員数は右に歪んだ分布をとるため，また平均年間給与は安田ほか（2019）を参考に，それぞれ対数変換した。ROAと本社所在地は「CSRデータ」に情報がないため，東洋経済新報社「会社四季報オンライン」からデータを外挿している。さらに，時代的なトレンドを反映する変数として年度ダミーもモデルに投入した。様々な企業特性にくわえて，景気・社会状況などの時代的変化も考慮したうえで，女性管理職比率の効果を推定する。

　時点を区別したケース数が9,322（1,828社）のデータセットに対して，欠損値を含むケースをリストワイズ処理で除去した結果[5]，有効サンプルサイズ（企業×年度）は$N = 5,000$（企業数$n = 1,046$）となった。分析に用いた変数の基礎統計量を表5-1に示している。

（2）手　法

　時点不変の効果を統制したうえで女性管理職比率の影響を捉えるため，分析には固定効果モデルを用いる。原因と結果の両方に影響する時点不変の企業特性，たとえば観察期間内で不変の人事制度や組織文化の影響を取り除くことができるため，本章の目的に適した手法である（Kurtulus and Tomaskovic-Devey 2012：179）。

　本章の分析モデルは以下の式，

$$Y_{it+1} = a_i + \gamma_t + \rho M_{it} + \beta X_{it} + \varepsilon_{it+1},$$

表 5 - 1　分析に用いた変数の基礎統計量

	平均値	標準偏差	最小値	最大値		比率	度数
従属変数					統制変数 (つづき)		
女性採用比率	0.29	0.18	0	1	首都圏ダミー		
定着率男女比 (対数)	-0.05	0.20	-2.15	1.95	首都圏	0.59	2964
(定着率男女比)	0.97	0.22	0.12	7.00	非首都圏	0.41	2036
(男性定着率)	0.88	0.12	0.08	1	年度ダミー		
(女性定着率)	0.84	0.15	0.05	1	2008年度	0.12	608
独立変数					2009年度	0.12	597
下位管理職女性比率	0.05	0.08	0	1	2010年度	0.12	595
上位管理職女性比率	0.02	0.04	0	1	2011年度	0.12	606
統制変数					2012年度	0.12	614
従業員数 (対数)	7.23	1.31	2.20	11.19	2013年度	0.13	653
(従業員数)	3247.35	5842.08	9	72640	2014年度	0.13	644
女性従業員比率	0.20	0.13	0.03	0.91	2015年度	0.14	683
従業員平均年齢	39.98	3.01	27.00	51.50			
平均勤続年数	15.01	4.08	1.10	24.70			
平均年間給与 (対数)	15.67	0.22	14.66	16.49			
(平均年間給与〈万円〉)	653.23	147.81	233.32	1445.95			
下位管理職合計	662.78	1338.74	1	20561			
上位管理職合計	143.04	331.45	1	12151			
ROA	2.31	4.29	-50.10	33.70			

注：$N=5,000$（$n=1,046$）。ただし，定着率に関連する変数は $N=4,317$（$n=996$）。

で表せる。仮説Ⅰ・Ⅱともに，企業 i の $t+1$ 時点における従属変数 Y_{it+1} を，時点不変の個体効果 a_i，時代固定効果 γ_t，女性管理職比率 M_{it}，その他の統制変数 X_{it} で予測する（ε_{it+1} は誤差項）。これにより，時点で変わらない企業特性や，すべての企業に共通する時代的トレンドの効果を考慮したうえで，女性管理職比率の効果 ρ を推定する。

　ある年度の女性管理職比率が影響を与えうるすべての入社コーホートへの効果を捉えるため，仮説Ⅰ・Ⅱともに複数時点の値を合算してモデル上の従属変数とした。分析対象である上場企業について，大卒採用は入社の前々年度から前年度にかけて行われることが一般的である（安田ほか 2019：101-102）。そこで，t 年度の女性管理職比率が，$t+1 \cdot t+2$ 年度の女性採用比率を予測するモデルを構築した（図 5 - 1 上）。従属変数である女性採用比率は，$t+1 \cdot t+2$ 年度の女性採用人数の合計 $W_{it+1}+W_{it+2}$ を，両年度の採用人数の合計 $H_{it+1}+H_{it+2}$ で除した値

第5章 女性管理職は「変化の担い手」か「機械の歯車」か？

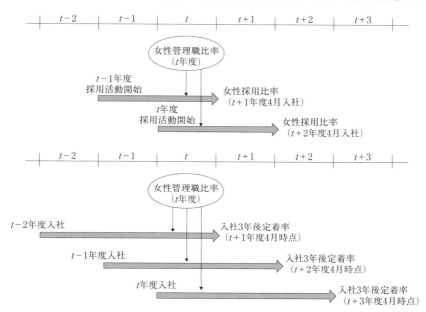

図5-1 女性管理職比率と女性採用比率・入社3年後定着率の影響関係

$$Y_{it+1} = \frac{W_{it+1} + W_{it+2}}{H_{it+1} + H_{it+2}},$$

となる。

入社3年後の定着率について、入社から3年までの期間が t 年度に重なるのは、$t-2$ 年度に入社したコーホート（入社3年目）、$t-1$ 年度に入社したコーホート（2年目）、t 年度に入社したコーホート（1年目）の3つである（図5-1下）。そのため、この3コーホートを合算した $t+1 \sim t+3$ 年度4月時点の入社3年後定着率を、t 年度の女性管理職比率で予測するモデルを構築した。従属変数である定着率男女比は、分母に3コーホート分の男性定着率、すなわち $t-2 \sim t$ 年度に入社した男性 $M_{it-2} + M_{it-1} + M_{it}$ のうち $t+1 \sim t+3$ 年度4月時点で会社に在籍している男性 $m_{it+1} + m_{it+2} + m_{it+3}$ の比率、分子に同様の計算に基づく女性定着率 $(f_{it+1} + f_{it+2} + f_{it+3})/(F_{it-2} + F_{it-1} + F_{it})$ をとり、これを対数変換した値

$$Y_{it+1} = \ln \frac{\dfrac{f_{it+1} + f_{it+2} + f_{it+3}}{F_{it-2} + F_{it-1} + F_{it}}}{\dfrac{m_{it+1} + m_{it+2} + m_{it+3}}{M_{it-2} + M_{it-1} + M_{it}}},$$

となる。複数時点の値を合算して従属変数とするため，分析に用いる wave 数は仮説Ⅰで8waves（$N = 5{,}000$, $n = 1{,}046$），仮説Ⅱでは7waves（$N = 4{,}317$, $n = 996$）となる。[6]

4 新卒女性の採用・定着への効果

まず女性採用比率への効果から検討する（表5 - 2左）。女性管理職比率は下位／上位ともに2乗項も投入されているため，結果の解釈は第4章と同じく限界効果に基づいて行った。

下位管理職女性比率について，プールド OLS 推定では平均限界効果が統計的に有意な正の値を示している。下位管理職に女性が多い企業ほど，女性の採用比率も高いことがわかる。しかし企業特性と年度ダミーをともに統制した固定効果モデルでは，平均限界効果は負の値を示す。統計的に有意ではないものの，下位管理職女性比率が観測値を中心に1標準偏差（＝7.5％ポイント）増加すると，女性採用比率はおよそ0.6％ポイント減少する（$p = .41$）。女性管理職比率の効果を視覚的に示したのが図5 - 2左である。下位管理職女性比率の増加に伴い，女性採用比率の予測値が緩やかに低下していることが読みとれる。

ただし，この結果の解釈には注意を要する。固定効果モデルから年度ダミーを除くと，下位管理職女性比率の効果はプラスに転じる（1.5％ポイント，$p = .03$）。女性の下位管理職が増加した企業で，女性採用比率の値自体が減少傾向にあったわけではない。しかし，下位管理職の女性比率が増加しなかった企業における女性採用の伸びも同程度だったため，こうした推定結果が示されたと考えられる。時代的なトレンドを考慮することで，下位管理職女性比率は新卒女性採用比率に影響しているとはいえないことがわかる（仮説Ⅰ-1b を支持）。[7]

上位管理職についても，プールド OLS 推定の結果から，女性の上位管理職が多い企業ほど女性を多く採用する傾向にあるとわかる。しかし，企業特性と年度ダミーを統制した固定効果モデルでは，効果は無視できる程度に小さく，

第5章 女性管理職は「変化の担い手」か「機械の歯車」か？

表5-2 下位／上位管理職女性比率の平均限界効果

	仮説1 女性採用比率			仮説2 定着率男女比		
	プールド	固定		プールド	固定	
下位管理職女性比率	0.028 ***	0.015 *	-0.006	-0.013 †	-0.029 *	-0.032 *
	(0.005)	(0.007)	(0.007)	(0.007)	(0.013)	(0.013)
上位管理職女性比率	0.010 **	0.006	0.001	-0.004	0.019 *	0.018 *
	(0.004)	(0.004)	(0.004)	(0.006)	(0.008)	(0.008)
企業特性	✓	✓	✓	✓	✓	✓
年度ダミー	✓	✓	✓	✓	✓	✓
N（企業×年度）		5,000			4,317	
n（企業）		1,046			996	
F		7.95 ***	8.14 ***		5.63 ***	5.62 ***

注：*** $p<.001$，** $p<.01$，* $p<.05$，† $p<.10$（両側検定）。値は平均限界効果を，カッコ内は標準誤差を示す。ここでの平均限界効果は，その他の変数を観測値に固定し，注目する独立変数が観測値を中心として1標準偏差分増加したときに，従属変数の予測値が平均的にどの程度変化するかを表す。企業特性は従業員数（対数），女性従業員比率，従業員平均年齢，平均勤続年数，平均年間給与（対数），下位管理職合計，上位管理職合計，ROA，首都圏ダミーを指す。✓は表側の変数が統制されていることを意味する。統制変数の平均限界効果は，補表5-1として本章末尾に示している。

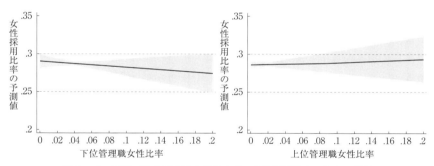

図5-2 下位／上位管理職女性比率が，女性採用比率に与える効果

注：実線は下位／上位管理職女性比率の値に対応する女性採用比率の予測値を，灰色の領域は95%信頼区間を示している。下位管理職女性比率の5パーセンタイルは0，95パーセンタイルは0.184，上位管理職女性比率はそれぞれ0，0.091である。

統計的にも有意ではない（$p=.81$）。女性採用比率の予測値も，上位管理職女性比率が集中する0から0.1の範囲ではほぼ横ばいである（図5-2右）。上位管理職に占める女性比率は，新卒採用における女性比率に影響するとはいえな

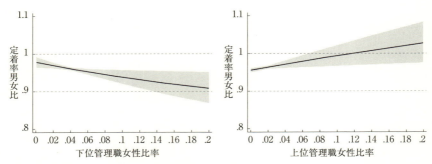

図5−3 下位／上位管理職女性比率が，定着率男女比に与える効果

注：実線は下位／上位管理職女性比率の値に対応する定着率男女比の予測値を，灰色の領域は95％信頼区間を示している。定着率男女比が1のとき男女の定着率は等しく，0に近づくほど女性の方が離職しやすい傾向を表す。

かった（仮説Ⅰ-2bを支持）。

つづいて，定着率男女比に与える効果を検討する（表5−2右）。プールドOLSでは下位管理職女性比率の平均限界効果は負の値を示す。女性の下位管理職が多い企業では，男性と比較した女性の早期離職傾向がむしろ強くなっている。企業特性と年度ダミーを考慮した固定効果モデルでも，この傾向は変わらない。下位管理職女性比率が観測値を中心に1標準偏差増加すると，定着率男女比の対数値は0.032減少する（$p=.02$），すなわち男性と比較した女性の定着率が3.1％小さくなる。下位管理職女性比率が増加すると，定着率男女比の予測値は1を下回る範囲で低下している（図5−3左）。また，年度ダミーを除いた固定効果モデルでも同様の傾向が示されており，定着率についてはトレンドの影響をそれほど受けていないといえる。下位管理職女性比率は，入社後の定着率におけるジェンダー差を縮小させておらず，むしろその拡大に寄与していた（仮説Ⅱ-1bを支持）。

一方，上位管理職については，下位管理職とは反対に，固定効果モデルにおける平均限界効果は統計的に有意な正の値を示している。企業特性と年度ダミーを考慮すると，上位管理職女性比率が1標準偏差（＝4.3％ポイント）増加したとき，定着率男女比の対数値は0.018増加し（$p=.02$），男性と比べた女性の定着率は平均的に1.8％大きくなる。上位管理職女性比率の増加に伴い，定着率男女比の予測値は1に接近する形で上昇する（図5−3右）。上位管理職に

占める女性比率は，定着率のジェンダー差を縮小させていた（仮説Ⅱ-2a を支持）。

なお，van Hek and van der Lippe（2019）と同様に，女性管理職比率の２乗項を除いたモデルでも推定を行った。女性採用比率について最終的な結論は変わらなかった。定着率男女比でも平均限界効果の向きは同じであったが，効果の大きさと統計的有意性に変化がみられた（下位：−0.006，$p=.39$，上位：0.011，$p=.02$）。しかし，尤度比検定の結果，２乗項を含むモデルで適合度が有意に改善していたため（LR $\chi^2(2)=9.43$，$p=.009$），こちらを最終的な結論とした。また，Stainback et al.（2016）と同じく従業員数100人以上のサンプル（仮説Ⅰ：$N=4,901$，$n=1,018$，仮説Ⅱ：$N=4,234$，$n=969$）に限定して推定を行ったが，採用・定着とも結論は概ね同様であった。[12]

5　「機械の歯車」仮説の背後にあるメカニズム

（1）結果とその解釈

時点不変の企業特性や時代的トレンドを考慮すると，管理職に占める女性比率は，下位／上位ともに女性採用比率を高めているとはいえなかった。[13]これは「弱い」バージョンの「機械の歯車」仮説と整合的である。

日本企業の採用においては，「変化の担い手」仮説が想定する女性管理職の意欲と権限のうち，権限に対する想定が成立しないことを示唆する。Cohenと Huffman は女性管理職の権限が限定される要因として下位管理職への女性の集中を挙げているが，上位管理職でも正の効果がみられなかったことを踏まえると，十分な説明とはいえない。これには，第２節（1）で挙げた２つの理由が考えられる。第一の理由は，女性管理職比率の絶対的な水準の低さである。女性管理職比率の95% ile は，下位で0.184，上位で0.091と，いずれも２割に満たない。この範囲で女性管理職が増えた場合でも，組織の変化につながる「クリティカル・マス」には届かず，採用行動の変化に至らなかった可能性がある。もう１つの理由が，本社人事部への人事権の集中と，その裏返しとしての，個々の管理職がもつ採用権限の弱さである（第２章第２節も参照）。このような慣行のもとでは，たとえ女性管理職が増加した場合でも，新卒採用に関わる施策・慣行は変化しづらい。

さらに下位管理職では年度ダミーの投入によって効果が逆向きになったこと

から，時代的なトレンドによる交絡が，下位管理職と新卒採用の女性比率をともに増加させていたこともうかがえる。一見すると女性管理職が新卒女性の採用を促しているように見えるものの，実際には時代的な影響，たとえば景気の好転や「女性活躍」をめぐる社会的圧力の高まりによって，両者がともに増加していた可能性が高い。

　入社3年後の定着率について，下位管理職に占める女性比率はジェンダー差を拡大させていた一方で，上位管理職の女性比率はジェンダー差を縮小させていた。下位管理職では「強い」バージョンの「機械の歯車」仮説が，上位管理職では「変化の担い手」仮説が支持されたといえる。

　職階による効果の違いを，整合的に解釈することは難しい。やや複雑になるが，(a)国内大企業の女性管理職は，職階によらず仕事へのコミットメントを重視する規範を内面化している可能性があり，(b)下位管理職の場合はそれが直属の部下へのふるまいに，上位管理職の場合はより効率的な業務を可能にする社内環境整備に表れやすく，(c)結果として定着率のジェンダー差への効果が逆向きになる，というロジックで，この結果を説明する。

　(a)について，2000〜10年代の国内大企業で管理職に到達できた女性は，仕事へのコミットメントを継続的に示し，それを重視する規範を内面化してきたかもしれない。別の言い方をすれば，Penner et al.（2012：377）が指摘するように，女性については，そうした規範を内面化した場合しか，管理職に到達できないというセレクションが働いていたかもしれない。さらに，ある国内大企業の分析から，労働時間と昇進確率の関連は，男性より女性の方がはるかに強いと示した Kato et al.（2013）を踏まえると，この規範が内面化される程度は，女性の管理職でより強かった可能性もある。

　この規範は，下位／上位管理職で，それぞれどのように作用するのか。Zimmermann（2022）が論じるように，(b-1) 下位管理職は，従業員とより直接的に関わる機会が多い。このとき，①競争的脅威（competitive threat）あるいは②集合的脅威（collective threat）によって，女性管理職のふるまいが，一部の女性従業員に対して不利に働くことがある。自らと同じ社会的属性（ここではジェンダー）をもつ相手について，①競争的脅威とは，潜在的な競争相手として，高業績の人に感じる脅威であり，②集合的脅威とは，同じ属性である自らの評価を下げるかもしれない存在として，低業績の人に感じる脅威である

（Duguid 2011；Duguid et al. 2012）。分析結果から両者を識別することはできないが，米国企業において，従業員の給与変動を通じた人事評価の分析から，②と整合的な知見を得た Srivastava and Sheman（2015）を踏まえると，日本企業でも②集合的脅威が起きていた可能性が高い。[14]すなわち，コミットメントを重視する女性の下位管理職は，同じく業務にコミットし，管理職への昇進を目指す女性にとって，メンタリングなどを通して有利に働く一方で（cf. Kalev et al. 2006），そうした働き方を望まない女性従業員との相性は必ずしも良くない，いわば女性従業員の性向に応じた二極化が起きやすくなっていたのではないか。(c-1) その結果として，後者のグループが寄与する形で，若手女性社員の定着率が低下していたと解釈できる。

　一方で，(b-2) 上位管理職が，非管理職の従業員に対して，業務管理や人事評価を直接行う機会は少ない。そのため，前段で述べた，②集合的脅威が定着率に影響する回路が遮断されている。そして，Zimmermann（2022）で対比されているように，上位管理職は，下位管理職とは異なり，企業内の施策や慣行を変更する権限をもつことがある。このとき，仕事へのコミットメントを重視する規範が，生活上の変化や出産・育児によらず，業務を継続するための施策の整備――フレックスタイム，リモートワーク，短時間勤務，企業内保育所など――を促すことで，(c-2) 定着率の男女差を改善することにつながった可能性がある。

　これらは分析から導出される知見ではなく，結果を説明する，あくまで1つのストーリーにすぎない。そこで，定着率に対する効果を男女別に推定し，解釈の妥当性を確認した（補図5-1）。下位管理職については，男性の定着率はほぼ横ばいである一方，女性社員の定着率が低下する形で男女差が拡大しており，集合的脅威に基づく解釈と整合する。しかし，上位管理職については，むしろ男性社員の定着率が低下する形で男女差が縮小しており，先の解釈と矛盾する。もし施策の整備が寄与していたならば，女性の定着率が上昇する形で男女差が縮小するからである。アドホックであることを認めたうえで，提示できる1つの解釈は，女性の上位管理職が，ジェンダー不平等な社内風土――すなわち施策などのハード面ではなくソフト面――を是正することで，男女差が縮小した可能性である。つまり，女性の上位管理職が1人もいない（0％）企業では，男性中心的な社内風土のもと，男性の定着率が「不当に」高かったのが，

女性の上位管理職が増えるにつれて，ジェンダー平等的な社内風土が浸透していき，男女とも同程度の定着率に収斂していくという説明である。かなり込み入った議論になってしまったが，女性の上位管理職が，どのような意味で「変化の担い手」であるかについて，たとえばこうした説明が可能である。

（2）機会の不平等としての解釈

第1章で論じた結果の不平等／機会の不平等の議論に応える形で，本章の分析結果も機会の不平等というレンズで解釈しておきたい。

第4章と同様に，この章の分析結果も，女性にとっての機会の不平等化を，少なくとも部分的に反映していると考えられる。まず，採用について，かりに女性管理職の割合が増えるほど，女性の求職者がその企業を志望しなくなるとすれば，分析結果の原因を企業に帰することは難しい。[15] しかし実際はその逆で，女性の管理職が多い企業は，女子学生の志望度も平均的に高い。たとえば，「男女関係なく活躍できそう」「結婚・出産後も活躍できそう」の項目で高い評価を得ている企業は，女子学生の人気企業ランキングにおいて上位に位置する。[16] 女子学生からの志望度の高さにもかかわらず，採用実績に占める女性の比率が変わらないとするならば，企業によってゲートが開閉されるしくみが動かされている可能性が高い。

定着率についても同様である。たしかに，本章で扱った離職行動のほぼ全ては，解雇などが原因の「非自発的離職」とは異なり，従業員が自らの意思で企業を離れる「自発的離職」に分類される（小川 2013）。[17] しかし，下位管理職の解釈で示した直属の上司との関係や，上位管理職の解釈における社内風土は，従業員個人に選択の余地はほぼ残っていない。本社人事部が従業員の配置転換を一手に担い，従業員はその決定に従う義務があるため（今井 2021：第1章，本書第2章第2節も参照），日本企業における従業員は，配属される部署やその上司を基本的に選択できない。定着／離職に関わる重要な環境要因を本人が選択できない点で，やはり機会の不平等として解釈できる。

さらに，本章で明らかになった知見は，管理職である女性が選択した結果ともいえない。したがって，女性管理職個人に帰責できる，ましてや帰責すべきとは，考えていない。（1）で示した解釈のとおり，女性の下位管理職が集合的脅威に基づいてふるまっているならば，その背景には，女性という属性に対

する評価を気にせざるをえないほどの，男性中心的な企業文化・風土がある。これは，たとえ男性部下のパフォーマンスが悪かった場合でも，男性の上司は，男性という集団全体が不当に貶価されることを，ほとんど気にしなくてよい状況と対照的である。女性管理職の方が，仕事へのコミットメントを重視する規範を内面化しているならば，そうした規範が女性の昇進に対してより強く求められる，ジェンダー不均衡な昇進構造が背景にある。この昇進構造のもとで，管理職への昇進を望む女性は，既存の規範や風土への「過剰適応」を強いられてきた。その意味で，「ガラスの天井」の研究が示してきた，「管理職に到達できるか」の点だけでなく，「どのような人が管理職に到達できるか」の点——すなわち，そうしたコミットメントを男性以上に強く内面化した人しか基本的に到達できない点——でも，女性は機会の不平等を被っているといえる。

（3）本章の貢献

　本章の分析結果を総合すると，組織の指導的地位への女性の参画が進展した場合でも，当該組織におけるジェンダー不平等は緩和されないことが多く，概ね「機械の歯車」仮説が支持された。とくに下位管理職の女性比率は，女性採用を促進させておらず，定着率のジェンダー差をむしろ拡大させていた。この結果は，日本企業に固有の構造的な要因——本社人事部への採用権限の集中や，仕事へのコミットメントが女性の管理職に対して強く要求される傾向——によって，潜在的にはジェンダー不平等を改善しうる女性管理職の効果が阻害されている可能性を示唆する。その一方で，女性の上位管理職が増加すると，定着率のジェンダー差が縮小する形でジェンダー不平等が改善していた。ポジティブ・アクションによって，女性の管理職昇進機会を拡大するだけではなく，強い権限をもつ部長職以上への昇進機会も増やすことで，はじめて企業内のジェンダー不平等も改善する波及効果が期待できるのかもしれない。

　本章の分析結果は，管理職の効果を正確に捉えるうえで，様々な企業特性や時代的なトレンドを考慮する重要性を示している。企業間差異に着目した先行研究では，女性の管理職が多い企業ほど女性を多く採用することが示されており（吉田 2020），プールド OLS 推定の結果もこの傾向を支持していた。しかし時点不変の企業特性や時代的なトレンドを考慮すると，そうした傾向は確認されなかった。これは，日本企業における管理職の効果を測定するうえで，組織

文化など，データから容易に観察できない企業特性や，時代的なトレンドによる交絡の影響が，無視できない程度に大きいことを意味する。

さらに本章の結果は，管理職の効果を職階別に捉える視角の重要性も示している。ジェンダー不平等の「結果」としての管理職に着目してきた先行研究では，サンプルサイズの限界もあり，管理職内部の差異はほとんど扱われてこなかった（中井 2009）。しかし，ジェンダー不平等に影響する「原因」としての管理職を捉える場合は，不平等への効果やメカニズムが異なる可能性があり，可能であれば職階別に観察した方がよい。

もちろん，管理職の部署や当人のキャリア，配偶関係や子どもの有無によって，不平等への効果が異なる可能性も考えられる。ただし，ここまで細かな観察を大規模調査で行うのは実質的に難しく，特定の企業をフィールドとする詳細な人事データ分析が必要になるだろう。しかし，こうしたデータを用いた分析が常に優れているわけではない。代表性の面ではやはり大規模調査の方が望ましく，詳細な人事データを分析する視角も，大規模調査の結果によってある程度限定できる。企業活動に対しては，調査を通じた観察が断片的になりやすく，一度の観察で全体像を把握することが難しい（吉田 2023）。だからこそ，レベルや方法を変えてくり返し観察することが必要であり，本章もそうした観察の1つに位置づくものである。

注
(1) 指導的立場につく女性が，ジェンダー不平等などの「女性的な」問題に対して距離をおこうとする傾向は「女王蜂現象（queen bee syndrome）」とよばれる（Kanter 1977：229-230；Cooper 1997）。
(2) 調査年は2009〜17年，データの名称は「2010-2018年版」である。なお，企業の回答とデータの公開の間にはタイムラグがある。たとえば，2016年度の雇用情報は，2017年6〜10月の調査で企業が回答し，「2018年版データ」として公開される。
(3) 一部の企業では高専・専門卒の採用数も含まれる。
(4) ある組織・役職における女性が一定の人数・比率を超えると，女性どうしが協調しやすくなり変革が促進されるという「クリティカル・マス」の議論も合わせて考慮すると（Kanter 1977：208-209；Konrad et al. 2008），3乗項の投入まで考えられる。しかし，3乗項の投入によってモデルの適合度が改善しているとはいえなかったため，先行研究と同様に2乗項まで投入するモデルを選択した。
(5) 欠損値の割合がもっとも高かったのは女性採用比率（27.8%）であり，以下，

第**5**章 女性管理職は「変化の担い手」か「機械の歯車」か？

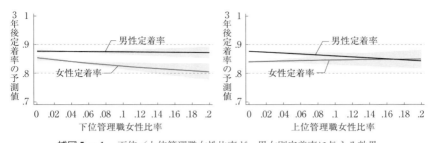

補図5-1 下位／上位管理職女性比率が，男女別定着率に与える効果

注：実線は下位／上位管理職女性比率の値に対応する定着率の予測値を，灰色の領域は95％信頼区間を示している。

定着率男女比（27.7％），下位／上位管理職合計・女性比率（24.4-25.2％），女性従業員比率（21.3％）と続く。それ以外の変数ではすべて1.7％以下である。欠測率が20％を超える変数はMNAR（Missing Not At Random）の可能性が高い。なぜならジェンダー平等的でない企業ほどこれらの情報を開示しないと予想されるうえ，上記のジェンダー関連変数をすべて無回答とする企業も一定数存在し，他の観測変数からの妥当な予測も行えないと考えられるからである。回答バイアスについて述べた第3章の議論も踏まえ，ここではリストワイズ処理を選択した。なお，多重代入法に基づく分析結果は注（12）に示している。

(6) 統制変数も女性管理職比率と同年度の値を用いた。なお，$t+1$年度4月時点の女性採用比率および定着率男女比は，t年度の女性管理職比率や統制変数と同年版のデータに掲載されているため，ここでのwave数の減少は起きない。

(7) 管理職の下位／上位を区別せずに分析した場合も，下位管理職と同様の結果が得られる（平均限界効果-0.010, $p=.26$）。

(8) $100 \times [exp(-0.032)-1]$。

(9) 対数変換された予測値について，単にそのべき乗をとると過小推定となることが知られている。そのため，Wooldridge（2013：212-213）を参照して補正した予測値を図5-3にプロットしている。

(10) 仮説Iと同様，下位／上位を区別しない女性管理職比率の効果は下位管理職と同程度である（平均限界効果-0.030, $p=.048$）。

(11) $100 \times [exp(0.018)-1]$。

(12) 注（5）に示した欠損値の割合が20％を超えている変数について，多重代入法による補正を行った結果も確認した（$M=100$）。von Hippel（2007）にしたがい，分析に含まれるすべての変数を用いて多重代入を行ったあと，従属変数が欠損値であるケースを除外して効果を推定した。最終的な固定効果モデルについて，仮説Iでの検証結果は同様であった。仮説Ⅱでも効果の向きは変わらなかったが，その大

補表5-1　統制変数の平均限界効果

	仮説1 女性採用比率			仮説2 定着率男女比		
	プールド	固定		プールド	固定	
下位管理職女性比率	0.028 ***	0.015 *	-0.006	-0.013 †	-0.029 *	-0.032 *
	(0.005)	(0.007)	(0.007)	(0.007)	(0.013)	(0.013)
上位管理職女性比率	0.010 **	0.006	0.001	-0.004	0.019 *	0.018 *
	(0.004)	(0.004)	(0.004)	(0.006)	(0.008)	(0.008)
従業員数（対数）	-0.009 **	0.028 **	0.014	-0.013 **	-0.004	-0.005
	(0.003)	(0.011)	(0.011)	(0.004)	(0.019)	(0.020)
女性従業員比率	0.092 ***	0.002	-0.025 *	0.001	0.029	0.026
	(0.003)	(0.011)	(0.011)	(0.004)	(0.020)	(0.020)
従業員平均年齢	-0.001	0.039 ***	0.007	0.013 **	0.024 *	0.021
	(0.003)	(0.007)	(0.008)	(0.005)	(0.012)	(0.014)
平均勤続年数	-0.015 ***	-0.030 **	-0.022 *	0.007	-0.009	-0.009
	(0.003)	(0.009)	(0.009)	(0.005)	(0.015)	(0.015)
平均年間給与（対数）	0.002	0.027 ***	0.016 *	-0.002	0.016	0.013
	(0.003)	(0.006)	(0.007)	(0.004)	(0.010)	(0.011)
下位管理職合計	0.005 †	0.002	0.002	0.004	0.000	0.000
	(0.003)	(0.004)	(0.004)	(0.004)	(0.007)	(0.007)
上位管理職合計	0.001	0.003	0.002	0.006	0.004	0.004
	(0.003)	(0.003)	(0.003)	(0.004)	(0.007)	(0.007)
ROA	-0.004 †	0.001	-0.001	0.001	-0.006 †	-0.006 †
	(0.002)	(0.002)	(0.002)	(0.003)	(0.003)	(0.003)
首都圏ダミー	-0.001	-0.066	-0.085	-0.012 †	0.266	0.260
	(0.004)	(0.074)	(0.073)	(0.007)	(0.171)	(0.172)
年度ダミー（ref. 2008年度）						
2009年度	-0.007		0.006	-0.003		-0.001
	(0.008)		(0.006)	(0.012)		(0.009)
2010年度	0.001		0.018 **	-0.006		-0.007
	(0.008)		(0.006)	(0.012)		(0.009)
2011年度	-0.008		0.019 **	0.007		0.004
	(0.008)		(0.006)	(0.012)		(0.009)
2012年度	0.002		0.025 ***	-0.007		-0.003
	(0.008)		(0.006)	(0.012)		(0.010)
2013年度	0.011		0.035 ***	-0.009		0.001
	(0.008)		(0.006)	(0.012)		(0.010)
2014年度	0.021 *		0.050 ***	0.002		0.006
	(0.009)		(0.007)	(0.012)		(0.011)
2015年度	0.030 ***		0.063 ***			
	(0.008)		(0.007)			
N（企業×年度）	5,000			4,317		
n（企業）	1,046			996		
F		7.95 ***	8.14 ***		5.63 ***	5.62 ***

注：***p＜.001，**p＜.01，*p＜.05，†*p*＜.10（両側検定）。値は平均限界効果を，カッコ内は標準誤差を示す。

きさが減少し，下位では10％水準で有意な負の値，上位では統計的に非有意な正の
値となった。しかし，第3章および注（5）の議論を踏まえ，本章ではリストワイ
ズ処理に基づく結果を最終的な結論とした。

(13) ただし，CSRデータでは総合職採用と一般職採用を区別できないため，総合職
採用に限定すれば，女性管理職比率が女性採用を促進する効果をもつ可能性は残る。
しかし，総合職の採用権限はより本社人事部に集中する傾向にあると考えられるた
め，この可能性は低いと推測される。

(14) Srivastava and Sherman（2015）は，高業績の上司と低業績の部下の組み合わ
せにおいて，上司が男性から女性に変わったとき，男性の部下よりも女性の部下で
給与が低くなることを，女性上司が感じる集合的脅威で解釈している。また，著者
（吉田）は同様のデータを用いた別の分析で，上位管理職に占める女性の比率が，
その後の下位管理職に占める女性の比率を高めることを確認している。上位管理職
に対する下位管理職を，潜在的な競争相手と位置づけるならば，①競争的脅威のも
とではこのような結果は得られないはずであり，このことも②集合的脅威の可能性
の方が高いことを示唆する。

(15) 分析では女性従業員比率を統制しているため，正確には，「女性従業員の割合
に比して，女性管理職の割合が増えるほど」である。

(16) 「楽天みん就」（2024年現在は「みん就」）が2019年卒の学生を対象に行った調
査結果による（溝上 2018）。

(17) SSM2005の調査票に即せば，「定年，契約期間の終了など」「倒産，廃業，人員
整理など」が非自発的離職，「よい仕事が見つかったから」「家庭の理由（結婚，育
児など）」「職場に対する不満」が自発的離職に分類される（小川 2013：43）。

第**6**章
ダイバーシティ部署設置の有効性

第6章では，ふたたび雇用施策の効果に着目する。とくに，雇用の平等化を意図した施策として，ダイバーシティの促進を目的とした部署（ダイバーシティ部署）に着目し，その設置が，新卒採用を含む雇用の平等化をもたらしているかを検証する。第5章で観察されたように，別の領域における雇用の平等化が，ただちに新卒採用の平等化につながるわけではない。米国企業の先行研究でも，ダイバーシティ諸施策には有効でないものも少なくなく，かえって逆効果になる場合も指摘されている。本章でも，ダイバーシティ部署の効果に着目することで，新卒採用の不平等を維持・変化させるメカニズムの一端を描き出すことを目指す。

他の章とは異なり，第6章では複数の指標を分析のアウトカムに設定している。とくに，本書の検討課題である女性採用・障害者雇用にくわえ，女性管理職への登用についても仮説を構築し，分析を行った。これは，ダイバーシティ部署が新卒採用のみをターゲットとした施策ではないことにくわえて，異なる雇用領域との比較から，新卒採用の固有性——とくに，不平等を説明するメカニズムとしての固有性——の把捉を目指すためである。かりに，ダイバーシティ部署が女性管理職の増加には有効である一方，女性採用を促進する効果はもたなかった場合，採用の不平等を維持する固有のメカニズムの存在が示唆される。

1　ダイバーシティ施策への注目

2010年代以降，日本企業における雇用のダイバーシティについて，法的・社会的圧力が高まっている。2010, 15, 20年に閣議決定された第3～5次男女共同参画基本計画では，民間企業の女性管理職比率について，5年後の数値目標

が設定された。2015年に制定された女性活躍推進法は，大企業に行動計画策定などの義務を課し，その策定にあたって，企業は自社の女性採用比率や女性管理職比率を把握する必要がある。障害者雇用促進法が規定する法定雇用率は，2010年以降4度の引き上げを経て，2024年4月時点では民間企業で2.5％となっている。ESG（Environment, Social, Governance）投資の広がりも背景に，企業のダイバーシティは市場での関心も集めており，機関投資家による投資判断の重要な材料にもなっている。

　こうした圧力を受け企業は様々な対応に取り組んでおり，その1つにダイバーシティ推進を目的とする部署（ダイバーシティ部署）の新設がある。2000年代に，一部の有名企業が女性活躍を目的とする専任部署の設置に着手し（石塚2018），2010年代以降は，より広義のダイバーシティ推進を目指す部署が大企業を中心に普及している。

　ダイバーシティ部署の設置は，政策的にも推奨されている。先述の行動計画策定においては，専任担当の配置など，継続的な実務体制の構築が推奨されている（厚生労働省・都道府県労働局雇用環境・均等部（室）2020：12）。経済産業省の「新・ダイバーシティ経営企業100選」事業においても，担当部署など推進体制の構築は，実践すべき取組としてガイドラインにも挙げられている。[1] 事実，平成29年度から令和2年度の間に，「100選プライム」として表彰された8社すべてが，「ダイバーシティ推進部」や「人事部多様性推進課」などの専門部署・委員会を設置している。

　では，ダイバーシティ部署の設置は，その後の女性雇用や障害者雇用を，実際に促進しているのだろうか？　専任部署の設置が推奨されており，部署を設置する企業も増加しているにもかかわらず，国内企業についてその有効性はほとんど検討されていない。専門部署の設置はダイバーシティ・マネジメントの重要な一要素であり，人事戦略や人事決定への影響を通じて，雇用の多様性を高めると期待される。しかし，新制度派組織論における脱連結概念が説明するように，部署設置と実際の雇用行動が切り離されている場合，こうした効果をもたないかもしれない。国内の先行研究の多くは部署の有効性を示唆するものの，企業固有の文化や時代効果の影響が十分に考慮されておらず，効果の厳密な検証には至っていない。

　そこでこの章では，国内大企業によるダイバーシティ部署の設置が，新規雇

第**6**章　ダイバーシティ部署設置の有効性

用者や管理職に占める女性・障害者の割合を高めるかどうかを検証する。部署設置の有効性を予想する，あるいは疑問視する理論的背景がともに想定されるため，効果の有無に関する競合仮説を設定し，どちらが支持されるかを明らかにする。分析に際しては，第5章と同様，企業行動を長期間観察したパネルデータを利用し，組織文化など，時点間で変わらない企業固有の特徴による影響も考慮して効果を推定する。こうした作業には，先行研究への理論的・実証的貢献だけでなく，行政が推奨する部署設置が実際の雇用行動に与えたインパクトを検証する点で，政策的な貢献も期待できる。

2　部署設置の有効性をめぐる理論と課題

（1）ダイバーシティ諸施策における部署設置の位置づけとその有効性

　ダイバーシティ・マネジメントには，長期的かつ全社的な取組が要請される（谷口 2005；佐藤ほか 2022）。そのため，企業がダイバーシティ推進のためにとりうる施策，すなわち「効率的にダイバーシティを管理するために，組織が開発・実行する，一連の公式化された慣行」（Yang and Konrad 2011：8）も多岐にわたる。

　既存研究は，こうした施策を，その目的に応じていくつかに分類してきた。分類方法は文献によって部分的に異なるものの，概ね以下の3種類にまとめられる——①人事決定から差別を排除する施策（反差別施策），②マイノリティに機会を提供する施策（機会提供施策），そして③ダイバーシティの結果を監視し，説明責任を負う施策（責任施策）である（Kalev et al. 2006；Leslie 2019）[2]。

　当初は，ダイバーシティ施策として，①と②が注目されることが多かった。①反差別施策は，人事決定の方法や基準を，属性にかかわらず同じにする identity-blind な施策である（Konrad and Linnehan 1995）。反差別ポリシーの制定や，バイアスを軽減するための管理職へのトレーニングが①に含まれる（Kalev et al. 2006；Kossek and Pichler 2006；Leslie 2019）。②機会提供施策は，人事決定の際に，属性に関する情報も考慮に入れる identity-conscious な施策である（Konrad and Linnehan 1995；Richard et al. 2013）。②にはターゲット採用やアファーマティブ・アクションなどが含まれる（Kalev et al. 2006；Kossek and Pichler 2006；Leslie 2019）。

これに対し，比較的最近になって注目されはじめたのが③である。①と②が，ダイバーシティに関わる目的を達成するための手段であるのに対して，③は目的そのものに関わる（Leslie 2019）。すなわち，ダイバーシティ推進に関わる目標の達成状況を監視したり，その達成に関して人事決定権者により多くの責任を付与したりする施策である（Leslie 2019）。たとえば，管理職の評価基準に，ダイバーシティに関わる目標達成状況を含める施策が挙げられる（Richard et al. 2013；Leslie 2019）。

　③責任施策の典型に，ダイバーシティ推進の担当者や担当部署・委員会の設置が挙げられ，本書が着目するダイバーシティ部署もその1つである。Leslie（2019）は，責任施策を4つに分類しており，その1つに diversity positions がある。これは「組織のダイバーシティへの取り組みを監督する責任者を，組織のなかで一時的あるいは恒常的に任命する」（Leslie 2019：542）施策であり，本書が扱う専任部署もこれに含まれる。

　こうした担当者・担当部署の設置は，いくつかの面から，企業の多様性拡大に貢献する。まず，専任の担当者が目標の達成状況を監視することで，ダイバーシティ推進の状況が可視化され，より有効な取り組みが可能になる。Drucker（1995）の有名な一節 "What gets measured gets managed" が表すように，担当者が組織の雇用多様性を測定・収集することで，それが組織の管理対象にもなる。さらに，収集した情報を人事決定権者に伝えることで，人事決定に間接的な影響を及ぼす。担当者が人事決定そのもの，つまり誰を採用・昇進させるかに直接介入することはなくとも，「ライン管理職が2年間も非白人の女性を採用していないことや，チーム内の非白人の男性を一人も昇進させていないことを指摘することはできる」（Dobbin and Kalev 2022：156）。くわえて，専任担当者は，ダイバーシティ推進に関わる専門知識を組織に導入する役割も果たす。こうした知識を援用して，企業の人事戦略と，ダイバーシティ推進を結びつけることも期待される（Konrad et al. 2016）。

　実際に，英語圏の実証研究の多くは，部署の設置を含む責任施策が，管理職の多様性を高めることを明らかにしてきた。企業のダイバーシティ施策の効果を網羅的に分析した Kalev et al.（2006）は，先述した①反差別施策，②機会提供施策，③責任施策について，管理職のジェンダー・人種多様性に与える効果を比較検討した。1971〜2002年における米国の民間企業708社を分析した結果，

女性や黒人の管理職増加にもっとも有効なのが③であり，③責任体制を確立することで①や②の有効性も高まることが確認された。責任施策の有効性は，他の研究でも確認されている。ダイバーシティ担当の管理職を設置することで，人事施策の改革が管理職のジェンダー・人種多様性を高める効果はより顕著になる（Dobbin et al. 2015）。ダイバーシティに対する管理職の説明責任を高める施策は，管理職の人種多様性と正に関連する（Richard et al. 2013）。

（2） 部署の有効性を疑問視する議論

しかし，日本企業のダイバーシティ部署も同様に，目標の監視や専門知識の導入を通じて，雇用の多様性拡大に貢献しているとは限らない。女性や障害者の雇用をめぐる法的・社会的圧力に対応するために部署を設置し，部署と人事行動を切り離している事態も考えられる。こうした現象を説明するのが，新制度派組織論の脱連結概念である。

ダイバーシティ部署の設置は，新制度派組織論における制度的同型化として捉えられる。制度的同型化は，制度的規則を反映する公式構造を組織が採用し，その構造が組織間で同質的になっていく過程を指す（Meyer and Rowan 1977；DiMaggio and Powell 1983）。現在の日本でも，ダイバーシティの推進をめぐる法的・社会的圧力が制度的規則となり，公式構造としての部署設置を促しているといえる。

同型化に伴う問題を解消するために，組織がとりうる対応が脱連結（decoupling）である。脱連結とは，組織の公式構造と実際の活動を切り離すことを意味する。制度的規則を反映した公式構造の設置は，組織の技術的な活動や効率性の追求と衝突しうる（Meyer and Rowan 1977：355）。しかし，脱連結により，実際の活動が伴わずとも，公式構造が機能しているという想定を保持できる（Meyer and Rowan 1977：357）。なお近年の議論の多くは，外部のステークホルダーを騙すための戦略的な脱連結を前提とするが，こうした意図を伴わない脱連結の形態も存在する（坪山 2012）。本書で用いる「脱連結」も，公式構造と実践の分離，あるいは公式構造に伴う実践に結果が伴わない状態（Bromley and Powell 2012）を指し，戦略的意図の有無は要件としない。

ダイバーシティに関わる部署が，実際の人事行動から切り離されている可能性を示唆する先行研究もある。Edelman（1992）は，規定が曖昧で強制力にも

乏しい雇用機会均等法のもとで，組織は担当部署などの公式構造を精緻化し，正統性を獲得すると指摘した。しかし，そうした部署が本当に機会均等に寄与しているかは不確かであるとし，単なる「見せかけ（window dressing）」（Edelman 1992：1568）の可能性にも言及している。日本においても，1997年の男女雇用機会均等法改正後に，かえって女性採用を減らした企業群が観察されたことを踏まえると（Mun 2016），「見せかけ」として担当部署を設置し，実質的な人事行動から部署を切り離している企業が存在する可能性も否定できない。

　そこで，これまでの議論を踏まえ，日本企業において，ダイバーシティ部署の設置が雇用の多様性を高めているかどうかを，本章のリサーチ・クエスチョンとして設定する。

> **RQ 1**：国内大企業において，ダイバーシティ部署の設置は，雇用の多様性を高めるか？

（3）部署の有効性を左右する要因としての役員

　RQ1は部署設置の平均的な効果に関わるが，企業の特徴に応じて，その効果が異なる可能性も考えられる。そのなかでも，本章では組織のトップに位置する役員がもたらす効果の異質性に着目する。（1），（2）で参照した研究群が，組織のトップ層によってダイバーシティ施策の効果が変化する可能性に言及している，あるいはそれを示唆しているためである。

　ダイバーシティ・マネジメントにおいて，組織のリーダーが，スローガンにとどまらない本格的な関与を見せる必要があることは論を俟たない（Cox and Blake 1991）。ダイバーシティ施策の効果に関する近年のレビューも，トップ・マネジメントの重要性を指摘している（Yang and Konrad 2011；Nishii et al. 2018；Leslie 2019）。Yang and Konrad（2011）は，資源ベース理論において，トップ・マネジメントからのサポートが施策の導入を予測してきたと整理する。さらに，ダイバーシティの拡大を倫理的／経営的に正当化するようなメッセージを組織のリーダーが発信することで，施策が意図せざる結果をもたらす可能性を下げることが期待できる（Leslie 2019）。

　さらに，主に戦略的人的資源管理（SHRM）に基づく実証研究も，トップ層からのコミットメントが施策の有効性を高める可能性を指摘している。トップ

層での高いジェンダー多様性は，実効性のあるダイバーシティ・マネジメント
（Diversity and Equality Management：DEM）体制の構築を予測する（Ali and
Konrad 2017）。ダイバーシティを戦略的価値と考える configurational な DEM
体制が障害者雇用を促進すると示した Konrad et al.（2016）は，リーダー層か
らのサポートが configurational な DEM 体制の構築にとって重要であることを
指摘する（Konrad et al. 2016：88）。さらに，SHRM に基づく文献ではないもの
の，Konrad and Linnehan（1995）も，雇用均等施策の幅広さや有効性に，トッ
プ層からのサポートが重要であることを実証している。

　一方で，新制度派組織論も，別の角度から，組織のトップ層に着目する意義
を提供する。制度論は，公式構造の設置が常に脱連結を導くとは考えない。
Scott（2013：187）も，脱連結を組織の自動的な反応として位置づけるのでは
なく，経験的な問い──「組織が必要な構造を採用しても，それに関連する活
動を実行しないのは，いつ，いかなる状況においてなのだろうか？」──とし
て検討すべきと指摘している。

　脱連結の発生を予測する条件は多岐にわたるが（Boxenbaum and Jonsson
2017），その 1 つに組織内の権力関係，とくに権限の強いトップ層がどの程度
脱連結を志向しているかが挙げられる。公式構造に対して強い権限を有してい
るアクターは，脱連結が自らの利益関心やイデオロギーにとって望ましい場合
に，脱連結を推進する（Tilcsik 2010）。逆に，そうしたアクターが公式構造に
沿った専門性を有している場合は，公式構造と合致した組織行動が促進される
（Tilcsik 2010）。

　ダイバーシティ施策に関する文献ではないものの，トップ層と脱連結の関連
は，実証的にも確認されている。たとえば，株主からの評価を高めるために採
用した LTIP（Long-Term Incentive Plans）（Westphal and Zajac 1994）や自社株買
いプログラム（Westphal and Zajac 2001）が，最高経営責任者（CEO）の利益と
衝突する場合，取締役会に対する CEO の権力が強いほどこれらの制度は実施
されにくくなる。ダイバーシティ部署についても，女性や障害者雇用の増加を
役員が志向していない場合には，部署が人事行動から脱連結される可能性が高
まると予想される。

　このように，ダイバーシティ部署が有効に機能するうえで，資源ベース理論
や SHRM はポジティブな面から，新制度派組織論はネガティブな面から，そ

れぞれトップ層のサポートが重要なファクターであることを指摘している。そこで，部署設置の効果が，組織のトップに位置する役員の特徴に応じてどのように変化するかを，第2のRQとして設定する。

RQ1：ダイバーシティ部署の設置の効果は，当該組織における役員の特徴によってどのように異なっているか？

（4）仮　説

ここまでに設定した2つのRQに対応する仮説を構築する。

雇用の多様性を測定する指標として，本章では女性の管理職と新卒採用，および障害者雇用に着目する。女性活躍推進法において，女性管理職比率と女性採用比率は，企業が状況を把握すべき基礎項目4点に含まれている（水町2019：337）。障害者雇用促進法は民間企業に一定の法定雇用率を義務づけ，未達成の企業からは納付金が徴収されている。「新・ダイバーシティ経営企業100選」においても，最多の表彰項目が「女性」であり，「チャレンジド（障害者）」での表彰も一定の件数を数える（船越 2021）。そのため，国内企業の多くは雇用のダイバーシティという文脈で2つの領域に取り組んでいると予想し，これらの指標を選択した。[3]

まずRQ1について，ダイバーシティ部署の設置が，女性管理職比率，女性採用比率および障害者雇用率に与える効果を予想する。国内企業について部署の効果を検討した先行研究の多くは，部署が設置されている企業で女性管理職が多いことを示している。ダイバーシティ部署を設置している企業は，未設置の企業と比べて女性の管理職昇進機会が高く，その改善にも寄与している（稲村 2019）。ワークライフバランス（WLB）の推進本部を設置する企業では，企業規模や産業を考慮しても，管理職割合の男女間格差が小さくなる（山口2017）。このような関連の背景には，専任部署・担当者が設置されている企業で，管理職が女性部下をより積極的に育成する傾向が働いている可能性がある（武石 2014）。

しかし，新設部署の設置が，雇用の多様性を高める効果を真に発揮しているかについては，なお検討の余地が残る。前述した先行研究群では，時点不変の企業特性や時代的変化の影響が十分に考慮されていない。そのため，観察され

第**6**章 ダイバーシティ部署設置の有効性

た傾向が，インクルーシブな組織文化や社会状況の変化がもたらす見かけ上の関連である可能性も否定できない。実際に，固定効果モデルを用いて各企業固有の効果を統制すると，WLB 推進組織の設置が正社員や管理職の女性比率を高めるとはいえないとする研究もある（山本 2014[4]）。ただし，この研究は 2 カ年の調査に基づくため，部署設置の効果が数年後に現れる場合は，その大きさを過小評価している可能性も残る。

　本研究と同じ企業パネルデータを用いて，部署設置が女性雇用に与える影響を検討した研究に Kato and Kodama（2018）がある。CSR 部署の設置，CSR 担当役員の任命，企業の CSR 方針を示した文書の有無の 3 つを 1 変数にまとめた CSR 施策の効果が検討されており，施策が導入された 3 年後になってはじめて，新卒採用や管理職に占める女性比率を高めることが示されている。本研究の目的に大きく重なる分析であるものの，部署設置の効果そのものが検討されているわけではなく，その有効性を明らかにするには，対象を限定した効果の検証が必要である[5]。

　障害者雇用率について，英語圏の研究には，部署設置の有効性を示唆するものもある。Beatty et al.（2019）のレビュー論文は，障害をもつ従業員をターゲットとした組織施策は，概して処遇の改善につながると整理している。たとえば先に挙げた Konrad et al.（2016）は，カナダの企業について，ダイバーシティを企業戦略と結びつける configuration な DEM が，他の 2 つの DEM と比べ，正社員や管理職の障害者雇用率の高さにつながることを示しており，企業にダイバーシティの専門家が配置されていることは，configurational な DEM とポジティブに関連している。組織レベルの障害者雇用関連施策と雇用率の関連を英国企業で検討した Woodhams and Corby（2007）は，2003年時点では管理者責任に焦点を当てる施策がもっとも有効であり，そのなかには，雇用機会均等に責任をもつシニアマネージャーの任命が含まれる。これらの知見は，日本企業でも，専任のダイバーシティ部署を設置することで，障害者雇用率の増加につながる可能性を示す。

　一方で，両者の関連を疑問視する先行研究もある。障害者マネジメントに関する経営学文献をレビューした丸山（2021：57）は，障害者雇用方針と実際の人事方針は，多くの研究で関連していないと整理する。スペイン企業を対象として例外的に関連を示した Pérez-Conesa et al.（2020）でも，障害者を対象と

した人事施策と障害者雇用率の間にはポジティブな関連が見られない。理由はいくつか考えられるが，Lengnick-Hall et al.（2008）が米国企業の役員へのインタビューで示したとおり，「ダイバーシティ」という概念で想起されるのはジェンダーと人種／エスニシティ（日本ではおそらく国籍）であり，ダイバーシティ部署の職域として，そもそも障害者雇用は想定されていない可能性がある。このように，障害者雇用についても，部署設置の有効性について両方の予想が成立するものの，ここまでに挙げた研究は基本的に一時点の調査に基づくものであり，時点不変の企業特性や時代的変化の影響が未知数であるという限界が残る。

　部署の有効性を説明する／疑問視する議論はともに想定でき，経験的な研究からも，効果の向きを一意に予想することは困難である。そこで，RQ1については競合仮説を設定し，様々な企業特性や時代的変化を考慮したうえで，分析からどちらの仮説が支持されるかを検証する。

　　仮説Ⅰ-1a, 2a, 3a：様々な企業特性や時代的トレンドを考慮しても，ダ
　　　　　　　　　　　　　イバーシティ部署を設置すると，女性管理職比率
　　　　　　　　　　　　　（1a）／女性採用比率（2a）／障害者雇用率（3a）が
　　　　　　　　　　　　　高くなる。
　　仮説Ⅰ-1b, 2b, 3b：様々な企業特性や時代的トレンドを考慮すると，ダ
　　　　　　　　　　　　　イバーシティ部署を設置しても，女性管理職比率（1b）
　　　　　　　　　　　　　／女性採用比率（2b）／障害者雇用率（3b）が高く
　　　　　　　　　　　　　なるとはいえない。

　次にRQ2を検証可能な仮説に操作化し，役員が部署設置の効果に与える影響を予想する。ただし，障害者雇用へのコミットが予想される役員の特徴，たとえば役員全体に占める障害者の比率を，入手可能なデータから観察することは困難なため，仮説Ⅱは女性雇用に限定して構築する。

　女性の雇用促進を役員がどの程度志向しているかについて，これを直接測定することは難しい。そこで，この志向と関連する指標として，女性役員比率を用いる。Kanter（1977）の同類再生産は，円滑なコミュニケーションや決定のため，人は自らと同じ社会的属性をもつ対象を雇用する傾向にあることを説明

する。権限の強い地位に就く女性は，ジェンダー不平等の改善意欲も概して強いと考えられるため（Cohen and Huffman 2007；Scarborough et al. 2019），女性の役員は，男性よりも，女性管理職の登用に対して平均的により前向きであると予想される。第5章の結論は「機械の歯車」仮説を支持するものの，上位管理職では部分的に「変化の担い手」仮説が支持された。そのため，より権限の強い役員に関しては，ジェンダー不平等を改善する効果がさらに期待できると考えた。（3）で挙げた Ali and Konrad（2017）も，トップ層からのサポートの代理指標として，ジェンダー多様性を用いている。

　役員に女性が一定数いる場合は，トップ層からのサポートが充実し，（1）で挙げた効果を部署が発揮する可能性が高い[6]。逆に，全役員が男性の企業では，女性管理職の登用や女性採用の促進はさほど志向されず，企業の人事行動から切り離された形で部署が設置される可能性が高くなる。RQ2については，女性役員比率が高いと，部署設置が女性管理職比率・女性採用比率に与える効果もより顕著になると考え，以下の仮説を設定する。

仮説Ⅱ-1，2：女性役員比率が高くなるほど，ダイバーシティ部署の設置が
　　　　　　　女性管理職比率（1）／女性採用比率（2）に与える効果は，
　　　　　　　より正の方向に変化する。

3　「CSRデータ」のパネルデータ分析

（1）データと変数

　第5章と同じく，分析には東洋経済新報社が提供する「CSRデータ（雇用・人材活用編）」を利用する。分析対象は国内全上場企業とし，さらに純粋持株会社等を除外するため，従業員数100人以上の企業にサンプルを限定した。分析に利用したのは2008～16年度，計9カ年分のデータである。この期間は，障害者法定雇用率の引き上げ（2013年）や女性活躍推進法の制定（2015年）を含み，ダイバーシティの推進に向けた法的・社会的圧力が高まっていた時期にあたる。一部の統制変数（ROA，本社所在地）は，東洋経済新報社が提供する「会社四季報オンライン」から値を外挿した。

　従属変数は，管理職全体に占める女性比率（女性管理職比率），女性採用比率

および障害者雇用率である。管理職の定義は第5章と同じである。障害者雇用率は年度末時点の値であり，法定雇用率に準ずる。ただし，障害者雇用率は新卒採用のみを反映しているわけではなく，前年の離職にも値が左右される。この点は，データの制約に基づく本研究の限界である。

　注目する独立変数はダイバーシティ部署設置の有無である。「多様な人材の能力活用・登用を目的とした専任部署」について，「専任部署あり」を1，それ以外の回答を0とする二値変数を作成した。部署を設置している場合，企業にはその情報を公開するインセンティブがあると考え，無回答の企業も0とした[7]。この設問は2010年度から追加され，それ以前は「女性社員の能力活用・登用を目的とした専任組織の有無」を尋ねる質問が代わりに設定されていた。本書ではどちらもダイバーシティ部署の1つに当たると考え，両設問を合わせて1つの変数を作成している。障害者雇用に関わる仮説（I-3a/3b）では，2010年度以降のデータのみを利用した。

　仮説IIで注目する変数は女性役員比率である。役員は社内外の取締役・監査役および執行役員・執行役を指し，役員全体に占める女性の割合を女性役員比率としている。

　そのほか，時点可変の統制変数として，以下の変数をモデルに投入した。まず，企業の基本情報として，従業員数（対数），本社所在地（首都圏ダミー）を条件づけた。次に，従業員の特徴を示す変数として，従業員平均年齢，平均勤続年数，平均年間給与（対数）を加えた。非管理職の従業員に占める女性比率は，女性採用比率を強く予測するとともに，内部昇進を前提として，女性管理職比率の多寡も左右する。そこで，女性従業員比率も統制した。企業の経営状況を表す指標としてROAも投入している。また，景気や社会状況などの時代的変化を考慮するため，年度ダミーも統制している。これにより，部署が設置された企業で，時代的なトレンド以上に雇用の多様性が改善しているかを検証できる[8]。

　時点を区別したケース数が8,371社－年度（1,623社）のデータに対して，欠損値を含むケースをリストワイズ処理で除去し，分析に用いるサンプルを作成した。女性雇用については，独立変数が2008〜15年度に当たる8wave分のデータを利用し，サンプルサイズは女性管理職で$N=5,421$社－年度（$n=1,173$社），女性採用で$N=4,782$社－年度（$n=998$社）となった。同様に，障害者雇用の分

第**6**章　ダイバーシティ部署設置の有効性

表6－1　分析に用いた変数の基礎統計量

	平均値	標準偏差	最小値	最大値		比率	度数
女性管理職比率（％）	4. 52	7. 17	0	88. 19	年度ダミー		
女性採用比率（％）	28. 62	20. 03	0	100	2008年度	0. 11	604
障害者雇用率（％）	1. 93	0. 66	0	14. 98	2009年度	0. 11	595
					2010年度	0. 11	614
ダイバーシティ部署	0. 23		0	1	2011年度	0. 11	606
女性役員比率（％）	1. 55	4. 19	0	61. 54	2012年度	0. 13	681
					2013年度	0. 14	752
従業員数（対数）	7. 22	1. 32	4. 61	11. 19	2014年度	0. 14	768
（従業員数）	3368. 77	6318. 17	100	72640	2015年度	0. 15	801
女性従業員比率（％）	20. 17	13. 51	1. 54	93. 70			
従業員平均年齢	40. 04	2. 97	27. 10	51. 70			
平均勤続年数	15. 02	4. 09	1. 00	26. 00			
平均年間給与（対数）	15. 66	0. 23	14. 66	16. 49			
（平均年間給与〈万円〉）	648. 30	149. 84	233. 32	1445. 95			
ROA	2. 30	4. 65	-75. 80	33. 70			
首都圏ダミー	0. 58		0	1			

注：$N=5,421$。ただし女性採用比率は$N=4,782$，障害者雇用率は$N=4,320$。

析には，独立変数が2010～15年度（6waves）に当たる$N=4,320$社－年度（$n=$1,066社）のデータを利用する。使用する変数の基礎統計量を表6－1に示している。

（2）手　法

　効果の推定には，線形固定効果モデルを用いた。データから観察できない時点不変の要因による交絡——たとえば「インクルーシブな組織文化により，部署も設置され，女性採用比率も高くなる」のような事態——を考慮して，部署の効果を推定するためである。もちろん，固定効果モデルでも，時点可変の要因による交絡——たとえば人事部長の交代により，部署の新設と女性採用の促進がそれぞれ独立に進んだケース——を考慮することはできない。しかし，効果の厳密な推定という点で，通常の回帰モデルよりも望ましい手法であるため，本書ではこのモデルを選択した。効果の向きの解釈を容易にするため，従属変数は独立変数・統制変数から1期先の値とした（Kalev et al. 2006）。分析にはStata MP 16. 1を用いた。

　仮説Ⅰの推定モデルは以下の式で表せる。

135

$$Y_{i,t+1} = \beta D_{it} + \sum_{j=1}^{J} \gamma_j X_{jit} + firm_i + year_t + \varepsilon_{i,t+1}$$

従属変数 $Y_{i,t+1}$ は，$t+1$ 年度における企業 i の女性管理職比率（あるいは女性採用比率，障害者雇用率）である。D_{it} は t 年度においてダイバーシティ部署が設置されているかを表す二値変数であり，仮説 I ではその係数 β に着目する。X_{jit} は統制変数であり γ_j はその係数，$\varepsilon_{i,t+1}$ は誤差項である。先述のとおり，時点で変わらない企業固有の特性 $firm_i$ と，年度ダミー $year_t$ も統制する。これは，同一企業において，部署の設置有無に基づくアウトカムの差を推定することと実質的に同じである[9]。

仮説 I で着目する係数 β が表すのは，様々な共変量を条件づけたうえで推定される，部署設置の平均的な効果であり，個々の企業における部署の有効性を示すものではない。β が統計的に有意な値を示す場合でも，部署が機能しない企業群が存在する可能性は高く，その裏も同時に成立する。仮説 II では，こうした効果の異質性が一定の系統性をもって出現すると考え[10]，そうした系統性に寄与する組織内の文脈として役員の女性比率に着目する。

$$Y_{i,t+1} = \beta D_{it} + \delta Z_{it} + \zeta D_{it} Z_{it} + \sum_{j=1}^{J} \gamma_j X_{jit} + firm_i + year_t + \varepsilon_{i,t+1}$$

推定モデルは上記のとおりである。Z_{it} は t 年度の女性役員比率，δ はその係数であり，仮説 II では部署ダミーとの交互作用項の係数 ζ に着目する。ζ が統計的に有意な正の値を示す場合は，役員構成に応じて，部署設置の効果は系統的に異なること——具体的には，女性役員比率が高いほど，部署の有効性は高まることを意味する[11]。

4　部署設置の効果とその異質性

（1）アウトカムおよび部署設置率のトレンド

　まず，従属変数である女性管理職比率・女性採用比率・障害者雇用率，およびダイバーシティ部署の設置率の時代的なトレンドを確認する。

　今回の観察期間中に，女性管理職比率・女性採用比率・障害者雇用率は，いずれも増加傾向にある。女性管理職比率は2009年度の3.41％から2016年度の5.94％へ，約2.5％ポイント増加している（図6－1左上）。女性採用比率も，

第6章　ダイバーシティ部署設置の有効性

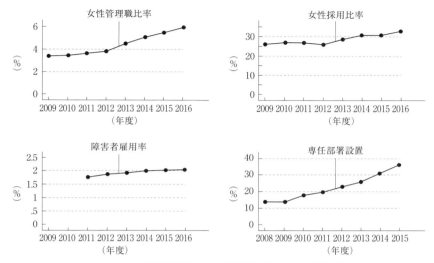

図6-1　女性管理職比率，女性採用比率，障害者雇用率，
ダイバーシティ部署設置率の時代的変化

同期間で25.9%から32.8%へ，7%ポイント程度の増加を見せている（同右上）。障害者雇用率の変化は緩やかではあるものの，2013年に法定雇用率が1.8%から2.0%へ引き上げられたことも背景に，ゆっくりと増加している（同左下）。2000年代後半から2010年代にかけて，雇用の多様性は全体的に改善傾向にあったことが読み取れる。

同様に，部署の設置率も着実に増加している（同右下）。2008年度には13.9%と7社に1社程度の設置率であったが，2015年度には36.0%と3社に1社を上回る設置率を示している。法的・社会的圧力の高まりを背景に，専任部署の設置も進んできたことがわかる。

(2) 部署設置の効果

次に，固定効果モデルを用いて，部署設置の効果を検討する。

モデルに部署設置ダミーのみ投入すると，すべての従属変数で，係数は統計的に有意な正の値を示す（表6-2，Model 0-1, 0-2, 0-3）。時点で変わらない企業特性を考慮しても，専任部署が設置されていると，女性管理職比率は1.11%

ポイント，女性採用比率は4.10％ポイント，障害者雇用率は0.12％ポイント，それぞれ平均的に高くなる（すべて$p<.001$）。少なくとも見かけ上は，部署が設置されることで，雇用の多様性が改善されている。

しかし，時点可変の企業特性や年度ダミーを統制すると，こうした関連は消える（表6－2，Model I-1, I-2, I-3）。部署の設置は，女性管理職比率を0.19％ポイント（$p=.11$），女性採用比率を1.11％ポイント（$p=.19$），障害者雇用率を0.01％ポイント（$p=.53$）高めると予測されるが，係数はすべて統計的に有意ではない。上記の効果は，女性管理職を1.56人[12]，新卒女性を0.80人[13]，障害者雇用を0.47人[14]増やすことに相当し，女性管理職については，分母の小ささを考慮すると実質的に無視できない大きさである一方で，女性採用・障害者雇用の効果量は1人を下回る。Model 0-1からModel 0-3で観察された関連は見かけ上のものであり，実際には部署設置が雇用の多様性を高めているとはいえないことがわかる。

部署設置の効果が現れなくなった原因を考察するため，複数のモデルで部署ダミーの係数を比較した。図6－2には，部署ダミーの係数と95％信頼区間を，モデル・年度ダミーの有無別に示している。表6－2に示したModel I-1, I-2, I-3の結果は「固定＋年度ダミー」に対応する。図6－2から，女性管理職比率と障害者雇用率はプールドモデル・固定効果モデルともに，女性採用比率は固定効果モデルにおいて，年度ダミーを投入することで部署の効果が小さくなり，統計的にも非有意な値になっていることが読みとれる。実際に，3つの従属変数に共通して，年度ダミーの係数は新しい年度ほど正の大きな値を示す（表6－2）。図6－1で確認した時代的なトレンドによる交絡が，部署設置とアウトカムの間に見かけ上の関連を生じさせていたと考えられる。ダイバーシティ部署の普及と雇用多様性の改善は，同時期に進展していたものの，前者が後者の要因であると単純に結論づけることはできない。

様々な企業特性や時代効果を考慮すると，ダイバーシティ部署の設置が女性管理職比率や女性採用比率，障害者雇用率を高めているとはいえなかった（仮説I-1a, 2a, 3aは不支持，1b, 2b, 3bを支持）。ただし，「効果がある」とする仮説が支持されなかったことは，「効果がない」ことを意味するわけではない。とくに女性管理職比率については，$\beta=0$が95％信頼区間の端に近く，効果量も実質的に意味のある大きさであることから，一部の企業では部署設置が有効で

第**6**章　ダイバーシティ部署設置の有効性

表6－2　ダイバーシティ部署設置が女性管理職比率・女性採用比率・
障害者雇用率に与える効果

	女性管理職比率		女性採用比率		障害者雇用率	
	Model 0-1	Model I-1	Model 0-2	Model I-2	Model 0-3	Model I-3
ダイバーシティ部署	1.111 ***	0.186	4.104 ***	1.113	0.122 ***	0.013
	(0.117)	(0.117)	(0.800)	(0.845)	(0.022)	(0.022)
従業員数（対数）		0.051		0.739		0.014
		(0.146)		(1.088)		(0.030)
従業員平均年齢		-0.107 *		0.028		0.048 ***
		(0.048)		(0.374)		(0.010)
平均勤続年数		0.025		-0.490		0.000
		(0.038)		(0.296)		(0.008)
平均年間給与（対数）		0.771		9.139 *		-0.017
		(0.534)		(3.990)		(0.111)
女性従業員比率		0.096 ***		-0.265 *		0.012 ***
		(0.015)		(0.120)		(0.003)
ROA		-0.007		-0.105		-0.002
		(0.008)		(0.065)		(0.002)
首都圏ダミー		0.409		-16.757		0.012
		(0.965)		(9.862)		(0.171)
年度ダミー						
2008年度		(*ref.*)		(*ref.*)		－
2009年度		0.071		2.701 ***		－
		(0.110)		(0.818)		
2010年度		0.261 *		3.063 ***		(*ref.*)
		(0.110)		(0.814)		
2011年度		0.492 ***		2.287 **		0.037 *
		(0.111)		(0.821)		(0.016)
2012年度		0.751 ***		4.010 ***		0.115 ***
		(0.114)		(0.842)		(0.016)
2013年度		1.154 ***		5.926 ***		0.147 ***
		(0.117)		(0.876)		(0.017)
2014年度		1.451 ***		6.250 ***		0.177 ***
		(0.123)		(0.926)		(0.019)
2015年度		1.893 ***		8.364 ***		0.175 ***
		(0.130)		(0.976)		(0.021)
定数項	4.258 ***	-7.042	27.602 ***	-102.812	1.895 ***	-0.183
	(0.037)	(8.640)	(0.268)	(64.739)	(0.007)	(1.794)
N（企業×年度）	5,421		4,782		4,320	
n（企業）	1,173		998		1,066	
F	65.75 ***	34.66 ***	8.55 ***	4.56 ***	17.22 ***	18.01 ***

注：*** : $p<.001$，** : $p<.01$，* : $p<.05$（両側検定）。値は係数，カッコ内は標準誤差。

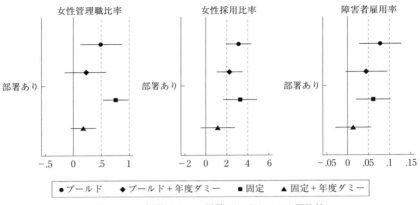

図 6-2 部署ダミーの係数におけるモデル間比較

注:マーカーは係数を,バーは95％信頼区間を表す。

ある可能性も示唆される。そこで次項では,女性役員比率の多寡が,部署の有効性をどのように変化させているかを検討する。

(3) 女性役員比率との関連

女性管理職比率・女性採用比率を予測するモデルについて,女性役員比率と部署設置ダミーとの交互作用項を投入し,部署設置の効果が女性役員比率の水準に応じて異なっているかを検証した(表6-3)。

女性管理職比率について,推定結果は,ダイバーシティ部署設置の効果が,女性役員の多寡に応じて異なっていることを示している (Model Ⅱ-1)。部署設置ダミーと女性役員比率の交互作用項の係数は,統計的に有意な正の値である (0.049, $p=.007$)。これは,女性役員比率が1％ポイント高くなると,部署設置が女性管理職比率に与える効果も0.049％ポイント平均的に高くなることを意味する。また,女性役員比率は単独でも有意な正の効果 (0.075, $p<.001$) を示している。女性役員比率は,管理職の女性比率を直接高めるだけでなく,部署設置の有効性を強める形で,間接的にも女性管理職の増加に寄与している。

一方,女性採用比率については,女性役員比率が部署設置の効果を左右しているとはいえなかった (Model Ⅱ-2)。部署設置ダミーとの交互作用項の係数は統計的に有意ではなく (0.060, $p=.65$),役員に占める女性が多くなるほど,部

第**6**章 ダイバーシティ部署設置の有効性

表6-3 部署設置の効果における企業間異質性

	女性管理職比率	女性採用比率
	Model Ⅱ-1	Model Ⅱ-2
ダイバーシティ部署	0.059 ***	0.971
	(0.124)	(0.899)
女性役員比率	0.075 ***	0.010
	(0.015)	(0.113)
部署×女性役員比率	0.049 **	0.060
	(0.018)	(0.133)
N（企業×年度）	5.421	4.782
n（企業）	1.173	998
F	30.21 ***	4.53 ***

注：***：$p<.001$，**：$p<.01$，*：$p<.05$（両側検定）。値は係数，カッコ内は標準誤差。

署の有効性も顕著に高まるとはいえない（0.010, $p=.93$）。女性管理職比率への効果とは対照的に，新卒採用に対しては，直接的にも，部署設置を通じて間接的にも，女性役員比率が女性の割合を高めているとはいえない。

　女性役員比率の水準に応じて，部署設置の効果がどの程度異なるかを示すため，Model Ⅱ から計算した従属変数の予測値を図6-3にプロットしている。

　部署設置が女性管理職比率を高める効果は，女性役員比率が一定の水準を上回ると現れる（図6-3左）。全ケースの8割弱を占める女性役員比率0％の企業では，部署設置が女性管理職比率にほとんど影響しない（0.059％ポイント，$p=.63$）。しかし，女性役員比率が4％を超えると，部署設置の効果が5％水準で統計的に有意な正の値を示す。役員数の平均値が23.37人であることを踏まえると，多くの企業では，女性の役員が1人以上就いていると，部署設置が女性管理職比率を高める効果をもつといえる。たとえば，全ケースの上位10％ile に当たる女性役員比率5.26％の企業では，部署の設置が女性管理職比率を0.316％ポイント高め（$p=.014$），これは女性管理職が平均2.65人増えることを意味する。この効果は，女性役員比率0％の場合と比べて，統計的に有意に異なる（二階差分：0.316-0.059＝0.257, $p=.007$）。

　女性採用比率については，女性役員比率の水準に関係なく，部署設置の効果があるとはいえない（図6-3右）。図に示した，女性役員比率が0～10％の範

141

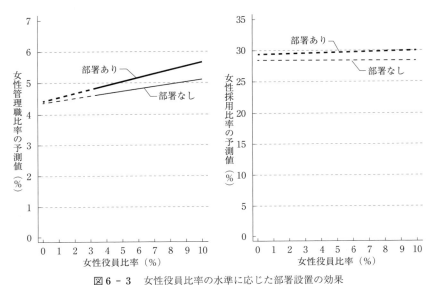

図6-3 女性役員比率の水準に応じた部署設置の効果
注：部署有無と女性役員比率以外の独立変数は観測値に固定している。実線は部署設置による予測値の差が5％水準で統計的に有意であること，点線は非有意であることを示す。

囲において，「部署あり」の予測値は「部署なし」を上回っているものの，その差は5％水準で統計的に有意な大きさではない。

分析の結果，女性役員比率が高い企業ほど，部署の設置が女性管理職比率を高める効果は強くなっていた（仮説Ⅱ-1を支持）。仮説Ⅰ-1aは支持されなかったものの，すべての企業で部署の効果がみられないわけではない。女性役員比率が一定の水準を上回る企業では，部署設置が女性管理職比率を高める効果が確認された。一方で，女性役員比率が高い企業ほど，部署設置が女性採用比率を高める効果が強くなっているとはいえなかった（仮説Ⅱ-2は不支持）。

（4）頑健性の確認

結果に影響しうる条件を変更して再分析を行うことで，分析結果がどの程度頑健であるかを確認した。

まず，部署設置の効果が現れるタイミングの想定が，結果に影響している可能性を考慮した。モデルでは従属変数を1期先の値としたが，部署の効果がよ

り速く／遅く発揮される可能性も考えられる。そこで，従属変数を独立変数と同時点や２期先，３期先としたモデルでも推定を行った（Dobbin et al. 2015；Kato and Kodama 2018）。３期先とした場合に仮説Ⅱ-1が支持されなかったことを除き，検証結果は変わらなかった。とくに Kato and Kodama（2018）で，CSR 施策の効果が表れはじめるとされた３期先でも，部署設置はいずれのアウトカムも高めてはいなかった。ただし仮説Ⅰ-1a/1b（女性管理職比率）では従属変数を２期先（0.237, p =.089）の値，仮説Ⅰ-2a/2b（女性採用比率）では従属変数を同時点の値とすると（1.323, p =.069），それぞれ10％水準では有意な正の効果が示された。[15]

　次に，従属変数の外れ値が結果に影響している可能性を考慮した。女性管理職比率や女性採用比率，障害者雇用率がすでに一定以上の企業では，ダイバーシティ・マネジメントとしてさらに女性や障害者の比率を高める必要性が薄いかもしれない。こうした企業を除外することで，部署設置の有効性が観察される可能性も考えられる。そこで，女性管理職比率・障害者雇用率が平均値±４×標準偏差から外れるケースを除外して推定を行った（安田ほか 2019：109）。ただし女性採用比率は全ケースが同範囲に含まれるため，値が100％の53ケースを除外した。すべての仮説について，検証結果が同じであることを確認している。なお，仮説Ⅰ-2a/2b（女性採用比率）では，部署設置の係数は10％水準で有意な正の値を示した（1.231, p =.095）。さらに仮説Ⅱについて，女性役員比率が同範囲を外れるケースも追加的に除外して推定を行った。この場合も，有意な交互作用が確認された（0.130, p <.001）。

　さらに，仮説Ⅱについて，交互作用項の係数にバイアスが生じている可能性も考慮した。固定効果モデルに時変変数どうしの交互作用項を投入すると，係数には個体内変動だけでなく個体間差異も反映され，バイアスが生じる場合がある（Giesselmann and Schmidt-Catran 2022）。そこで，女性役員比率の企業内平均をとり時点不変の変数として交互作用項に投入した。仮説の検証結果は，（３）と同一であることを確認している。[16]

　総じて，仮説の検証結果は，分析の想定を変えた場合でも概ね頑健であった。

5　部署設置からの脱連結と，平等化に向けた示唆

（1）部署設置の効果と位置づけ

時点不変の企業特性や時代的トレンドを考慮すると，ダイバーシティ部署の設置が，女性管理職比率や女性採用比率，障害者雇用率を高めているとはいえなかった（仮説 I -1a, 2a, 3a は不支持，仮説 I -1b, 2b, 3b を支持）。ダイバーシティ部署を設置した企業で，女性や障害者の雇用はたしかに進んでいる。しかし，その伸びは未設置の企業と同程度であり，部署自体に特段の有効性があるとはいえない。RQ1への答えは「No」，正確には「Yes とはいえない」であった。

英語圏の先行研究は，責任施策としての担当部署設置が，ダイバーシティに関する社内状況の監視や，人事決定への間接的な影響を通じて，管理職の多様性を高めると論じてきた。しかし，分析結果は，2010年代の日本企業において，部署の設置は主に組織の正統性を示すための行動であり，採用や昇進に関わる人事行動とは結びついていなかった可能性を示唆する。正統性の獲得を目指す場合，なるべく少ないコストで幅広く正統性を獲得できた方がよい。その意味で，専任部署の設置は効率的である——組織の公式構造として，多くのステークホルダーが観察できるうえに，人事慣行のコアは必ずしも変化しなくてよいからである。組織内外にダイバーシティ推進を効率よく「アピール」する施策として，部署設置が選択されていたのかもしれない。[17]

ただし，今回の分析結果のもとで，企業が外部のステークホルダーを騙すために，戦略的に脱連結を行っている可能性は必ずしも高くない。Model 0-1, 0-2, 0-3で確認したように，2変数の水準では，部署の設置が雇用の多様性を高めているように見える。そのため，組織の成員レベルでは，「部署を設置することで，女性や障害者の雇用が実際に促進された」という認識がある程度共有されているのではないか。このとき，組織内外のステークホルダーとの間には，組織が公式構造に沿った雇用行動をとっているという「信頼と誠意の論理」（Meyer and Rowan 1977）が成立する。こうしたメカニズムが，部署の正統性をアクター間で維持させつつ，実質的な有効性の乏しさを不可視化させていた可能性も指摘できる。[18]

（2）文脈に応じた部署の効果異質性

しかし，すべてのダイバーシティ部署設置が，効果をもたなかったわけではない。独立変数と従属変数のタイムラグや，外れ値の扱いを変えると，一部のアウトカムについて，10％水準では有意な正の効果を示していたことから，部署の設置が有効であった企業も一部に存在していたことがうかがえる。効果の有無を左右する要因として，組織の役員に着目したRQ2を検討した結果，女性役員比率が一定の水準を上回ると，部署の設置が有意に女性管理職比率を高めることが示された（仮説Ⅱ-1を支持）。

この結果は，第2節（3）で整理したポジティブ／ネガティブの両面から説明できる。資源ベース理論やSHRMが論じてきたように，ダイバーシティ施策を有効に機能させるにはトップ層のサポートが重要である。ジェンダー不平等の改善意欲が高く，女性管理職の登用をより志向する女性役員の比率が高くなると，経営層が女性管理職の登用により強くコミットし，結果として専任部署も有効に機能する。一方で，公式構造が脱連結される程度も，組織内で強い権限をもつトップ層に依存する。今回のサンプルで，女性役員が1人も存在しない企業は8割弱を占める。こうした企業では，管理職への昇進決定とダイバーシティ部署を連結させるインセンティブを役員がもっておらず，結果的に女性管理職の増加につながらなかった可能性を指摘できる。

ただし，女性役員比率の多寡に応じた効果の異質性は，女性採用比率を予測するモデルでは確認できなかった（仮説Ⅱ-2は支持されず）。(a)ダイバーシティ部署の設置，(b)女性役員比率，(c)女性役員比率が一定水準を超えたときの部署設置のいずれも，女性採用比率を高めるとはいえない（表6-2，6-3）。これは，日本企業における新卒採用が，管理職など他の雇用領域と比べても，ダイバーシティ推進の影響を受けにくいことを示唆する（Mun and Jung 2018b）。Rivera（2012）が描いた米国EPS企業と同様に，日本企業におけるダイバーシティ推進部署の担当者も，新卒者の採用判断に関わる機会を十分に与えられていないのかもしれない。第5章で，女性管理職比率から新卒採用への影響が見られなかったのと同様に，新卒一括採用制度のもと，本社人事部が主導して採用を行う国内大企業では（第2章第2節），ダイバーシティ推進とは独立した論理で毎年の採用が動いていることが示唆される。

（3）機会の不平等としての解釈

ふたたび，第1章で提示した結果の不平等／機会の不平等の議論に立ち戻る。

本章の結果も，求職者の選択として合理的に説明することは難しく，機会の不平等の水準で解釈すべきだといえる。基本的なロジックは第5章と同様である。ダイバーシティ部署が設置されている企業を，女性の求職者が回避する理由，あるいは大企業での雇用を志望する障害者，その就職を支援する関連団体が忌避する合理的な理由は考えづらい。ダイバーシティ部署設置という雇用の平等化施策は，実際には，女性の就職機会の拡大や，障害者の雇用機会の創出にはつながっていない。一見，労働市場において不利な立場にあるグループに対して，ゲートを広げるような施策でも，そのゲートが開閉されるしくみは変わっていなかったといえる。

さらに，本章の結果で注目すべきは，新卒採用の類似性と，他の雇用行動との相違である。表6−2は，ダイバーシティ部署の設置が，女性採用も障害者の新規雇用も促進しておらず，その効果量も実質的に意味のある大きさではなかったことを示していた。第5章では，女性採用に限定して「ゲートの開きづらさ」を示したが，本章の結果と合わせると，この傾向は女性に特有ではなく，新卒採用一般において，ゲートの開閉を変化させる力が働きづらい可能性が示唆される。しかし，これはすべての雇用行動に当てはまるわけではない。女性管理職に対しては，女性役員比率も，女性役員が1人以上存在するときのダイバーシティ部署も，その割合を高める効果を示していた。対照的に，女性採用に対しては，どちらの影響も見られなかった。管理職昇進へのゲートは，雇用施策やトップ層の変化に応じて，その開き方も変わる一方で，新卒採用へのゲートは，開閉のしくみを変えないまま維持されている。いわば，「ヨコの類似性」と「タテの差異」が，新卒採用における不平等の生成・維持を考えるうえで，重要な視点であることが浮かび上がる。ここでは，その可能性を指摘するにとどめておくことにして，より詳しい解釈は終章で提示する。

（4）分析結果から得られた示唆

ダイバーシティ部署の設置は，一般的に女性雇用や障害者雇用を促進するとはいえなかった。国内の先行研究は，部署設置との間にポジティブな関連を見出してきたが，これは時代的なトレンドによる交絡を反映していた可能性があ

る。長期間の企業パネルデータを用いた分析から，部署設置の効果を既存研究より厳密に推定した点に，この章の実証的な貢献がある。

その一方で，ダイバーシティ部署設置の効果は組織間で均質ではなく，企業の特徴に依存して変化していた。ダイバーシティ・マネジメントの成功や，公式構造からの脱連結は，常に起きるわけではない。部署がおかれた文脈——ここでは組織の役員構成——に応じて，その効果も変化する。こうした調整効果を理論的に予測し，経験的な形で示した点に，さらなる貢献がある。

さらに，本章の分析結果は，実践的なインプリケーションにも富む。第1節で述べたように，大企業を中心にダイバーシティ担当部署は普及しており，行政もこうした取組を推奨している。しかし，本書の知見が教えるところでは，こうした部署の設置は，単独では自社の雇用行動を改善するには至らない。これを支える経営層の存在があってはじめて，管理職の昇進に効果を発揮する。行政側も，単に部署の設置を推奨するだけではなく，経営層の多様性向上も同時に促す必要があるといえる。

ただし，女性の役員を内部から登用する場合，女性管理職の少ない企業は一種のジレンマに陥る。部署の設置によって女性の管理職を増やすには，設置以前に女性役員の登用が必要になるが，その候補となる女性管理職の数がそもそも少ないからである。[19]このとき，女性役員を外部から任用することは，ジレンマを打破する有効な手立てになりうる。[20]RQ2の検証結果は，専任部署などの諸施策を導入する前に，女性役員を社外から任用することで，ダイバーシティ・マネジメントを効果的に進められる可能性を示している。また，女性役員に対するクオータ制の導入は，役員のみならず管理職への波及効果も期待できる点で，ジェンダー不平等是正への効果的な政策といえるかもしれない。

この章の結果は，ダイバーシティ部署の有効性をすべて否定するものではない。Kalev et al.（2006）や Dobbin et al.（2015）が示すとおり，③責任施策は他のダイバーシティ施策の有効性を高める「触媒」としての機能ももちうる。ダイバーシティ部署の設置は，単独では有効とはいえなかったものの，他の①反差別施策や②機会均等施策と組み合わせることで，雇用のダイバーシティを高めている可能性は今後の検討に値する。さらに，ダイバーシティ部署はそもそも「多様な人材の能力活用・登用」を目的としており，その対象は女性や障害者に限定されない。外国人や高齢者，さらには価値や嗜好などの可視化され

147

ない「深層的ダイバーシティ」（cf. 谷口 2005）への効果も含めて，部署設置の有効性は今後多角的に評価されることが望ましい。

　また，推定結果は，すべての潜在的なバイアスを除去できているわけではない。固定効果モデルでも，時点間で変化する未観察の交絡因子は条件づけられない。たとえば，部署設置の数年前に，企業は多様性推進に向けた努力をしており，その努力によって，部署の設置前から女性や障害者の雇用は促進されていたかもしれない。すなわち，部署設置に内生的セレクションが働いている可能性である（Ferguson 2015）。このとき，「努力」という時点可変の要因は分析に用いたデータから観察できず，部署設置の効果を過小推定することになる。この限界を乗り越えるには，組織内の人事行動に対するより詳細な観察が必要になる。

　こうした観察は，役員構成に基づく効果の差異が，どのようなメカニズムで生じているかを検討するうえでも有用である。役員の同類原理や不平等是正意欲が寄与しているかもしれないし（第5章第2節を参照），そもそも組織における部署の位置づけが異なる可能性もある（注11を参照）。こうしたメカニズムの検証は，本書で用いるデータの分析からは困難なものの，理論的にも実証的にも重要な作業である。将来的には，本章で行った計量分析を補完する，ミクロな組織内メカニズムの検証作業が期待される。

注
（1）　経済産業省 Web ページ「新・ダイバーシティ経営企業100選／100選プライム」を参照（https://www.meti.go.jp/policy/economy/jinzai/diversity/kigyo100sen/practice/index.html，2024年8月24日閲覧）。
（2）　企業の競争力向上を目指す施策というカテゴリが使われることもある（Kossek and Pichler 2006；Yang and Konrad 2011）。しかし，①〜③のいずれも競争力向上施策に位置づけられるように，各施策を分類するという目的において，このカテゴリは適当ではないと判断し，参照しなかった。
（3）　外国人や高齢者も検討に値する対象だが，本章で用いるデータにおいて両項目は無回答が多く，妥当な分析結果を得ることが困難と判断し，対象から除外した。
（4）　基本的な企業特性を統制していないプリミティブな分析ではあるものの，「女性の活躍推進企業データベース」を用いた車田（2022）も，女性部門が設置されている企業で，管理職あるいは係長に女性が登用されやすいわけではないことを示している。

第**6**章　ダイバーシティ部署設置の有効性

(5)　また，Kato and Kodama（2018）では条件づけられていない，従業員の特徴を示す時変の変数（第3節参照）を本研究では統制している。こうした要素がもたらす潜在的な交絡を考慮している点も，先行研究との差異である。

(6)　韓国企業において，ダイバーシティ施策やWLB施策の存在は，女性管理職にとっての女性上司・同僚との関係を改善しないが，女性役員が存在する企業においては，両施策がこの関係を改善する効果をもつことを示したShin and Kim（2022）も，この可能性を示唆する。

(7)　無回答の企業を除外した場合も，仮説の検証結果は同じである。ただし，仮説Ⅰ-1で，部署ダミーの係数は5％水準では非有意であるものの，10％水準では有意な値を示した（0. 195, p = .098）。

(8)　業種も部署設置の効果を左右しうる重要なファクターである。ただし，本章では固定効果モデルを用いるため，業種は統制変数に加えていない。業種など時点で変化しない企業特性は，企業固定効果 $firm_i$ としてモデルに組み込まれており，推定された効果は，こうした要因を条件づけたものである（Kalev et al. 2006：600）。観察期間内に東証33業種の変更を経験した企業は，女性管理職比率・女性採用比率の分析で2社，障害者雇用率の分析で1社にすぎない。

(9)　観測期間中に部署設置ダミーの変化を経験していないケースは，固定効果モデルによる部署の係数の推定結果に寄与しない。したがって，本稿の推定値が対応するのは，2008〜15年度に新たに部署を設置した企業である（大久保 2021：64-65）。公式構造の設置時期によって，その効果が異なる可能性を指摘した Tolbert and Zucker（1983）を踏まえると，観測期間が変われば，部署設置の効果も異なる可能性もあり，この点は残された課題である。

(10)　これは，典型の析出を模索する「Gaussian アプローチ」ではなく，異質性を前提として，その異質性のなかにグループ間の系統性を見出す「Galtonian アプローチ」に対応する戦略である（Xie 2007, Goldthorpe 2016：ch.1も参照）。

(11)　ここでは，係数ζが，役員構成による効果修飾（effect modification）を反映すると解釈する（Hernán and Robins 2020：ch.4）。一方で，ζが，役員構成と関連した multiple versions of treatment に起因する効果の違いを反映する可能性も考えられる（Hernán and Robins 2020：ch.3. 4）。前者はスタッフの人数や位置づけが同じでも，女性役員の多寡によって部署の効果が異なる状態，後者は女性役員の多寡に応じて，部署のスタッフ数や権限などが異なる状態に対応する。『CSR データ』では，部署の特徴そのものは観察できないため，こうした違いを経験的に同定できない。さらに，実践的なインプリケーションを考えるうえでは，両者を区別する必要性はさほど高くない。そのため，分析結果の解釈は，どちらの可能性も考慮に入れて行っている。

(12)　1期先の管理職人数合計の平均値837. 0874人×0. 00185894。

(13)　1期先の採用人数合計の平均値72. 19678人×0. 01112523。

(14)　1期先の従業員数合計の平均値3472. 556人×0. 000134126。

(15)　ただし，後者はケース数の増加による標準誤差の減少も反映している。

(16)　女性管理職比率を予測するモデルについて，女性役員比率の企業内平均との交互作用項の係数は0. 045（p = .04）である。

(17)　こうした部署設置行動は，制度的同型化からも説明できる。先進企業の取り組みに追随する模倣的同型化，あるいは専門家のネットワークを介した規範的同型化により，ダイバーシティ部署という公式構造が組織間で普及したのかもしれない（DiMaggio and Powell 1983）。後者は，1960年代の米国における機会均等施策の拡散として観察されており（Dobbin 2009）。日本でも，たとえば第1節で言及した「新・ダイバーシティ経営企業100選」事業が専門家どうしのプラットフォームとして機能し，規範的同型化を促した可能性を指摘できる。なお，部署の新設を強制する圧力は想定しづらく，強制的同型化が起きていた可能性は低い。

(18)　Bromley and Powell（2012）の区別に即せば，ここで起きているのは施策（policy）と実践（practice）の脱連結ではなく，実践（practice）と結果（outcome）の脱連結かもしれない。すなわち，ダイバーシティ部署を新設し，企業は状況の改善に向けて努力しているものの，それが意図した結果には結びついていない可能性がある。

(19)　Cohen et al.（1998）はこのジレンマをcatch-22と表現している。

(20)　この議論は，本章が明らかにした調整効果が，社内／社外のどちらから女性役員が任用されたかに依存しないことを前提とする。「CSR データ」は両者を識別できない。

第 7 章
WLB 施策の効果と経営状況との関連

　第 4 章・第 6 章では雇用施策の効果を確認した。しかし，施策・慣行が雇用の不平等に与える影響は，つねに同じとは限らない。ダイバーシティ部署の効果は，組織の役員構成によって変化していた（第 6 章）。同様に，組織を取り巻く環境の変化によっても，施策・慣行の効果は変化する可能性がある。

　第 7 章では，組織がおかれた環境に着目し，その経済的側面，すなわち景気に応じて，雇用施策が採用行動に与える効果がどのように変化するかを検証する。女性採用との関連が予想される施策として，仕事と生活の両立を支援するワークライフバランス（WLB）施策に着目し，WLB 施策から新卒女性採用への影響が，企業の経営状況に応じてどのように変化しているかを分析する。施策の平均的な効果を明らかにするだけでなく，好況期／不況期という複数の状態間で施策の効果を比較することにより，不平等を説明するメカニズムが，より解像度を上げて描出されることが期待できる。第 5 章の末尾でも述べたとおり，組織行動の経験的な観察から，企業組織内部のプロセスを推測することは通常困難であるが，条件を変えた観察に基づく複数の知見を積み重ねることで，それらと矛盾しないプロセスを，ある程度限定的な形で提示できるからである。

1　WLB 施策への着目

　本書でくり返し述べてきたとおり，雇用をめぐるジェンダー不平等は，日本社会における主要な問題の 1 つである。男女間の賃金格差は徐々に縮小しているものの，一般労働者について，女性の平均賃金は，2023 年時点で男性の74. 8％にとどまる（厚生労働省 2024：6）。第 5 章でも確認したように，管理職への昇進機会にも大きな男女差が残っている。2022 年における日本の女性管理職比率は12. 9％であり，OECD 平均の34. 1％に遠く及ばない（OECD 2024b）。

151

こうしたジェンダー不平等を生み出す契機として，初職への就職・採用に着目し，これを労働需要側（雇用主側）から検討する，というアプローチを，本書は一貫して取ってきた。採用決定を最終的に下すのは雇用者であるため，就職・採用プロセスにおいて，雇用者の果たす役割は決定的に重要である（Bills et al. 2017）。それゆえ，雇用者の意思決定や，それに関わる労働需要側要因を検討することは，求職者側からの分析では間接的にしか捉えられない不平等生成メカニズムを，より具体的な形で解明することにつながる（Reskin 2003）。

労働需要側の要因のなかでも，企業組織の特徴，とくに企業内施策の効果が多くの先行研究で注目されてきた。本章では，雇用のジェンダー不平等に影響を及ぼしうる施策として，仕事と生活の両立を支援するワークライフバランス（以下 WLB）施策に着目する。WLB 施策の整備によるジェンダー不平等の改善は，各種法制度によって推進されている。女性活躍推進法において，仕事と家庭の両立を可能にする環境の整備は，基本原則の 1 つに定められている（水町 2019：337）。次世代育成支援対策推進法（次世代法）でも，企業が策定する一般事業主行動計画に，出産・育児期の労働者に対する両立支援策を盛り込むことが期待されている（厚生労働省 2021b）。こうした状況を背景に，現在多くの企業が WLB 施策の整備に取り組んでいる。

それでは，WLB 施策の充実は，ジェンダー不平等の改善につながるのだろうか？　実は，いくつかの先行研究は，必ずしも不平等の緩和をもたらさない可能性を示唆している。たとえば佐藤博樹（2011：16）は，男女の雇用機会均等に向けた改善努力を伴わない WLB 施策の充実は，かえって性別役割分業の固定化をもたらす可能性を指摘する。実際に，企業の方針によっては，WLB 施策の充実が男女間の賃金格差を拡大させることさえある（山口 2017：第 5 章）。

そこで本章では，組織がおかれた環境によって施策の効果がどう変化するかという観点から，WLB 施策がジェンダー不平等にもたらす効果を捉える。ここでは「環境」を，企業に外在し，企業行動に影響する社会状況一般を指す語として用いる。たとえば，景気や労働需給状況，雇用に関わる政策がその典型である。同じような特徴をもつ企業であっても，こうした環境要因が変わることで，WLB 施策が不平等に与える効果も変化するかもしれない。企業がおかれた文脈に依存した効果の異質性を踏まえることで，WLB 施策の両義性が，より企業行動の実態に即した形で明らかになるかもしれない。

本章では企業を取り巻く環境の経済的側面に着目し，WLB 施策と企業の経営状況との関連を，国内大企業の新卒採用を対象に検討する。本章の問いを換言すれば，「「ジェンダー平等的」とされる WLB 施策をもつ企業は，どのような経営状況においても，ジェンダー平等的な採用を行っているのか？」となる。この問いの検討を通じて，新卒採用のジェンダー不平等が生成・維持される複雑なメカニズムの一端を示すことを目指す。

2　WLB 施策の効果は，企業業績によって変わるのか？

（1）雇用の不平等生成に寄与する組織的要因

雇用の不平等生成に寄与する労働需要側要因は，その次元の違いに応じて，個人的・組織的・社会的要因の 3 つに分類できる（cf. Reskin 2003 ; Pager and Shepherd 2008)[1]。個人的要因は，雇用者個人レベルの心理的・対人的要因，たとえば偏見やステレオタイプを指す。組織的要因は，雇用者個人の行動が埋め込まれている組織の諸特性を指し，組織の施策・規則や慣行などが含まれる。社会的要因は，組織を取り巻く社会状況に関連する要因であり，国家の法制度・政策や社会規範などを含む。

第 1 章でも論じたとおり，不平等に近接する組織的要因に着目する重要性が，近年の先行研究によって指摘されている。組織は雇用をめぐる決定の主体であるため，これに着目することは不平等生成メカニズムの解明に大きく貢献する（Reskin 2000)。さらに，組織を分析対象とすることで，不平等の生成プロセスを抽象的に想定することなく，不平等に関わる社会関係の多様性——本書ではジェンダー不平等につながる採用行動の企業間差異——を具体的な形で観察・検討することも可能になる（Tomaskovic-Devey and Avent-Holt 2017)。

雇用の不平等に影響する組織的要因として，先行研究で着目されてきたのが企業内施策である。不平等の改善を目的とする施策であっても，その効果は施策によって異なる。管理職の多様性を促進するために導入された施策であっても，男女や人種間の不平等に与える影響の強さは，施策の種類に応じて大きく異なることがある（Kalev et al. 2006)。同様に，人事施策の形式化は，不平等の軽減につながるものもある一方で，人事判断における定量的なテスト・評価の導入など，一部の施策は不平等をむしろ悪化させる（Dobbin et al. 2015)。

（2）施策の効果と，企業の経営状況との関連

　一方で，こうした施策のはたらきは常に一定ではなく，組織がおかれた環境に応じて，その効果も変化することがある。

　組織に影響する環境要因のなかで，社会学分野の組織研究が主に着目してきたのは制度的環境（institutional environment）である（Meyer and Rowan 1977；DiMaggio and Powell 1983）。制度的環境は，さらに規制的，規範的，文化－認知的な要素に分解できる（Scott 2013）。たとえば規制的要素に関して，雇用政策の導入・変更や雇用差別に対する司法判断が，企業における不平等の程度を変化させることがある（e.g. Skaggs 2009；Mun and Jung 2018a）。さらに，こうした制度的環境の効果は組織間で一様ではなく，組織の特徴に応じてその向きや強さが変わることもある（Mun 2016；Mun and Jung 2018a）。

　日本企業の女性雇用について，関連する法制度の変化による影響を検討したEunmi Mun の研究を例に説明する。Mun（2016）は，雇用機会均等法が改正された1997年以降，コース別雇用管理制度をもともと導入していなかった企業は，着実に女性採用の割合を増やしていった一方，法改正に対応する形でコース別制度を廃止した企業では，女性採用の伸びがかえって停滞していたことを示している。Mun and Jung（2018a）は，育児休業法が施行された1992年と，次世代育成支援対策推進法が施行された2005年に着目し，施行前から育休制度（1992）あるいは法定期間以上の育休制度（2005年）を導入していた企業で，そうでない企業よりも女性管理職数の伸びが大きいことを示している。これらの知見は，ジェンダー平等化を促す法制度が導入された際に，「もともとジェンダー平等的な企業が，さらに平等的な雇用行動をとっている」と整理できる。一方で，1992年前後の女性採用については，もともと育休制度を導入していた企業とそうでない企業の差がむしろ縮まっており（Mun and Jung 2018a：Figure 3），この整理が必ずしも当てはまるわけではないことも示唆される。

　法制度の変化に着目してきた Mun の研究に対し，本研究では市場環境（market environment），なかでも景気に着目する。景気の変化も，雇用の不平等に影響を与える重要な環境要因である。たとえば，景気の悪化は，出身背景がもたらす雇用状態の不平等を悪化させることがある（Zwysen 2016）。採用戦略や求職者への評価も，労働市場の経済状況に依存する（Russo et al. 2001）。企業内施策が新卒採用の不平等に与える効果も，採用時の景気によって変化して

いる可能性が考えられる。

　さらに，コロナ禍における雇用状況の悪化が，男性よりも女性に強く現れたことを踏まえると，景気の悪化による影響もジェンダー中立的ではないことが予想される。2020年にその影響が顕在化したコロナ禍では，男性よりも女性の雇用率が大きく低下する 'She-cession' が諸外国で観察された（Bluedorn et al. 2023）。日本においても同様であり，雇用状況の変化，労働時間の縮小，賃金の低下，いずれの側面においても，女性の方が男性よりも大きな不利益を被っている（川田 2021；周 2021, 2022）。この理由として，周（2021：11）は，女性比率の高い飲食・宿泊業への打撃，女性の非正規雇用割合の高さ，家事・育児負担の女性への偏り，の３点を挙げている。第１の理由については，必ずしも一般的な景気悪化に当てはまるわけではないものの，⁽²⁾これらの議論から，景気変動が必ずしも男女の雇用に等しく影響するわけではないことが示唆される。しかし，上記はいずれもマクロな労働市場レベルの知見であり，景気変動がジェンダー不平等に与える影響が，企業単位でどのように異なるかは明らかではない。

　そこで本章では，企業の経営状況に応じて，企業内施策の効果がどのように変化しているかを検討する。景気変動が各企業に与えるインパクトは一様ではないため，ここでは企業の経営状況との関連に着目する。これは，（1）で挙げた３レベルの要因のうち，組織的要因に主眼を置きつつ，社会的要因の変化に応じて，その効果がどのように変化するかに着目することを意味する。この問いを検討するうえで，日本の大企業における新卒採用は適切な分析対象である。第１章で述べたとおり，長期雇用慣行が依然として頑健であり，正規雇用者の解雇に対する法的制約も強い国内大企業においては，経営状況の変化が新卒採用に反映されやすい（大湾・佐藤 2017；水町 2019：942-950）。実際，日本企業において，企業業績は新卒採用人数に影響し（原 2005），その影響はジェンダー間で異なっている（浦坂・大日 1996）。とくに，浦坂・大日（1996）は，1990年代前半において，経常利益に対する弾力性は女性採用の方が大きいことを示しており，経営状況の悪化に際して，新卒女性の採用が雇用調整として位置づけられている可能性を示唆している。

（3）WLB 施策が新卒女性採用に与える効果と，企業業績がもたらす異質性

先述の問いを検討するため，以下の2つの仮説を構築する。

第1に，WLB 施策が，新卒採用者に占める女性比率に与える影響を検討する。充実した WLB 施策をもつ国内企業は，正社員や管理職の女性比率が高く，雇用の男女格差が小さい（山口 2014；山本 2014）。ただし，「性別にかかわりなく社員の能力発揮を推進する」方針をもたない企業では，WLB 施策が男女間賃金格差をかえって拡大させることがあり（山口 2017：第5章），WLB 施策がジェンダー不平等をつねに軽減するかは明らかではない。そこでまず，WLB 施策の充実が新卒採用におけるジェンダー差の縮小につながるかどうかを，仮説1として検討する。

仮説1：WLB 施策が充実している企業ほど，新卒採用者に占める女性比率が高い

第2に，企業の経営状況に応じて，WLB 施策の効果が異なっているかを検証する。企業の経営状況を反映する指標として，ここでは企業業績を用いる。経営状況が悪化した際に，解雇などの不利益を被りやすいのは女性であるが，この効果は企業間で一様ではなく，企業の人事施策・慣行によって，ジェンダー不平等の程度も変化する（Kalev 2014）。企業業績の悪化に際して，新卒女性採用の減少が予想されるが（浦坂・大日 1996），その程度は企業の WLB 施策の充実度に応じて異なるかもしれない。この可能性は，先述した Mun and Jung（2018a）の分析からも示唆される。施策の充実度による女性採用人数の差が縮小していた1990年代半ば以降は，バブル景気崩壊以降の不況期と一致している（Mun and Jung 2018a：520）。すなわち，景気悪化に伴う女性採用の減少は，育児休業法導入以前から育休制度を導入していた企業，いわゆる「ジェンダー平等的」とされていた企業でむしろ大きかった（Mun and Jung 2018a：Figure 3）。この知見が一般化可能であるならば，経営状況の悪化に伴う女性採用の抑制は，むしろ WLB 施策が充実している企業で観察されるかもしれない。そこで，仮説2として，WLB 施策の効果と企業業績との関連を検討する。

仮説2：WLB 施策の充実度が新卒採用者に占める女性比率に与える効果は，

企業業績によって変化している

3 『就職四季報』と『会社財務カルテ』のマッチング

　分析対象は日本国内の大企業であり，そのなかでもさらに規模の大きい，従業員数1,000人以上の企業である。対象期間は，2009～12年卒の大学生を対象として採用活動が実施された2008～11年である。この期間は，2008年9月のリーマン・ショックに端を発する世界金融危機の直前からその後数年間を含んでおり，企業の経営状況との関連を検討するうえで適切な時期である。

　分析に用いたデータは，東洋経済新報社が調査・公表している複数の資料から作成した。各企業の採用実績や，従業員数などの基本情報は，『就職四季報』の掲載データを利用した。分析には，『就職四季報』2010～13年度版に掲載されている，2009年4月～2012年4月に入社した学生の採用実績データ，計4カ年分を用いた。企業のWLB施策は，『就職四季報（女子版）』の掲載データを利用した。企業業績は，有価証券報告書に基づく詳細な財務データを掲載している『会社財務カルテ』のデータを利用した。[4]

　2010，2011年版の『就職四季報』に掲載されている従業員数1,000人以上の企業を対象としてデータセットを作成した。分析単位は企業－年（firm-year）である。分析に用いる変数が欠損値を含まないようにリストワイズ処理を行った結果，有効サンプルサイズは1,690（547企業）となった。[5] 変数の基礎統計量は，表7－1に示している。

　従属変数は，新卒採用者に占める女性比率である。[6] 大卒・修士卒の値を合算して用いた。

　注目する独立変数は，WLB施策の充実度と企業業績である。企業のWLB施策については，企業が提供する育休制度が法定期間を上回っているかどうかに着目したMun and Jung（2018a）と同様に，育休・産休制度の期間に着目した。当時の法定基準（産休：産前6・産後8週間，育休：子が1歳になるまで〔特別な事情があれば1歳半〕）に対して，産休・育休の両方で法定基準を上回る企業を「充実」，どちらか一方のみで上回る企業を「やや充実」，どちらも法定基準の企業を「非充実」として，3種類の値をとるダミー変数を作成している。法定期間より長く産休・育休を取得できる従業員が一部に限定されている場合は，

表7－1　分析に用いた変数の基礎統計量

	平均値	標準偏差	最小値	最大値		平均値	標準偏差	最小値	最大値
従属変数					統制変数				
新卒女性採用比率	0.29	0.18	0	1	製造業ダミー	0.49		0	1
（採用人数合計）	82.13	93.16	2	990	三大都市圏ダミー	0.85		0	1
（うち女性）	24.84	36.34	0	453	従業員数（対数値）	7.80	0.70	4.75	11.84
注目する独立変数					女性従業員比率	0.20	0.12	0.01	0.70
WLB施策充実度ダミー					企業年齢	60.50	25.18	0	138
非充実	0.52		0	1	調査年ダミー				
やや充実	0.38		0	1	2008年	0.28		0	1
充実	0.10		0	1	2009年	0.24		0	1
ROA	2.00	3.62	-23.65	20.60	2010年	0.24		0	1
					2011年	0.24		0	1

$N=1,690$（$n=547$）

法定基準であるとみなした。企業業績には，企業の財務内容をみるうえでよく使われる ROA（総資本利益率）を用いた（児玉ほか 2005：7）。業績指標には ROE（自己資本利益率）や ROI（投資利益率）もあるが，負債を含む総資産に対する利益率を表す ROA は，企業全体の収益性をみるのに適した指標である（児玉ほか 2005：7）。先述した Mun and Jung（2018a）でも ROA が使われており，本研究もこれに倣った。

　その他に，時点不変の統制変数として産業（製造業ダミー）と本社所在地（三大都市圏ダミー）を，時点可変の統制変数として従業員数（対数値），女性従業員比率，企業年齢，調査年ダミーを投入している。[7]産業は，株式会社日本取引所グループの公表データをもとに，東証33業種分類を利用し，未上場企業については，東洋経済新報社の定める業種分類を参考に，もっとも適切と考えられる業種を割り当てた。リーマン・ショック以降の不況は，とくに製造業に顕著な影響を与えたため，製造業ダミーを投入している。効果の向きの解釈を容易にするために，WLB 施策の充実度と ROA，さらに時点可変の企業情報は，採用活動から1期前の値を投入した。

　分析モデルには，第4章と同様に，オフセット項を投入した負の二項回帰モデルを選択した。[8]カウントデータである新卒女性採用人数について，過分散が生じていることが想定されたため（表7－1参照），ここでは，負の二項回帰モデルを適用している（久保 2012：165）。サンプルには同一企業が複数ケース含まれるため，標準誤差は企業ごとにクラスター化して推定した。

仮説2について，WLB施策と企業業績の関連を正確に捉えるため，交互作用効果の解釈は，交互作用項の係数ではなく，従属変数の予測値に基づいて行った。非線形モデルにおいて，交互作用項の係数は効果の向き・強さ・有意性について必ずしも正確な情報を示しているとはいえず，効果の実質的な解釈に係数を用いるのは適切ではない（Mize 2019）。そこで分析では，WLB施策の充実度別に，新卒女性採用人数の予測値を推定し，予測値の差が企業業績の値によって変化しているかを検討した。

4　企業業績によって変化するWLB施策の効果

（1）主要な変数のトレンド

　分析期間における主要な変数のトレンドを図7－1に示している。アウトカムである女性採用比率（左上）は，この4年間で一貫して30％弱の値を示しており，ほとんど変化していない。製造業の女性採用比率は20％強，非製造業では40％弱と顕著な業種差は見られるものの，どちらも4年間のトレンドはほぼ一定である。業績の悪化に伴い，女性採用の抑制が予想されたが，記述的にはこうした傾向は観測されなかった。

　WLB施策については，他の変数とグラフの形式を揃えるため，充実している施策の数を0～2の整数値で表し，その平均値のトレンドを示している（同右上）。女性採用比率と同様，全企業および製造業／非製造業ともに，顕著な変化は見られない。一方で，ROAについては，2009年に業績が悪化し，そこから2011年にかけて徐々に改善している傾向が読み取れる（同下）。この傾向はとくに製造業で顕著であり，2009年にはROAの平均値が0を下回り，赤字決算となっている。当初の予想通り，分析期間中に国内大企業の経営状況は大きく変化しており，とくに製造業が大きな打撃を受けていたことがわかる。

　記述的なトレンドから判断する限り，ROAと女性採用比率の間には関連がないように見える。他の企業特性を条件づけても，この推論が成り立つかを判断するために，（2）では仮説に対応した多変量解析を行う。なお，WLB施策の充実度が製造業／非製造業の間で平均的に異なることを踏まえると，仮説2の検証において投入するWLB施策とROAの交互作用項が，実際には，製造業／非製造業の企業間で異なる施策の効果を反映する可能性も考えられる。

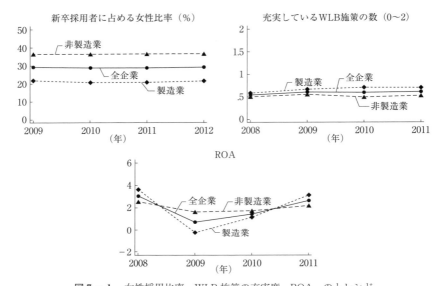

図7-1 女性採用比率，WLB施策の充実度，ROA，のトレンド
注：女性採用比率の横軸は入社年，その他の2つのグラフの横軸は観測年を示している。多変量解析のモデルでは，2009年の女性採用比率が，2008年のWLB施策とROAで予測されている。

そこで，WLB施策と製造業ダミーの交互作用項も合わせて投入することで，両者の識別を目指す。

（2）WLB施策と企業業績の効果

まず，WLB施策の充実度が新卒採用者に占める女性比率に与える効果を検討した（表7-2左）。モデル1の推定結果から，企業の諸特徴や時点の影響を統制すると，施策の充実度と新卒女性採用比率の間に関連があるとはいえないことがわかる。他の独立変数を一定にすると，WLB施策が非充実の企業と比べて，やや充実している企業は1.05（$=e^{0.050}$）倍，充実している企業は1.03（$=e^{0.026}$）倍，平均的に女性を多く採用するが，いずれも統計的に有意な大きさではない（やや充実：$p=.18$，充実：$p=.69$）。

次に，WLB施策の効果が，企業業績によって変化しているかを検証した（表7-2右）。統制変数を観測値に固定し，WLB施策の充実度とROAの値に対応する新卒女性採用人数の予測値を図7-2にプロットしている。

第**7**章　WLB 施策の効果と経営状況との関連

表7－2　WLB 施策の充実度が新卒女性採用比率に与える効果

	モデル1	モデル2
WLB 施策充実度ダミー（基準：非充実）		
やや充実	0.050	0.033
	(0.037)	(0.044)
充実	0.026	-0.032
	(0.064)	(0.067)
WLB 施策充実度ダミー× ROA		
やや充実× ROA		0.007
		(0.009)
充実× ROA		0.033 *
		(0.015)
ROA	-0.004	-0.014
	(0.005)	(0.009)
alpha	0.131 ***	0.129 ***
N（企業－年）	1,690	
n（企業）	547	
Wald χ^2 (df)	551.19(11)	620.64(14)
Log pseudolikelihood	-5577.71	-5572.72

注：***： $p<.001$，**： $p<.01$，*： $p<.05$，† ： $p<.10$（両側検定）。値は係数を，カッ
　コ内はクラスターロバスト標準誤差を示す。統制変数の係数および標準誤差は補表7－
　1を参照。すべてのモデルについて，alpha＝0の帰無仮説が棄却されることを確認してい
　る。

　図7－2から，WLB 施策の充実度が新卒女性採用比率に与える効果は，企業業績によって異なっていることが読み取れる。ROA が0〜4の範囲では，WLB 施策の充実度による予測値の違いはさほどみられないが，4を超えたあたりから，「WLB 充実」企業の予測値がもっとも高くなっている。一方，ROA が0を下回る赤字期には，他の2タイプと比較して，「WLB 充実」の予測値の方が低い。WLB 施策別の予測値を，ROA90％分位点（6.23）とROA10％分位点（−1.03）で比較すると，90％分位点では，「WLB 充実」が「WLB 非充実」より女性を4.26人（p=.07）多く採用すると予測されるのに対し，10％分位点では，「WLB 充実」の方が1.59人少ない（ただし p=.37）。この予測値の差は，両分位点の間で有意に異なる（二階差分：4.26−（−1.59）＝5.85，p＝.03）。

　他の企業特性を同一とすると，企業の経営状況が良い時期には，WLB 施策

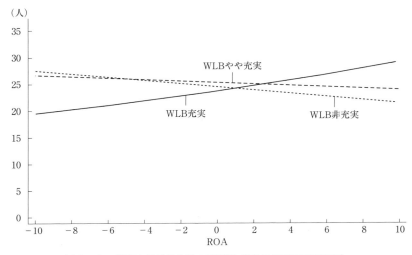

図7-2　新卒女性採用人数の予測値（WLB施策の充実度別）

注：「WLB施策の充実度」「ROA」以外の変数は観測値に固定している。採用人数合計の観測値平均は82.13人である。

が充実している企業が多くの女性を採用する。しかし，赤字期に入ると，むしろWLB施策が充実している企業で，女性採用が抑制されていた。別の角度から整理すれば，WLB施策がさほど充実していない企業では，経営状況の変化に女性採用数がほとんど反応しないのに対し，施策が充実している企業では，黒字期に女性採用が多くなり，赤字期に減るような反応が観察される。Mun and Jung（2018a）がバブル後の不況期に観察したものと同様の傾向が，リーマン・ショック以降の不況でも観測されたといえる。

（3）知見の適用範囲

　ここまでの分析結果は，吉田（2020, 2022）で提示したものとほぼ同一である。それでは，この知見は，企業間差異と企業内変化，どちらで解釈することが妥当なのか。また，大規模な不況期以外にも当てはまる知見なのか。これらの点を確認するために，追加的な分析を行った。なお，係数のみしか示しておらず，その有意性に基づいて実質的な解釈を行っているように見える部分も，限界効果を算出し結論が変わらないことを確認している。

第**7**章　WLB 施策の効果と経営状況との関連

表7 - 3　WLB 施策の充実度が新卒女性採用比率に与える効果
（固定効果モデル）

	モデル1	モデル2
WLB 施策充実度ダミー（基準：非充実）		
やや充実	− 0. 029	− 0. 049
	(0. 034)	(0. 039)
充実	− 0. 012	− 0. 040
	(0. 056)	(0. 066)
WLB 施策充実度ダミー× ROA		
やや充実× ROA		0. 005
		(0. 006)
充実× ROA		0. 006
		(0. 009)
ROA	0. 001	− 0. 009
	(0. 003)	(0. 006)
N（企業 − 年）	1,588	
n（企業）	448	
Wald χ^2 *(df)*	18. 45（8）	22. 70（11）
Log pseudolikelihood	− 2863. 87	− 2861. 72

注：***：$p<.001$，**：$p<.01$，*：$p<.05$，†：$p<.10$（両側検定）。値は係数
を，カッコ内は標準誤差を示す。分析期間中に1度しか観測されないケースは
除外されるため，ケース数は表7 - 2から減少している。

　まず，時点で変わらない企業特性の影響を除くため，固定効果モデルで同様
の推定を行った。[(9)] 表7 - 3を見ると，仮説1の検証結果は変わらない一方で，
仮説2について，WLB 施策と ROA の交互作用が統計的に有意ではなくなっ
ていることがわかる（限界効果も同様）。ここから，（2）で確認された関連は，
企業内変化ではなく企業間差異を反映していたことがわかる。WLB 施策が充
実している企業が，経営状況の悪化に伴い，女性採用を抑制させていたわけで
はない。他の企業特性が同水準のとき，経営状況が良い企業どうしを比較する
と，WLB 施策が充実している企業で女性が多く採用される。逆に，経営状況
の悪い企業どうしを比較すると，むしろ施策が充実している企業で女性採用比
率が低くなる。こうした関連の背後には，固定効果モデルで条件づけられる，
時点で変わらない企業の特徴——たとえば固有の人事慣行や採用判断——によ
る影響があると考えられる。その内実については，次節で解釈を提示する。
　では，こうした企業間差異としての関連は，この章で着目した不況期以外に

163

も当てはまるのか。第5，6章で用いたCSRデータを用いて，同じく従業員数1,000人以上の企業を対象に再分析を行った。分析期間は，主分析の最終年にあたる2012年入社から2018年入社までの計7年間，有効サンプルサイズは2,755（547企業）である。CSRデータには，利用可能な産休・育休制度だけでなく，未就学児をもつ従業員へのWLB施策として，短時間勤務，フレックスタイム，始業・就業時間の変更，所定外労働の免除，事業所内託児施設，育児費用への補助の導入有無も掲載されている。そこで，法定以上の育休・産休と合わせて，導入されている施策数を加算したWLB施策数（0〜8の整数値）も用いて，仮説を追加検証した。

　表7‒4から，施策の数を用いた場合，WLB施策が充実している企業では，女性の採用比率も有意に高いことが読み取れる。2010年前後には，両者の関連は見られなかったものの，女性雇用に対する法的・社会的圧力が高まっていた2010年代半ばにおいては（第6章第1節参照），WLB施策との正の関連が現れている。ただし，固定効果モデルではこの効果は消えるため（図表略），この関連は企業間の差異として解釈するほうが妥当である。一方，ROAによるWLB施策の効果の異質性については，どちらの操作化でも有意な効果は見られなかった。主分析で明らかになった，企業の経営状況とWLB施策との関連は，どの時期でも観察されるわけではなく，不況期に固有の現象であったことがうかがえる。

5　WLB施策をめぐる陥穽

（1）分析結果の解釈

　WLB施策の充実度は，新卒女性採用比率を高めているとはいえなかった（仮説1は不支持）。その一方で，WLB施策の充実度が新卒女性採用比率に与える効果は，企業業績に応じて変化していた（仮説2を支持）。業績が良好であれば，WLB施策の充実は女性採用の促進に貢献するものの，赤字期においては，施策の充実が女性採用をむしろ抑制する働きを示していた。第2節で挙げたMunらの研究は，ジェンダー平等化を促す法制度の導入に際して，「もともとジェンダー平等的な企業が，さらに平等的な雇用行動をとる」ことを示していた。一方で，本研究が着目した不況期においては，この関連は成立せず，むし

第**7**章　WLB 施策の効果と経営状況との関連

表**7 - 4**　WLB 施策の充実度が新卒女性採用比率に与える効果（2012〜18年入社）

	WLB 施策（育休・産休）		WLB 施策（0〜8施策）	
	モデル1	モデル2	モデル3	モデル4
WLB 施策充実度ダミー（基準：非充実）				
やや充実	0.070 †	0.048		
	(0.036)	(0.053)		
充実	0.069	0.087		
	(0.049)	(0.067)		
WLB 施策充実度ダミー×ROA				
やや充実×ROA		0.007		
		(0.011)		
充実×ROA		-0.007		
		(0.013)		
WLB 施策数			0.036 **	0.023
			(0.011)	(0.015)
WLB 施策数×ROA				0.004
				(0.003)
ROA	0.003	0.001	0.003	-0.012
	(0.004)	(0.010)	(0.004)	(0.012)
alpha	0.131 ***	0.103 ***	0.102 ***	0.101 ***
N（企業−年）	2,755			
n（企業）	547			
Wald χ² (df)	547.05 (14)	565.34 (17)	561.16 (13)	564.94 (15)
Log pseudolikelihood	-9473.83	-9471.05	-9458.71	-9455.62

注：***：$p<.001$，**：$p<.01$，*：$p<.05$，†：$p<.10$（両側検定）。値は係数を，カッコ内は標準誤差を示す。

ろ「もともとジェンダー平等的な企業は，かえって不平等的な雇用行動をとる」ことが示された。

　この結果の背景には，リーマン・ショック後の不況期において，女性に対する統計的差別が，WLB 施策と関連する形で働いていた可能性が考えられる。具体的には，新卒採用において，① WLB 施策の利用可能性は，将来の雇用コストを高める要因として否定的に捉えられ，さらに，②女性の方が平均的にそうした施策を利用しやすいと判断されていた可能性がある（武石 2006：第 4 章）。この章の操作化に即せば，①法定期間以上の育休取得は，企業にとってある種の雇用コストとみなされ，かつ②女性の方が長期にわたる育児休業を取得しやすいと考えられていた。結果として，WLB 施策が充実している企業では，女性の平均的な雇用コストが高く見積もられることになり，女性採用の促進には

つながらなかったのかもしれない。業績が悪い時期に，充実したWLB施策をもつ企業で女性採用比率が低下していたことも，このメカニズムで整合的に解釈できる。③赤字期の企業は，通常より雇用コストの抑制を重視すると考えられるため，WLB施策が充実している企業では統計的差別の影響が強化され，結果として女性採用が抑制されている可能性がある。

　この分析結果は，WLB施策を「ジェンダー平等的」とみなす視線に内在する陥穽を浮き彫りにしている。これは，前段で述べた，分析結果を整合的に説明する①〜③のロジックのうち，②に関わる点である。WLB施策は，本来，男女の従業員両方を対象に，仕事と生活の両立を支援するものである（佐藤2011：金野2012）。しかし，分析対象とした2010年前後には，既婚女性を念頭においてWLB施策を実施している企業も少なくなかったと考えられる（佐藤2011：15）。この場合，本来結びつく必要はないにもかかわらず，WLB施策と女性の雇用が関連づけられることになる。結果として，業績が悪化した際に，潜在的な雇用コストを念頭においた女性雇用の抑制が誘発されたと考えられる[11]。本章の結果は，WLB施策が，特定の状況において，女性の雇用機会を縮小させる「両刃の剣」（山口2017：167）として機能する可能性を示唆している。

（2）機会の不平等としての解釈

　これまでと同様，求職者からみた機会の不平等の視点で本章の結果を解釈する。

　第5章や第6章と同様に，本章の結果も，求職者側の選択の結果として解釈することは難しく，機会の不平等として解釈することが妥当といえる。第5章の解釈で参照した学生への調査では，「結婚・出産後も活躍できそう」「プライベートも充実できそう」などWLB関連項目で高い評価を得ている企業は，総合的な人気企業ランキングでも上位に位置している（溝上2018）。業績の悪化に伴う企業への選好の変化が，WLB施策の充実度によって異なる可能性も考えにくい。本章の分析結果は，企業がゲートを開閉するしくみが反映されたものとして解釈するほうが自然である。

　ただし，固定効果モデルでは業績との関連が見られなかったことから，機会の不平等としての解釈に疑問をもたれるかもしれない。しかし，プールドモデルで関連が見られたことは，各企業が創出する雇用機会の集合体であるマクロ

な雇用機会のレベルで，機会の不平等が存在することを意味する。「WLB充実企業群」「WLB非充実企業群」，それぞれのグループに含まれる個々の企業がもつ小さなゲートの集合体として，2つの大きなゲートを比喩的に考えるとわかりやすい。「WLB充実群」としての大きなゲートは，多くの企業で経営状況が悪化する不況期において，「WLB非充実群」の大きなゲートよりも顕著にその幅が縮小しており，ここに求職者の立場から見た雇用機会の不平等化がある。

　さらに，WLB施策を「ジェンダー平等的」とみなす視線が求職者の側にも共有されていた場合，本章の分析結果は，不平等だけでなく，当事者にとっては「不条理」に映る可能性もはらむ。不況期において，雇用機会が全体的に縮小するなか，「ジェンダー平等的」な企業は，そうでない企業と比べて，女性の雇用機会を担保するのではないかという期待は自然に生じうる。しかし，実際に起きていたのは，むしろ「WLB充実企業群」における，女性の雇用機会の縮小であった。このとき，女性の求職者にとっては，いわば「期待の裏切り」が生じることになる。もちろん，こうしたゲートの縮小メカニズムは，事後的に，しかも個々の企業を集合したマクロな視点によってはじめて観察可能になるものであり，個々の求職者が就職活動を行っている段階で認識することはないだろう。しかし，選考結果としてのフィードバックが蓄積される過程で，就職活動に臨む学生が抱く不安感に，潜在的なレベルで寄与しているかもしれない。ここまでくると，結果の解釈というより，その解釈に基づいた1つのストーリーラインの提示にすぎないが，本章の分析結果は，求職者の心理的不安を説明する要因も示唆している。

（3）解釈の一般化可能性

　佐藤（2011）や山口（2017）の議論を，「真の」WLB推進企業と「見せかけの」WLB推進企業があるという指摘に単純化すると，「見せかけの」WLB推進企業によって，業績悪化による女性採用の抑制が起きていたことになる。一方で，前節で行った追加分析では，WLB施策と企業の経営状況との関連は観察されなかった。

　この結果を素直に解釈すれば，2010年代にかけて，「見せかけの」推進企業が減少し，「真の」推進企業の割合が増加したことになる。すなわち，（1）で

言及した，主分析の結果を成り立たせる①〜③のロジックのうち，① WLB 施策の利用可能性を，将来の雇用コストを高める要因として否定的に捉える「見せかけの」推進企業が減少し，WLB 施策と雇用コストをつなぐリンクが断ち切られた可能性である。このとき，①〜③のロジックが説明する統計的差別は，ジェンダー平等化を進める過渡期に特有の現象であり，閾値を超えた後には，発生しない現象ということになる。

　しかし，本研究が着目したリーマン・ショック以降だけでなく，バブル崩壊以降の1990年代においても同様の雇用動向が観察されたことを踏まえると（Mun and Jung 2018a : 520），主分析で明らかになった傾向は，不況期に限定して発現する性質をもつのかもしれない。このとき，①〜③のロジックは，一般的に成立するわけではなく，不況期という特定の文脈において成立することになる。ここでポイントとなるのが，①のロジックに含まれる「将来の」雇用コスト，という側面である。同じ赤字決算であっても，好況期であれば，事業計画に基づく戦略的な赤字決算の割合が増える。このとき，将来の経営見通しは悪化していないことになり，将来の雇用コストを重視する必要性も変わらない。一方で，不況期であれば，事前の計画を伴わない，突発的な赤字決算の割合が増え，とくに不況の入口においては，いつ／どの程度景気が好転するかの見通しも立たない。このとき，将来の雇用コストに対する不安から，WLB 施策が充実している企業で，女性の採用が抑制されていたのではないか。こうした仮説に基づき，ロジック③を③'「<u>不況期における</u>赤字期の企業は，通常より<u>将来の雇用コストの抑制</u>を重視する」（下線部を追記）と修正することで，好況期・不況期における結果の違いを整合的に説明できる。

　もしこの解釈が妥当し，ロジック①，②，③' が維持されていたならば，2010年代においても，「真の」WLB 推進企業と「見せかけの」WLB 推進企業の構成割合は大きく変わらなかったことになる。そして，第 2 節（2）で言及したコロナ禍における She-cession は，ロジック①，②，③' が再び発現したことによって説明できるかもしれない。コロナ禍における新卒採用データが蓄積され，利用可能になれば，この可能性を追検証することができる。

　最後に，ここで提示したロジック①，②，③' による企業の採用行動は，企業やその成員によって意図された，あるいは計画されたものである可能性は低いと，著者自身は考えていることを付言しておく。序章第 3 節で論じたとおり，

この種の不平等生成メカニズムは，企業単位の雇用行動を集積してはじめて観察可能になるものであり，一組織の成員が意図した結果であることは珍しい。これも1つの仮説にすぎないが，国内大企業の採用現場レベルでは，第4章の解釈で提示した，リスク回避的な採用傾向があり，不況期にはその傾向がさらに強まっていたのではないか。それは，ジェンダーへの判断を明示的に組み込んだものではなかったものの，アンコンシャス・バイアスも含む潜在的なジェンダー評価が，自社の特徴に対する認識と合わさって，こうした分析結果が顕現したのではないか。この解釈が成立する場合，企業が意図していない結果だからこそ，逆説的に，不平等を生成するメカニズムとして維持されつづける可能性がある。

（4）貢献と展開可能性

この章でも，第4～6章と同じく，労働需要側から就職・採用という領域を捉えることで，新卒採用のジェンダー不平等を生み出すメカニズムの一端を描き出すことに成功した。もちろん，（1）～（3）で提示してきた，統計的差別に基づくメカニズムは，分析結果や関連する先行研究と整合する1つの解釈にすぎず，差別の存在自体を実証したわけではない。しかし，求職者側からの研究では大部分がブラックボックスとなっていた不平等生成のメカニズムについて，たとえその一部であっても，あるいは仮説的な形であっても，調査データに即した形で具体的に取り出せたことに，企業の視点から不平等を捉える意義があると考える。

この章の知見は，組織における雇用の不平等について，企業データの計量分析からアプローチする有用性も示している。ジェンダーや人種など属性に基づく不平等は，組織において不可視化されやすく，組織の成員にも認識されないことが多い（Acker 2006；Ray 2019）。分析から示唆された，WLB施策の背後にある統計的差別の可能性も，社会的望ましさバイアスの影響も合わさり（Pager and Quillian 2005），採用担当者へのインタビュー調査から直接明らかにすることは困難だったと考えられる。このように，組織の成員が明確には認識していない不平等の構造やメカニズムを明らかにするうえで，企業の集計データを用いた計量分析は一定のアドバンテージをもつ。もちろん，分析から示されたのは，分析結果を説明する統計的差別（ロジック①～③'）の妥当性を検証するには，

補表 7 - 1 　統制変数の係数と標準誤差

	モデル1	モデル2
WLB 施策充実度ダミー（基準：非充実）		
やや充実	0.050	0.033
	(0.037)	(0.044)
充実	0.026	−0.032
	(0.064)	(0.067)
WLB 施策充実度ダミー×ROA		
やや充実×ROA		0.007
		(0.009)
充実×ROA		0.033 *
		(0.015)
ROA	−0.004	−0.014
	(0.005)	(0.009)
製造業ダミー	−0.252 ***	−0.270 ***
	(0.048)	(0.055)
製造業ダミー×ROA		0.008
		(0.010)
三大都市圏ダミー	0.009	0.011
	(0.052)	(0.052)
企業年齢	−0.001	−0.001 †
	(0.001)	(0.001)
従業員数（対数値）	−0.101 ***	−0.100 ***
	(0.023)	(0.023)
女性従業員比率	2.938 ***	2.915 ***
	(0.209)	(0.210)
調査年ダミー（基準：2008年）		
2009年	−0.033	−0.025
	(0.023)	(0.023)
2010年	−0.028	−0.022
	(0.022)	(0.022)
2011年	−0.015	−0.013
	(0.023)	(0.023)
切片	−0.920 ***	−0.895 ***
	(0.194)	(0.194)
採用人数（オフセット項）	1	1
alpha	0.131 ***	0.129 ***
N（企業−年）		1,690
n（企業）		547
Wald χ^2 (df)	551.19 (11)	620.64 (14)
Log pseudolikelihood	−5577.71	−5572.72

注：*** $p<.001$，** $p<.01$，* $p<.05$，† $p<.10$（両側検定）。値は平均限界効果を，カッコ内は標準誤差を示す。

第7章　WLB施策の効果と経営状況との関連

関連する企業の実践や認識をより詳細に検討する必要があり，それには企業や採用・人事担当者を対象とする実験，あるいは参与観察やインタビューなどの定性的な方法が適している（第1章第1節）。企業組織を対象とする研究では，複数の研究手法が相補的な関係にあり，これらの知見を組み合わせることが，雇用の不平等の解明に大きく寄与するといえる。

注

(1)　Reskin（2003）や第1章では心理的要因と対人的要因を区別しているが，ここでは個人的要因としてまとめている。

(2)　製造業が大きな打撃を受けたリーマン・ショックでは，男性の雇用状況が大きく悪化する 'he-cession'（あるいは 'man-cession'）が観察されている（Hoynes et al. 2012）。

(3)　正確には，2010～13年版の採用実績を，2011～14年版の値と照合し，両者に相違があれば，より新しい版の値を利用した。

(4)　企業情報と企業業績は，東洋経済新報社の運営するウェブサイト「会社四季報オンライン」で公開されている『会社四季報』のアーカイブデータ，および企業データベースサービス「eol」も利用して，データセットを作成した。

(5)　女性従業員比率が95％を超える6ケース（2企業）は外れ値として有効サンプルから除外した。これを含めても，主要な結果は変わらないことを確認している。なお，吉田（2020）と有効サンプルを揃えるため，女性管理職比率に欠損値を含むケースも除外している。

(6)　『就職四季報』の「男女・文理別採用実績」欄に記載されている，大卒・修士卒の男女別採用実績データを利用した。

(7)　吉田（2020, 2022）では，労働供給側の女性比率の変化を捉えるため，各年度の大卒就職者に占める女性比率を産業別に計算した「産業別大卒就職者女性比率」も統制変数に加えていた。しかし，この変数は企業の採用行動によっても変化し，アウトカムに先行する要因ではないため，統制変数に投入することは妥当ではないと判断し，本書ではモデルから除いた。この変数を投入するかどうかに，本章の結論は依存しない。

(8)　オフセット項については本書第4章および久保（2012：130-134）や Long and Freese（2014：504-506），負の二項回帰モデルについては Long and Freese（2014：ch.9）を参照されたい。第4章と同様，NB2モデルを用いた。

(9)　時点不変の統制変数である製造業ダミーと三大都市圏ダミーはモデルから除いている。

(10)　WLB施策の導入・運用にコストがかかり，それが採用にかかるコストと比較

衡量されている様子は，Brinton and Mun（2016：272）で引用されている，日本の
IT 企業の人事部長の以下の発言によく表れている。「ワークファミリー施策にかか
るコストはかなり高い。しかし，新しい従業員を雇うのはもっとコストがかかる。
私たちは，会社のことを理解してくれる従業員に働き続けてもらいたい。（引用者
注：おそらく企業独自の）育児休業を与えれば，そうした結果になる可能性が高く
なる」。

（11）　個々の労働者レベルで考えられる不利益を，集合的性と結びつけることに伴う
問題は金野（2010）も参照。また，企業内の施策を特定の価値と結びつけることが，
結果としてその価値を毀損する帰結をもたらす点で，雪印乳業食中毒事件に対する
谷口・小山（2007）の解釈と同型ともいえる。

終　章
新卒採用の不平等を説明する組織のメカニズム

　終章では，本書の結論を提示する。第1節では，本書の分析視角やその戦略
を再確認したうえで，各章の知見，および複数の知見の組み合わせから見えて
きた事実を整理する。第2節では，ある程度の推測を交えながら，新卒採用の
不平等を生み出すメカニズムを描き出す。第3節では，本書で行った作業やそ
の知見が，既存研究に対してもつ貢献や意義，そして示唆される実践的なイン
プリケーションを提示する。第4節で，本研究の限界を今後の展開可能性と合
わせて示し，本書の結びとする。

1　変わらない採用の不平等

（1）本書の視角と戦略

　雇用をめぐる不平等は，社会学における主要なトピックの1つであり続けて
いる。ジェンダーや出身階層など，様々な個人特性に基づいて観察される資源
の不均衡な分布に対して，国内の社会学研究は，それが機会の不平等をどの程
度反映しているか，精緻な測定を通じて答えてきた。その測定は，大規模調査
データの整備や利用，および「もし他の条件がすべて等しければ」に対応する
手法の洗練を通じて，今も精緻化されている。

　その一方で，こうした機会の不平等が，どのような仕組みで生じ，維持され
ているか，すなわち不平等の説明については，国内の先行研究は十分に答えて
こなかった。不平等の測定と説明は，目的の異なる作業であり，一方の結果か
らもう一方の目的に応えることはできない。不平等の説明を充実させるには，
測定とは異なる，別個の経験的観察を必要とする。

　本書は，企業（雇用主）というアクターに着目し，そのふるまいの観察を通
じて，不平等を説明するという分析視角を提供した。雇用関係は，被雇用者と

雇用主の二者間で結ばれ，雇用主のふるまいは，雇用結果とそこで起きる不平等に大きく影響する。とくに，現代の日本社会における不平等は，企業間の差異に大きく依存しており，企業の雇用行動が不平等を強く規定する。採用担当者個人レベル，あるいは法制度などの社会レベルから不平等を説明することも可能かつ有益だが，企業レベルの要因は雇用の不平等にもっとも近接し，また不平等の是正に向けた介入にも結びつけやすい。

そこで本書は，「各企業を調査単位とするデータの計量的な分析」という分析戦略から，新卒採用における不平等を説明することを目指した。現在の日本社会において，新規学卒後の入職結果は，その後のキャリアひいてはライフコースに強く影響する。とくに，大企業による新規大卒者採用は，労働市場においてもっとも「良い」席を提供し，その配分メカニズムに着目する意義も大きい。先行研究が問うてきた「誰がどんな席につくのか？」に対し，本書は「良い席はどのように分配されているか？」という問いを設定し，これに答えることを目指してきた。

分析では，ジェンダー，とくに男女間の不平等を主要な対象として取り上げつつ，学校歴や障害の有無に基づく不平等も補助的に検討した。組織レベルの要因として，雇用施策・慣行，管理職層，および組織の文脈に応じた効果の異質性の3点に着目し，新卒採用への効果が予想される特定の要因に着目するショットガン・アプローチから，不平等のメカニズムに迫った。結果を解釈する際には，機会の不平等とみなせる根拠を，一定の仮定をおきながら説明したうえで，企業の人事行動の文脈に即して分析結果を意味づけ直した。

（2）各章の知見

第4章では採用実績者の学校歴構成に着目した。とくに，選抜度の高い大学（上位大学）からの採用比率が，技術職採用枠の有無，および平均勤続年数に応じて，どのように変化するかを検討した。分析の結果，①技術職採用を行っていない企業，および②平均勤続年数が長い企業で，上位大学からの採用が多くなっていた。②について，平均勤続年数が3年（正確には1標準偏差にあたる3.03年）長くなると，上位大学からの採用は国公立で2.28人，私立で5.05人多くなる。こうした関連は，上位大学の操作的定義によらず頑健であった。①②の特徴をもつ企業は，採用の場面で訓練可能性が重視されていると予想され，この

結果は学校歴が訓練可能性のシグナル（第2章第1節）とみなされているという想定に整合的である。

第5章では，女性管理職比率の変化が，女性採用・定着に与える影響を検討した。時点不変の企業特性や時代的トレンドを考慮すると，上位・下位管理職のどちらも，女性採用比率を高めているとはいえなかった。クリティカル・マス理論や，日本企業における本社人事部への人事権の集中（第2章第2節）が，この結果を説明する。定着について，下位管理職に占める女性比率は，定着率のジェンダー差をむしろ拡大させていた一方で，上位管理職に占める女性比率はジェンダー差を縮小させていた。前者について，同第5節では，女性管理職が感じる集合的脅威に基づく解釈を提示した。

第6章では，雇用の平等化を目指す施策として，ダイバーシティ部署の設置に注目し，これが女性採用と障害者雇用，そして女性管理職への登用に与える影響を検討した。時代効果を考慮すると，ダイバーシティ部署の設置が，いずれのアウトカムも平均的に高めているとはいえなかった。多くの企業で，こうした部署の設置と，実際の採用・昇進行動が脱連結されていた可能性が示唆される。さらに，女性役員比率が一定の水準を上回る企業では，部署設置が女性管理職比率を高めていた——たとえば，女性役員比率が5.26％であれば，部署設置により，女性管理職比率は0.32％ポイント増加する——のに対し，女性採用比率に対してこの効果は確認されなかった。組織のトップ層が，部署設置と雇用行動を連結させる鍵であるとともに，新卒採用にはこうした連結が働きづらい可能性が示唆された。

第7章では，企業のWLB施策に着目し，①施策の充実度と女性採用比率の関連，②企業の業績に応じて①の関連が変化する可能性，の2点を検討した。①について，充実したWLB施策をもつ企業でも，女性採用比率が平均的に高いとはいえなかった。②について，充実したWLB施策をもつ企業では，業績が悪い時期に，女性採用がむしろ抑制されていた。黒字期（ROA＝6.23）には，充実企業が非充実企業よりも女性を4.3人多く採用すると予測されるのに対し，赤字期（ROA＝－1.03）には充実企業の採用の方が1.6人少なくなる。ここには，女性の方がWLB施策を利用しやすく，結果として平均的な雇用コストも高いとみなされる統計的差別が働いている可能性がある。ただし，追加分析から，この結果は不況期に固有の現象である可能性が示された。

（3）知見の共通性

このような各章の知見を組み合わせることで，浮かび上がってくる共通性もある。採用の不平等に関わる重要な知見として，ここでは2点挙げておく。

第1に，**平等化施策の効果の限定性**である。雇用の多様性推進を目的とする専任部署の設置は，新卒採用や管理職登用において，これまで不利を被ってきた属性集団（女性，障害者）の雇用を促進してはいなかった（第6章）。仕事と家庭生活の両立を容易にする WLB 施策の整備は，女性採用への波及効果をもたず，むしろ不況期には女性採用を抑制する方向に採用していた（第7章）。また，平等化施策ではないものの，管理職層のジェンダー平等化が進展しても，採用の平等化が促されるわけではなかった（第5章）。これらの知見は，組織の平等化施策が，必ずしも意図した効果をもたず，ときに逆効果になることを示してきた Frank Dobbin や Alexandra Kalev の一連の研究結果と整合的である（Kalev et al. 2006 ; Dobbin et al. 2015 ; Dobbin and Kalev 2022）。

この限定性は，施策と採用の両面から説明可能である。施策の側について，少なくともこの時期の国内大企業では，施策の背後にある企業のロジックが平等化を妨げていた可能性がある。部署設置については，「アピール」としての位置付け，あるいは，実際には効果がないにもかかわらず，部署設置によって平等化が進んだと認識する「信頼と誠意の論理」が働いている可能性を第6章で指摘した。WLB 施策については，これを既婚女性のための施策とみなす視線が，意図しない統計的差別を引き起こしていたのかもしれない（第7章第5節）。もちろん，ここでの主張は，施策自体が無意味であるというものではない。部署設置が職場環境を改善したり，両立支援策の整備が従業員の働き方を改善したりした側面が確かにあったであろうことは想定しつつ，これらのロジックを背景として，その平等化効果が（仮にロジックがなかった場合よりも）限定的であったと主張するものである。

この知見は，新卒採用という領域の固有性も浮かび上がらせる。平等化施策の（波及）効果が新卒採用に及ばないということは，新卒採用が独自のロジックで動いており，それによって施策の効果が阻害されているのかもしれない。この可能性については，次節でもう少し詳しく議論する。

第2の共通性は，**文脈に応じた効果の異質性**をみることの意義である。ダイバーシティ部署設置が女性管理職比率に与える効果は，組織間で一様ではない。

終　章　新卒採用の不平等を説明する組織のメカニズム

女性役員比率が4％を超えると，つまり実質的には女性役員が1人以上就いていると，部署設置が女性管理職の登用を促進する（第6章）。さらに，不況は女性採用を一律に抑制するわけでもない。リーマン・ショックによる不況期には，WLB施策が充実している企業において，女性採用が抑制されていた。しかし，この関連もまた時代による文脈依存性を受けており，不況を脱した2010年代中盤には，こうした関連は見られなかった（第7章）。文脈依存性とは異なるものの，国公立・私立大学間での結果の差異（第4章），管理職のランク（上位・下位）およびアウトカムの種類（採用・定着）による効果の違い（第5章）も，一貫した知見が適用できる範囲の狭さという点で，この議論に連ねてもよいかもしれない。

　こうした一連の結果は，不平等に対する組織的アプローチをとる際に，文脈を考慮する重要性を浮かび上がらせる。つまり，着目する不平等を，個々の雇用行動を取り巻く組織内の文脈，個々の組織を取り巻く競争的環境・制度的環境のもとに位置づけ，そこでの固有のメカニズムを理論的に想定し，検証することの重要性である。翻って，これは，社会的メカニズムから雇用の不平等を説明するとき（第1章第2節），そのメカニズムがすべての組織に一律の影響を与えると想定しないほうが妥当であることも意味する。Reskin（2003）が論じていたように，組織によって社会的要因の位置づけや意味づけは異なり，結果として雇用の不平等への影響も異なる。Tomaskovic-Devey and Avent-Holt（2019：65）が，「（組織の）不平等レジームと，レジーム内部におけるカテゴリカルな区別と不平等メカニズムの構造は，外部の組織的・制度的フィールドからの因果的圧力を反映 *reflect* するのではなく，むしろ屈折 *refract* させる」（カッコ内は引用者追記）と命題化しているとおり，本書の結果はそうした屈折の作用も見せてくれる。

2　新卒採用の不平等を説明するメカニズム

　ここまでは基本的に，計量分析の結果に基づいた本書の知見を整理した。新卒採用の不平等を説明するという本書の目的にとっては，もう少しスケールの大きな説明も有意義である。そこで本節では，新卒採用の不平等がどのようなものであり，そこでの不平等がどのように生成・維持されているかについて，

より踏み込んだ解釈を提示する。当然，その代償として，仮定に基づく推論が占める割合は大きくなり，後続の観察によって否定される可能性も小さくない。この作業は，計量分析の結果得られた複数枚の投影図から，もとの立体を再現するようなものである（吉田 2023）。しかし，不平等の説明を充実させるという目的にとっても，その是正を目指す実務的な関心にとっても，粗い素描でも不平等のメカニズムを描いておくことに意味はあると考える。

（1）「リスク回避的」な採用傾向

本書の分析から示唆された，国内大企業の採用における特徴として，**リスク回避的な採用傾向**が挙げられる。具体的には，(a)入社後のパフォーマンスが期待を下回るリスクを採用時に重視し，(b)そのリスクを個人属性に基づいて判断する，という採用判断が行われている可能性である。(a)はさらに，（a-1）能力の平均だけでなく分散への評価と，（a-2）新たな採用基準の導入に区別でき，両者はともに，日本企業に特徴的な雇用慣行に水路付けられている。

まず，（a-1）採用の場面では，期待されるパフォーマンスの平均だけでなく分散も評価対象になる（Aigner and Cain 1977）。そして，長期安定雇用・年功賃金のもとでは，より分散の小さな求職者を採用することが合理的だと考えられている可能性がある。もし平均勤続年数が短く，従業員の解雇も比較的容易な労働市場であれば，分散の大きい求職者を忌避する必要はない。パフォーマンスが期待を大きく下回る場合は，それを理由に解雇することで，それ以上の雇用コストは生じないからである。一方，平均勤続年数が長く，従業員の解雇も困難な場合，採用時の期待を大きく下回る従業員の解雇は容易ではなく，パフォーマンスと賃金の差分として雇用コストが生じる。もちろん，採用時の期待をアウトパフォームする「大化けした」従業員によってコストが相殺される可能性もあるが，年功賃金のもとで，生産性よりも賃金が低く抑えられる若年期にこうした従業員は離職しやすく，雇用コストを埋め合わせるには十分ではない可能性が高い。結果として，長期安定雇用と年功型賃金制度のもとでは，より分散の期待値が小さい求職者を採用することで，期待リターンが高くなると企業は判断する可能性が高い[1]。

さらに，長期安定雇用を前提とすると，求職者の限界生産性だけではなく，（a-2）長期にわたる企業へのコミットメントやエフォートも，採用判断に組み

終　章　新卒採用の不平等を説明する組織のメカニズム

込まれる。Correll and Benard（2006：107）が指摘するとおり，「個人が集団に所属する期間が長い場合，短期間の場合と比べると，エフォートに対する期待がパフォーマンスに対する期待よりも重要になる可能性が高い」。すなわち，どれだけのパフォーマンスを入社後に発揮するかだけでなく，どの程度の期間にわたって企業へのコミットが期待できるかも，重要な採用基準の1つとなる。第2章第2節で提示した制度的背景に基づけば，職務や労働時間・勤務地の無限定性にどの程度コミットできるかが，重要な採用基準となる。期待パフォーマンスが高い求職者であっても，コミットメントが疑わしい場合は，「リスクの高い」求職者として，忌避されてしまう（Galperin et al. 2020）[2]。

　そして，こうした（a-1）（a-2）におけるリスク判断は，少なくとも部分的には，(b)個人属性を代理指標として行われていると考えられる。学校歴に対する判断は，（a-1）分散に対する評価と関連する。多くの日本企業において，大学選抜度の高さは，期待パフォーマンスの平均的な高さだけではなく，その分散の小ささを示すシグナルとしても評価されているのではないか。第4章で示された，平均勤続年数の長い企業で高選抜度大学からの採用が多いという知見は，こうした企業でリスク回避的な採用傾向が顕著になり，分散の小ささを求めて高選抜度大学からの採用に傾いた結果としても解釈できる。ここで重要なのは，実際の分散ではなく，分散が小さいという信念が，こうした採用傾向を支えている可能性である。国内大企業の従業員には，高選抜度大学の従業員が多く，入社後のパフォーマンスに関する観察事例も多い。こうした状況と，高選抜度大学を卒業した採用担当者の同類原理が組み合わさり（cf. Reskin 2000），「高選抜度大学出身者のパフォーマンスは予想しやすい」という信念が形成されているのではないか。逆に，選抜度の高くない大学出身者が，入社後に予想を上回るパフォーマンスを発揮しても，そうした社員は「例外」として扱われ，分散の大きさに対する信念を変更するには至らない。採用後の黒人従業員に対してポジティブな経験があった場合でも，黒人一般への雇用主の信念は更新されず，むしろ例外としてサブタイプ化される可能性を示した Pager and Karafin（2009）と同様の事態が起きている可能性がある。

　一方で，女性に対する採用評価は，（a-2）企業へのコミットメントやエフォートに対する判断と関連する。女性（Rivera and Tilcsik 2016），とくに子どもをもつ女性は（Ridgeway and Correll 2004；Correll et al. 2007），企業へのコミッ

179

トメントを低く見積もられやすい。こうしたステレオタイプ（あるいは「統計的」判断）のもとで，長期的なコミットメントへの疑念が「リスク」として評価された結果，採用のジェンダー平等化が進まなかった可能性がある。第7章の結果も，この解釈のもとで理解できる。WLB施策を利用しながら，結婚・出産後も就業を続ける社員は，企業へコミットしつづけていると評価することも可能である。しかし，分析に用いた2010年前後における大企業は，（たとえば短時間勤務やフレックスタイム制などを利用した）このような就業形態を「真の」コミットメント——すなわち職務や勤務時間・場所の無限定性へのコミット（第2章第2節）——とはみなしていなかったのではないか。結果として，WLB施策が充実している企業で，不況期にコミットメントへのリスクを回避する傾向が採用行動に顕著に現れた結果，女性の採用が抑制されていた可能性がある。

　なお，分析で直接検討することはできなかったが，障害のある求職者への採用判断は，学校歴やジェンダーとはやや異なる形で，リスク回避的な採用傾向によるペナルティを被っている可能性が高い。(a-1) については，期待パフォーマンスの分散というよりも，むしろ合理的配慮に必要だと企業が認識しているコストの不確実性が，リスク回避的な採用を促している可能性がある。実際に，職場適応の困難さ，および適応にかかるコストへの判断が，雇用主による障害者差別を説明するメカニズムとして指摘されている（Berre 2024；Bjørnshagen and Ugreninov 2021；Burke et al. 2013；Kaye et al. 2011）。一方，(a-2) 長期的なコミットメントについては，女性とは異なる理由で，障害をもつ求職者も低く見積もられやすい。たとえば，身体障害よりも精神障害の方が，採用評価におけるペナルティが大きいことが示されており，その理由として，精神障害のある従業員の方がコミットメントの中断・停止が予期されやすいことが指摘されている（Bjørnshagen 2022；Østerud 2023）。当然，これらの予期の背景には，雇用主の認識・知識不足があることは言うまでもなく（Kaye et al. 2011），さらに日本社会における障害者雇用の実態を考える際には，法定雇用率という強力な法的規範の影響も無視できない。しかし，ここまで説明してきたリスク回避的な採用傾向は，障害者雇用をめぐる不平等も，ある程度説明する可能性が高いと考えられる。

終　章　新卒採用の不平等を説明する組織のメカニズム

（2）　日本企業の新卒採用に固有の硬直性

　前節（3）で指摘したとおり，平等化施策の導入あるいは管理職層の平等化は，新卒採用の平等化を促しているわけではなかった。ダイバーシティ部署の設置が，一定の女性役員が存在する企業で女性管理職比率を高めていたことを踏まえると（第6章），平等化施策の効果は，とくに新卒採用において，限定的であることがうかがえる。これらの知見は，**日本企業の新卒採用に固有の硬直性**，すなわち雇用施策・慣行や管理職層が変化しても，他の雇用領域と比べて，新卒採用のあり方は変化しにくい性質をもつことを示唆している。先行研究では，雇用調整としての新卒採用の機能，すなわち「数量的柔軟性」（Atkinson 1985）をもつ新卒採用の特徴が指摘されてきた（仁田 2003：73, 2008：40-46）。本書のデータでも，リーマン・ショックの影響を受けた2010年卒採用では，前年より採用人数が大きく減少していた（第7章）。これに対し，上で述べた硬直性は，どのような求職者が採用されるかという観点からの硬直性である。いわば，量的な柔軟性と質的な硬直性が，日本企業の新卒採用を特徴づけている。

　この質的な硬直性には，(a)（管理職登用など）他の雇用領域と比べて新卒採用に固有の側面と，(b)（他国と比較して）日本企業の新卒採用に固有の側面があると考えられる。あくまで試論にすぎないものの，それぞれについて考えられる硬直性の理由を挙げておきたい。

　(a)について，採用判断における不確実性の大きさが，属性に基づく採用判断を促し，採用結果の硬直性を生み出している可能性を指摘できる。第2章第1節で論じたとおり，統計的差別の前提として重要なのは，求職者に関する真の情報が得られない点である。社会内生的な推測モデル（Socially Endogenous Inferences model）も説明するように，本当の資質に関する情報が不明確なときに，地位に基づく能力の推測が起きやすい（e.g. Lynn et al. 2009, Correll et al. 2017も参照）。そして新卒採用は，雇用の他の場面よりも，不確実性の高い条件で判断がなされる（Pager 2007：117-120）。

　管理職への昇進判断との比較がわかりやすい。とくに内部昇進の場合，管理職候補について，入社からのパフォーマンスはすでに観察されている。そのため，能力の評価を従業員の属性に，たとえば学校歴に頼る必要はない。さらに，管理職への昇進年齢は，多くの女性が結婚・出産を経験する年齢よりも後であることが多く，このとき結婚・出産に伴う離職の可能性を当人のジェンダーで

見積もる必要もない。管理職への昇進では、能力の面でもコミットメントの面でも、統計的判断が入る余地は小さい。

　新卒採用はこれと対照的である。入社後のパフォーマンスを、採用時に正確に見積もることは難しい。とくに日本企業において重視される訓練可能性（第2章第1節）は、長期にわたる企業内訓練を経てその評価が定まるため、推測はなお困難である。求職者のコミットメントや離職確率も、採用時の判断は同様に難しい。こうした採用場面固有の不確実性が、属性に基づく判断を促す。すなわち訓練コストの代理指標としての学校歴、離職リスク・コミットメントの代理指標としてのジェンダーや障害の有無に基づく採用判断が行われやすくなる。

　(b)について、日本企業における新卒採用の制度的特徴（第2章第2節）も、属性に基づく判断を助長する。新規学卒者を一度に採用する一括採用制度は、採用にかかる人的・金銭的コストの節約などの合理性をもつ一方で、欠員補充方式と比べ、求職者1人あたりに割く人的・時間的コストは小さくなる。このように、判断にかかるコストが節約される場面では、統計的な判断の影響がより顕著になることが知られている（Rivera 2012, 2015；Campero 2023）。コストを削減した「大雑把なスクリーニング *cursory screening*」（Campero 2023）が、属性に基づく判断を助長するのである。

　さらに、日本企業では、本社人事部が1つのチームとして、新卒採用にあたる。Correll et al.（2017）が提起する第三者推測モデル（Third-Order Inference model）に依拠すると、こうしたチームによる採用は、能力ではなく地位に基づく判断を促進する。このモデルは、「自分の決定に対する他者の反応が、その決定の成功を左右し、そうした他者との相互依存性が無視できない程度に大きい」条件下で決定を行うときに、地位への信念が決定に組み込まれやすくなることを予測する（Correll et al. 2017：319-320）。いいかえれば、決定に関わる重要な第三者について、「あの人はこう判断するだろう」という想定をもとに判断を行う場面において、属性に基づく判断が行われやすくなると考えるモデルである。これは、組織としての意思決定のほとんどに当てはまると考えられ（Correll et al. 2017：320）、本社人事部が行う新卒採用も例外ではない。人事部に属する採用担当者の判断は、人事部の同僚や、上司である人事課長・部長の決定や反応を予測してなされるはずである。あくまで断片的な材料にすぎない

が，竹内（1995）や小山（2010）が描いた採用担当者の認識とも整合する。もちろん他国，たとえばアメリカ企業の採用行動にも，このモデルは一定程度当てはまると考えられるが，ライン管理職個人の裁量で候補者を評価する欠員補充方式では，第三者の想定が判断に組み込まれる程度は日本企業より弱い。人事部がチームとして採用判断を行う日本企業の特徴が，質的な硬直性をさらに促している可能性がある。

（3）「直線的な平等化」図式の解体

日本企業における雇用の不平等を論じる際に，「直線的な」平等化が暗に想定されることがある。直線的な平等化とは，平等的—不平等的の一軸上に各企業を位置づけ，雇用の平等化を，単一の軸における一方向の動きとして捉える図式である。これを模式的に描いたのが図終−1である。この図において各企業は，たとえばジェンダー平等的—不平等的の一軸上に位置づけられ，右端に近いほど平等化が「進んでいる」企業，左端に近いほど「遅れている」企業とみなされる。雇用の平等化に取り組んでいる多くの企業は，「どの程度平等化が進んでいるか」（＝矢印の長さ）で，その取り組みが評価される。

こうした想定は，雇用の平等化に関する様々な認定や表彰によっても助長される。次世代育成支援対策推進法のもとでの「くるみん」認定，女性活躍推進法のもとでの「えるぼし」認定は，取得企業がジェンダー平等の面で「進んでいる」，つまり図終−1の右側にいるというシグナルとして機能する。第6章でも言及した「ダイバーシティ経営企業100選」（経済産業省），あるいは「女性が輝く先進企業表彰」（内閣府）などの事業も，まさに「先進」の名のとおり，こうした企業で雇用の平等化が進んでいる証左とみなされる。

しかし，本書の分析結果は，この図式が示すような単純な想定に疑問を投げかける。女性管理職の増加やダイバーシティ部署の新設が，女性採用や障害者雇用の促進にはつながっていなかったように，ある領域での雇用の平等化，または平等化への動きは，新卒採用という別の雇用領域での平等化を促してはいなかった。それだけでなく，ある領域で雇用の平等化を進める動きが，別の領域においては機会の不平等化に寄与することさえあった。下位管理職に占める女性比率の高さは，定着率のジェンダー差をむしろ拡大させていた（第5章）。WLB施策を充実させることで両立支援を促してきた企業では，業績悪化期に

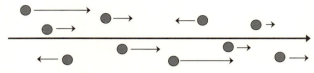

図終-1 「直線的な平等化」図式

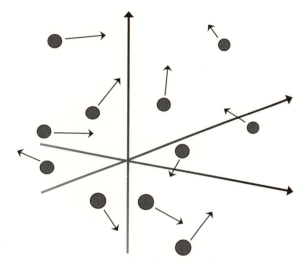

図終-2 複数の軸で構成される雇用の平等化

新規の女性雇用が抑制されていた（第7章）。これらの知見は，少数の「遅れている」企業に固有の現象ではない。不平等に対する組織的アプローチから，多くの国内大企業の雇用行動を計量的に分析した結果，明らかになったものである。

　これを踏まえると，雇用の不平等に関わる日本企業の動向は，平等的─不平等的の一軸ではなく，複数の軸で捉えた方がよい。すなわち**「直線的な平等化」図式を解体**する方が適切だといえる。図終-1を改良し，複数の軸で平等化に向けた動きを表したのが図終-2である。ジェンダー平等を例にとると，たとえばWLB施策の充実に代表される両立支援，女性管理職の登用に代表される機会均等，そして本研究が着目したような女性採用などいくつかの軸があ

終　章　新卒採用の不平等を説明する組織のメカニズム

る。そして，本書の知見が表すように，１つの軸において平等化を進めるような動きが，必ずしもそれ以外の軸における平等化を進めるわけではない。ある軸での「進んでいる」企業は，別の軸における「遅れている」企業かもしれない。このように，雇用の平等化を複数の軸で評価するという視点は，たとえば佐藤博樹（2011）の知見をもとに，「なでしこ銘柄」の選定基準にも導入されている。(5)本書もこうした視点を導入しつつ，平等化に向けた動きがそれぞれの軸で必ずしも連動しないことを，各章の分析仮説において理論的に予測し，経験的に実証した点に，独自の貢献がある。

　それでは，なぜ平等化に向けた動きは複数の軸の間で一貫しないのか。あくまで推測の域を出ないが，雇用の平等化に向けた動きを組織内の資源配分として捉える視点は有効かもしれない。(6)すなわち，各企業が雇用の平等化に費やせる時間的・金銭的・労力的資源は限られており，そうした有限の資源を配分する領域を企業が選択することで，ある軸における平等化が進む一方で，別の軸における平等化が進まない可能性である。前項で論じた新卒採用固有の硬直性を踏まえると，平等化に向けたこうした資源が投下されづらい対象として，新卒採用が位置づけられていることもうかがえる。

　先行研究でも，この解釈は示唆されている。シニア・マネジメントに女性が増えると，エントリーレベルの女性採用がむしろ減ることを示した Dwivedi and Paolella（2024）は，組織の注意資源（attentional resource）という概念でこの結果を説明している。シニア・マネジメントに多くの女性がいる企業は，企業の注意資源の多くをマネジメントレベルに振り分けており，その他のダイバーシティ慣行に割り当てる資源が少なくなった結果，女性採用の減少につながったという説明である。また日本企業でも，「ガラスの天井より上の変化（change above the glass ceiling）」，つまり外部のステークホルダーに注目される役員・管理職の女性比率にはコミットするのに対し，従業員や採用のジェンダー平等には，そうしたエフォートを向けないという現象が観察されている（Mun and Jung 2018b）。こうした先行研究を踏まえると，「進んでいる企業／遅れている企業」という見方から一歩進み，(a) 企業がどの程度の資源を雇用の平等化に費やしており，(b) それを各領域にどの程度配分しているか，つまり資源の (a) 総量と (b) 配分の両方に着目する重要性が浮かび上がる。さらに，第６章で論じた脱連結，とくに実践と結果の脱連結（Bromley and Powell

2012）を踏まえれば，（c）配分された資源がどの程度意図した効果につながっているかも重要である。本書の結果は，この（a）（b）（c）の3点から，いわゆる DEI（Diversity, Equity and Inclusion）領域における企業の取組を評価する視角の意義と重要性を示唆している。

3　学術的貢献と実践的インプリケーション

（1）アプローチとしての貢献

　本書の主要な貢献は，国内の社会学における不平等研究に，組織のふるまいを観察するアプローチを導入した点にある。労働市場に参入する個人の視点から不平等を捉えてきた既存研究は，調査データの整備・利活用，および分析手法の発展を通じて，不平等の測定を精緻化させてきた。これに対し本書は，不平等の説明という目的を選択し，経験的な観察に基づいて説明を提示する研究戦略として，企業データの計量分析というアプローチを導入した。個人を対象とする通常の社会調査データでは，その個人が働く企業の情報は限定的にしかわからない。一従業員の視点からの回答であるため，正確性にも疑問が残る。さらに，入社以前の企業情報を得ることはほぼ不可能である。これに対し本研究は，国内の社会学における不平等研究がほとんど扱ってこなかった企業単位の調査データに注目し，入社以前の企業情報から採用行動を説明することで，雇用の不平等を組織レベルの要因から説明する手法を導入した。この「不平等に対する組織的アプローチ」は，本書の主な対象である新卒採用だけでなく，副次的に扱った定着（第5章）や管理職昇進（第6章），さらには賃金格差（Zimmermann 2022）や雇用施策の導入（Dobbin et al. 2011）など，雇用と不平等に関わる多くの領域に適用可能である。汎用性の高いアプローチを導入し，複数の分析を通じて実践してみせた点に，大きな意義がある。

　新卒採用という領域に目を向けると，この点は教育社会学分野における「学校から職業への移行」研究への貢献でもある。移行研究において，労働需要側／雇用主側の視点に立つ重要性はくり返し指摘されてきた（平沢 2005；平沢ほか 2013；小川 2022）。しかし，企業の採用基準（岩脇 2004, 2006）や面接の場面（岩脇 2007；小山 2010）に着目した一部の研究を除き，雇用主の視点に立つ研究は現在でも非常に少ない。とくに，本書が採用したような「不平等に対する組

終　章　新卒採用の不平等を説明する組織のメカニズム

織的アプローチ」から大卒就職に迫る教育社会学研究は，竹内（1989, 1995）による先駆的な業績を除き，皆無といってよい[7]。

　これは，竹内洋『日本のメリトクラシー』の知見が，どのように継承されているかによく表れている。この本ではいくつかの選抜過程が扱われているが，たとえば教育選抜・配分における「加熱」と「冷却」の議論は，現在でもしばしば援用され，学校を対象にこの視点を引き継ぐ実証研究もなされている（e.g. 数実 2019；布川 2019）。一方で，大卒就職を対象とする第4章「就職と選抜」について，本書第4章のように，竹内の議論を内在的に引き継ぐ教育社会学分野の研究は管見の限り存在しない。組織の観察は，組織社会学や産業・労働社会学，あるいは隣接する経営学の研究として行われることが多く，教育社会学や社会階層論の俎上に載ることは稀である（cf. 園田 2022）。教育社会学における学校から職業への移行研究に，企業組織の視点に立つアプローチを位置づけ直した点にも，本書の意義がある。

　新たなアプローチを導入する際には，単にそれを実践するだけでは十分とはいえない。そのアプローチがいかなる意味で既存研究の限界を乗り越えるのか，類似のアプローチとの異同はどこにあるか，どのようにしてそれを遂行するのか，そのアプローチが抱える限界は何かなど，導入にあたって整理すべき論点はいくつもある[8]。

　「不平等に対する組織的アプローチ」の導入を目指した本書も，こうした作業を自覚的に行ってきた。不平等の測定／説明という対比をもとに，既存研究ではブラックボックスとなっていた不平等が生じるメカニズムを，雇用主の視点から充実させる意義を提示した（序章，第1章）。こうした意義は，雇用主への実験や，採用活動の参与観察といった方法にも当てはまるが，企業データの計量分析がこれらの方法をどのように補完するかを整理した（第1章第1節）。「不平等に対する組織的アプローチ」は結果の不平等しか扱えないという限界をもつが，この限界を認めたうえで，分析結果への解釈を通じて，機会の不平等を説明するメカニズムを彫琢するという方針を提示した（第1章第1節）。本書で用いる企業データについて，その概要だけでなく，データの構築方法や想定される限界を丁寧に記述した（第3章第2節）。もちろん，個々の論点に対する反論はつねにあり得るし，今後の研究で更新されていくことが望ましい。しかし，学術論文ではしばしば省略されるこうした議論を意識的に盛り込み，国

187

内の社会学において，このアプローチをめぐる議論に先鞭をつけた点に，本書のさらなる意義がある。

　実は，こうした論点は，「不平等に対する組織的アプローチ」を用いる英語圏の研究でも，多くが見過ごされてきた。序章でも述べたとおり，このアプローチは英語圏，とくに米国の社会学において1つのサブフィールドを形成しており，研究蓄積も少なくない。しかし，前段で提示したような論点は，個々の研究論文においてほとんど扱われていない。たとえば，本書と同じく，日本企業の女性採用に「不平等に対する組織的アプローチ」を応用してきた研究に，Eunmi Mun による一連の研究がある（Mun 2016；Mun and Brinton 2017；Mun and Jung 2018a, 2018b）。しかし，たとえば機会の不平等／結果の不平等に関する論点は，ここに挙げた論文ではほぼ言及されておらず，「分析対象は新規大卒者の採用に限定する。これにより，男女で人的資本の水準は同程度であるため，供給側の要因をかなりの程度考慮できる」（Mun and Jung 2018a：516, Mun 2016：1420にも同様の記述）といった記述があるのみである。投稿論文の紙幅の狭さも理由だろうが，このアプローチのフロントランナーといってよい Frank Dobbin と Alexandra Kalev の書籍（Dobbin and Kalev 2022）でも，前段で挙げた論点の検討は不十分である。この分析視角をとる意義を，丁寧に議論していた Baron and Bielby（1980）や Reskin（2000, 2003）といった比較的初期の研究者と同様に，「不平等に対する組織的アプローチ」をとるうえで，考慮すべき論点をできる限り網羅的に取り上げ論じた点は，英語圏の研究に対する本書の貢献でもある。

（2）知見からの貢献

　第4～7章で示された1つひとつの知見にも，事実発見的な意義がある。長期雇用慣行と学校歴の関連（第4章）は企業レベルで検証されてこなかったし，管理職層（第5章）やダイバーシティ部署（第6章）の効果も明確ではなかった。WLB 施策の両義性は先行研究でも示唆されてきたものの，経営状況に基づく効果の異質性は本書ではじめて示された（第7章）。いくつかの知見は，実務的な関心をもつ読者にとっても，必ずしも自明ではなかったはずである。たとえば，上位／下位管理職に占める女性比率が定着率の男女差に与える効果（第5章）や，女性役員比率によって異なる部署設置の有効性（第6章），業績悪化期

終　章　新卒採用の不平等を説明する組織のメカニズム

における WLB 施策と女性採用の関連（第 7 章）を，本書以前に「言われる前から知っていた」読者はさほど多くなかったのではないか。その一方で，こうした知見がデータや手法の技術的要因のみによって生じていた場合，実務経験をもつ人には的外れに映るだろう（序章第 4 節）。このギャップを可能な限り埋めるため，企業の視点からみた解釈を第 4 〜 7 章の末尾で丁寧に記述し，「言われてはじめてわかった」メカニズムとして理解されるよう心がけた。

　さらに，本書はジェンダーを中心的に扱いつつ，学校歴や障害の有無に基づく不平等も，補助的ではあるが分析の対象とした。この選択は，不平等のメカニズムがどの範囲まで適用できるかについて，理解を一段階進めてくれる。ダイバーシティ部署の設置が採用を平等化しないという知見は，女性だけではなく障害者雇用にも当てはまっていた（第 6 章）。（1）訓練にかかる費用と，（2）訓練の結果得られるリターンへの判断を鍵とする訓練可能性理論は，複数の対象でその妥当性が示唆された──（1）は長期雇用慣行と学校歴関連を示した第 4 章と，（2）は離職リスクの推測に基づく女性への統計的差別が示唆された第 7 章と，それぞれ整合的である。当然，ショットガン・アプローチ（第 1 章第 1 節）に伴い，それぞれのトピック，とくに学校歴や障害の有無に関する本書の議論は網羅的ではなく，各分野の専門家には不十分に映るだろう。本書はこうした限界を認識しつつ，1 つの研究で複数の対象を扱うことをあえて選択し，上記のような共通性を見出すことを目指した。

　これらの知見は，第 2 章で整理した理論的・制度的背景との関連に対する見通しも，よりクリアに与えてくれる。採用理論について，本書の結果は嗜好に基づく差別よりも統計的差別に整合的であり，とくに求職者の訓練可能性に対する「統計的」判断の影響を反映している可能性が高い。かりに女性に対する企業の嗜好が雇用行動に強く反映されていたならば，女性管理職比率から女性の採用・定着（第 5 章），ダイバーシティ部署設置から女性採用・管理職（第 6 章），WLB 施策から女性採用（第 7 章）への影響はいずれも正になる可能性が高くなるが，分析結果はほぼすべて異なっていた。とくに，充実した WLB 施策をもつ企業で，不況期に女性採用が抑制されることを，女性への差別的嗜好で解釈することは難しい（第 7 章）。その一方で，前段で言及したように，第 4 章（学校歴）と第 7 章（女性採用）の結果は，いずれも訓練可能性に基づく統計的差別で解釈できる。むろん，そうした「統計的」推測が正しい保証はなく，

地位特性理論が予想するように，属性へのステレオタイプに起因する推測かもしれない。第2章第1節の末尾で論じたように本書の分析は両理論を区別しないものの，少なくとも本書の分析結果は，訓練可能性理論，およびそれに基づく統計的差別と整合的な側面を，具体的な形で示している。

　制度的背景についても同様である。正社員の職務無限定性は，無限定な業務に対応できるポテンシャル（第4章），あるいはコミットメント（第7章）への判断を採用時に要請することで，学校歴やジェンダーに基づく採用判断を促す。さらに，このコミットメント規範を強く内面化した女性管理職のもとで，女性若手社員の早期離職傾向は強まっていた可能性がある（第5章）。本社人事部への人事権集中は，管理職層や雇用施策の平等化が，ただちに新卒採用の平等化に帰結しない要因の1つと考えられる（第5，6章）。新卒一括採用も，業績に応じたダイナミックな採用調整を容易にすることで，不況期におけるWLB施策の効果に間接的に寄与していた（第7章）。日本社会の雇用システムと不平等の関連を論じてきた先行研究の多くは，マクロな制度レベルの議論に依拠するか（e.g. 佐口 2018），個人を対象とする調査データから雇用システムの効果を推測する（e.g. 中井 2009）ことが多かった。企業の採用行動を分析した本書は，こうした制度的要因が不平等に与える影響を，より具体的な観察に基礎づいた形で示してくれる。

　時代や対象を変えることで，各章の知見が修正される可能性は決して小さくない。むしろ，知見の状況依存性を，文脈に応じた効果の異質性という形で，本書の知見それ自体に組み込んだ点に意義がある。これは，女性役員の多寡に応じて部署の有効性が変わることや（第6章），企業の経営状況によってWLB施策と女性採用の関連が変わるといった（第7章），分析結果のみに反映されているわけではない。すでに論文として公表した分析（吉田 2020, 2022）について，時代やデータを変えて追検証を行うことで，知見の適用範囲をより正確に画定し，その意味を解釈するといった態度にも表れている（第7章）。1つひとつの分析が限定的な観察であることを認めたうえで，異なる角度から観察をくり返す。その積み重ねを通じて，組織が不平等を生み出す固有のメカニズムが見えてくる。ここに，組織の計量分析を通じて雇用行動を解明する難しさと面白さがあると考えている。

（3）実践的なインプリケーション

①企業の人事・採用担当への示唆

　本書は，社会学における不平等研究の観点から，新卒採用における不平等を説明する研究であり，実務的な解決策の提示を目的とはしていない。しかし，序章第4節で言及したように，企業の人事行動の文脈に即して分析結果を解釈することで，最終的には不平等の是正に何らかの形で貢献することを目指している。そこで，あえて一歩踏み込み，本書の知見や解釈をもとに，雇用の平等化に資すると考えられる実務的なインプリケーションを提示する。

　前節で論じた通り，新卒採用におけるリスク回避的な雇用行動が，不平等が維持される一因だと考えられる。このとき，リスク回避傾向それ自体を変えることは難しい。この傾向は，たとえば企業の長期雇用慣行と関連して生じており（Correll and Benard 2006），こうした慣行を変えずにリスク回避傾向のみを修正するのは現実的ではない。人事や採用担当者に，「よりリスクテイキングな採用を」と伝えるだけでは，採用行動の変化には至らないだろう。場合によっては，Dobbin and Kalev（2022）が示すように，採用担当者・管理職が自らの採用権限を制限されたことに反発し，かえって逆効果になる可能性すらある。

　リスク回避的な採用傾向は維持したまま，何をリスクとみなすかの価値判断の変化を目指す，という方向性はより現実的である。前節では，雇用コストの高さ，あるいは長期のコミットメントが見込めないことをリスクとみなし，学校歴やジェンダー・障害の有無といった個人属性を代理指標としてリスクを判断する採用傾向を解釈として提示した。しかし，こうした採用判断をすべての求職者に適用することも，企業にとって別種のリスクを高めているかもしれない。リスク回避的な採用傾向は，従業員の同質性を高めるように作用するが，これによって技術的・経済的・社会的環境の急激な変化への対応が難しくなり，結果として企業の存続が脅かされる可能性があるからである。このリスクは，従業員の入れ替わりが遅い長期雇用慣行が顕著な企業で，とくに脅威になる。[9]これはある面で，短期的にはリスク回避的な採用が，長期的にはむしろリスクを招くような事態である。

　こうしたリスク評価の転換を，組織の施策レベルで支える採用方法の変化，とくに**複数の採用枠・採用方法の整備**は有効かもしれない（cf. 井口 2022）。こ

れにより，採用実績者内の同質性が下がり，雇用の平等化が促されるとともに，長期的なリスク回避にも資する可能性がある。この提案は，技術職採用枠を設けていた企業で，高選抜度大学からの採用傾向が弱められることを示した第4章の知見とも整合する。採用枠・採用方法の複数化の例として，職務の無限定性（第2章第2節（1））が求められる程度に応じた採用枠の設定や，本社人事部（同（2））からライン管理職への部分的な採用権限の譲渡（cf. 平野 2006；一守 2016），新卒一括採用（同（3））と通年採用の併用などが挙げられる。一部の企業では，採用のターゲットやタイミングを変更したり，複数のエントリー方法を準備したりする動きも早くから見られており（服部・矢寺 2018：第5章），2024年現在では，少なくない大企業が多様な採用方法を用意していると考えられる（cf. 高橋 2023：352）。

　ただし，複数の採用枠・採用方法が，これに付随する賃金や企業福祉の格差と結びついていた場合，コース別採用の例を挙げるまでもなく，新たな不平等を生み出す契機としても作用する。限定正社員についても，コアの正社員との階層化を伴う形で，制度化が進んでいる（今井 2021）。さらに，前節で指摘した採用場面での不確実性の大きさが，新たに設定された採用方法にも当てはまる場合，属性に依拠した採用判断は変わらない可能性もある。たとえば，大企業を中心に導入が進んでいるインターンシップも，本採用よりさらに不確実性の高い条件下でなされるインターン生への選抜をめぐって，属性間の不平等は強化されているかもしれない（Campero 2023）[10]。前段で提案した採用枠・採用方法の多様化は，すでに一定数の大企業が導入していると考えられるが，ここで挙げた課題を乗り越えてはじめて，雇用の平等化に有効な施策となる。採用方法の多様化に伴う Diversity の確保は，賃金や企業福祉の面での Equity，さらに職域や部署の垣根を超えた協働（Kalev 2009）などを通じた Inclusion の推進にも支えられている必要がある。

②就職活動に臨む求職者への示唆

　現代の就職活動では，本稿が着目する不平等だけでなく，プロセスの不透明性や学生が抱く不安感も，社会的・学術的な関心の対象になっている（香川 2010；中村 2010；牧野 2012；福井 2016；井口 2022；妹尾 2023）。不安感の主要因として，企業の採用基準が学生にとって不明確であることが指摘されてきた（牧

野 2012；福井 2016；井口 2022）。具体的には，①学生がある企業に就職できるだろうという期待を抱き，②その期待が裏切られ，③その根拠がブラックボックスであるときに，不安感につながるという指摘である。井口（2016a：4）の記述に即せば，①は「学生は程度の差こそあれ，自身は企業において有用であるような人物である，というアイデンティティを抱き，採用に臨む」，②は「しかし選考結果は必ずしもこれに沿うものとはならない」，③は「被評価者にとって評価の根拠が必ずしも明確ではない」というプロセスである。既存研究は，とくに③の側面に着目して，不安感を説明してきた。

　しかし，ここまで述べてきた本書の知見は，①の期待形成を「正確に」行うことが，学生にとって困難である可能性を示唆する。平等化施策の導入は，そうした施策が対象とする集団にとって，その企業への就職期待を高める一因となる。しかし，第1節で整理したとおり，平等化施策が新卒採用に与える効果は限定的である。女性管理職比率の高さ（第5章）や両立支援策の整備（第7章）が女性採用を促進するわけではなく，ダイバーシティ部署の設置（第6章）も女性や障害者雇用を促すわけではない。さらに，組織がおかれた文脈に応じて効果が異なることも，学生側からの期待形成をさらに難しくする。不況期と好況期で施策の効果が異なる場合（第7章），学生にとって重要な準拠集団である前年学卒者の動向が，自身には当てはまらないケースも増える。

　こうした状況がさらに厄介なのは，企業の各種施策や管理職の雇用動向などの情報を真面目に収集する学生ほど，「期待の裏切り」を経験するリスクがある面で高くなってしまう点である。前節で提示した「直線的な平等化」図式（図終−1）を想定し，平等的な採用を期待して応募した学生は，実際には期待した平等化の恩恵を得られず，「相対的剥奪」（Merton 1957＝1961）に苦しむ可能性が高まる。こうした状況が，③剥奪理由の不明確さと結びつくことで，就職活動に対する不透明感が形成されているのではないか。井口（2016b：39）は就職活動前の期待をベイズ推定の事前確率で近似しているが，ここで描いた事態は，事前確率の精度を高めようとする個々の求職者の戦略が，かえってその精度の悪化につながるような現象といえる。

　この不安感を大きく軽減することは難しいが，企業における雇用の平等化が複数の軸から構成されている（図終−2）と認識することは，一つの対症療法になりうる。ある企業を一面的に平等的だとみなすことによる就職期待の形成

が，多少なりとも抑制されるからである。企業の新卒採用における複雑性を，
少なくとも本書が論じてきた程度には高く見積もっておくことで，期待とは異
なる就職結果に直面した際に，求職者が過度に自責へ向かってしまう傾向をあ
る程度は抑えられるかもしれない。

4　限界と展開可能性

本書の分析戦略である「不平等に対する組織的アプローチ」は，新卒採用の
不平等を分析する複数の方法から，既存研究の動向や実現可能性を踏まえて選
択したものである。第1章でも論じたとおり，この戦略にはいくつかの制約が
あり，これは本書に内在する限界でもある。

まず，組織の計量分析に内在する限界がある。この方法は，組織の視点から
不平等の説明を充実させるかわりに，不平等の厳密な測定を困難にする。本書
では，これを分析結果の解釈で補ってきたが，雇用主への実験と組み合わせる
ことで，より厳密な形で，機会の不平等を説明するメカニズムを提示できるか
もしれない。たとえば，本書が示唆する「リスク回避的」な採用傾向が，監査
実験でも確認された場合，まさにこの採用傾向が，不利な属性集団にとっての
ゲートを閉ざしていると同定できる。また，サーベイ実験と組み合わせること
で，第1章第2節で整理した，採用担当者個人の心理的メカニズムと組織メカ
ニズムの識別も可能になる。

同様に，組織の計量分析では，企業で実際に起きている採用プロセスや人事
決定はブラックボックスとなる。採用活動の参与観察（Rivera 2015），あるい
は人事担当者へのインタビュー（Brinton and Mun 2016）と組み合わせることで，
本書の知見がどのようなプロセスや認識・価値判断に基礎づけられているか，
より実態に即した理解につながるかもしれない。本書の知見は，採用権限を握
る本社人事部が，不平等のメカニズムにおいて重要な役割を担っていることを
示唆する。しかし，人事部の規模や組織内の位置づけ，担当者の属性について，
本書のデータではアクセスすることができなかった。人事部を対象とした調
査・分析は，企業研究のみならず，今後の不平等研究でも注目されるべき領域
の1つである。

次に，本書が選択したショットガン・アプローチ（第1章第1節）に伴う限

終　章　新卒採用の不平等を説明する組織のメカニズム

界がある。本書は，ジェンダーを中心に学校歴，障害の有無という３つの対象
を選択し，それぞれへの関連が予想される特定の施策・雇用慣行の効果を検証
してきた。この選択に伴う意義（前節（２））の裏返しとして，それぞれの対象，
とくに学校歴と障害の有無については，限定的な分析や議論しか行えなかった。
本書で扱いきれなかったトピックとして，たとえば個々の大学がもつ特徴との
関連や大学就職部（大島 2012）の役割，あるいは法定雇用率に代表される強い
法的・制度的規範が障害者雇用に与える影響などが挙げられる。組織レベルの
要因についても，表1-1に示した３×３のマトリックスに空欄が残っているよ
うに，網羅的に検討できたわけではない。学校歴と長期雇用慣行の関連が景気
によってどう変化するか（文脈に応じた異質性×学校歴）や，管理職層が障害者
雇用に与える効果（管理職層×障害の有無）も，それぞれ検討に値する問いであ
る。外国人（園田 2023）や高齢者（Lössbroek et al. 2021），セクシュアル・マイ
ノリティ（柳 2023）など，他の個人特性に基づく採用の不平等についても，こ
れを説明するメカニズムの解明は重要な検討課題である。

　さらに，本書が用いたデータに起因する限界もある。第４～７章の分析では，
コース別採用の有無を識別しておらず，新規大卒者採用の全体を対象とした。
第３章第２節でも述べたとおり，これは不平等の発見にとってある意味で「不
利な」条件であり，その知見は総合職に限定しても当てはまる可能性が高い。
しかし，コース別採用がジェンダー不平等の主要な契機であることを踏まえる
と（Mun 2016），総合職に対象を限定することで，不平等を説明する新たなメ
カニズムが発見されるかもしれない。雇用均等基本調査の企業票は，男女別の
採用実績を，「総合職／限定総合職／一般職／その他」の区分で尋ねている[11]。
こうした公的統計の活用，あるいは東洋経済新報社の企業データとのマッチン
グ（Mun and Kodama 2022）は，有望な展開可能性の１つである。また，企業
データに応募者側の情報がないことも，機会の不平等への接近を困難にしてい
る。女性活躍推進法が定める選択項目の１つである「男女別の採用における競
争倍率」は，厚生労働省「女性の活躍推進企業データベース」で公開されてお
り，こうした情報を活用した分析も今後見込まれる。

　最後に，本書の知見がどの程度の特殊性をもつかも，興味深い検討課題であ
る。本書が対象とした2010年代中盤までと比べて，2024年現在における国内大
企業では，雇用の平等化はある面では「進んでいる」——他の面における平等

化の停滞や後退を伴うリスクを伴いながら（図終－2）。下位管理職の女性比率が定着率のジェンダー差に与えるネガティブな効果（第5章）や、部署設置の有効性の乏しさ（第6章）は、「過渡期」に特有の知見である可能性もあり、継続的な観察に値する。さらに、本書は国内大企業の新規大卒者採用をもっとも「良い」席とみなして、その配分メカニズムに着目した。ここでの知見が、他の席の配分、たとえば中小企業や高卒採用にどの程度当てはまるかも興味深い。また、中途採用や内部昇進の場面では、応募者の職務経験が重要な採用基準となるため、ジェンダーや学校歴、障害の有無などに基づいた「統計的」推測が採用・昇進判断に組み込まれる程度は小さくなると予測できる。こうした領域の研究結果と本書の知見を比較することで、新卒採用に固有のメカニズムが、より明確に浮かび上がってくると期待される。

「不平等に対する組織的アプローチ」が見せてくれる、広範な展開可能性に対して、本書はその第一歩を示したにすぎない。しかし、本書が第一歩とみなされたとき、すなわち第二歩、第三歩が本書に連なる形で書かれたとき——その本書への評価が肯定的にせよ否定的にせよ——本書の最大の目的は果たされたといえるだろう。

注

(1)　さらに、大企業の新卒採用が買い手市場であることも、リスク回避的な採用を助長する可能性がある（cf. Hendricks et al. 2003）。

(2)　なお、いわゆる「体育会系」も、「足腰がつよい」（竹内 1995：145）ことを表す点で、コミットメントの強さのシグナルとして機能しているかもしれない。就職活動における部活や「体育会系」の機能は van Ommen（2015）や束原（2021）を参照。

(3)　竹内（1995：150）では、東大からの採用が0人だった場合の重役会での非難を予想し、「東大卒の頭数にこだわってしまう」人事担当者の発言が紹介されている。また小山（2010）が指摘した「採用基準の拡張」は、採用判断に第三者の反応が加味されることで起きる側面もあると考えられる。

(4)　ここでの議論は、組織の施策・慣行や管理職層の変化に対して、新卒採用が硬直的である理由を解釈したものであり、本社人事部が新卒採用の不平等を悪化させていると主張するものではない。Sarabi and Lehmann（2024）は、あるグローバル企業の人事データを用いて、ライン管理職から人事部への採用権限の移行が、女性採用比率を高めたことを示している。著者らは、候補者の選考に時間と労力を費や

終　章　新卒採用の不平等を説明する組織のメカニズム

す機会費用が，他の専門的な業務を抱えるライン管理職よりも人事部で低く，その結果，より労力をかけて選考を行うことで属性に基づく判断が退けられやすくなった結果としてこれを解釈している。この解釈は日本企業にも当てはまる可能性が高く，かりに採用権限をライン管理職に移行した場合，組織内の変化に対する硬直性は和らぐかもしれないが，不平等の絶対的な水準はむしろ悪化する可能性もある。

(5)　「令和 5 年度　なでしこ銘柄レポート」（https://www.meti.go.jp/policy/economy/jinzai/diversity/r5nadeshikoreport.pdf, 2024年10月 7 日取得）を参照。

(6)　この点は，園田薫さんとの議論から着想を得た。

(7)　竹内（1989）を批判的に検討した苅谷ほか（1993）も，部分的にはこのアプローチに位置づけられる。

(8)　たとえば，社会科学（とくに経営学）における既存の計量研究に，反省的な視点を組み込む Reflexive Quantitative Research を導入した Luoma and Hietanen（2024）は，こうした作業を丁寧に行っている好例である。

(9)　こうしたリスクが想定されるにもかかわらず，多くの大企業が現在まで存続している。おそらく，人事部・採用担当者がジョブローテーションにより数年単位で入れ替わることが，従業員の同質性を過度に高めない作用をもっていたのではないか。本書の提案は，この方向性をさらに推し進めるものである。

(10)　インターンシップの導入により，本採用の場面で属性に基づく判断に頼る必要性は下がり，社会的に不利な集団には有利に働くと予想される（Sterling and Merluzzi 2019）。実際，インターンシップの経験は，女性の初任給のみを高める効果をもつ（Sterling and Fernandez 2018）。一方で，本採用よりも，判断に割かれるコストが小さくなるインターン生の採用では，属性に基づく判断がさらに起きやすくなるため（Campero 2023），インターンシップの導入が全体として不平等を是正するとは一概にいえない。

(11)　ただし，本書のデータとは異なり，採用実績者の学歴，たとえば高卒採用と大卒採用を区別できない。

参考文献

安部由起子，1997，「就職市場における大学の銘柄効果」中馬宏之・駿河輝和編『雇用慣行の変化と女性労働』東京大学出版会，151-170頁。

Acker, Joan, 1990, "Hierarchies, Jobs, Bodies: A Theory of Gendered Organizations," *Gender & Society*, 4(2): 139-158.

————, 2006, "Inequality Regimes: Gender, Class, and Race in Organizations," *Gender & Society*, 20(4): 441-464.

Aigner, Dennis J. and Glen G. Cain, 1977, "Statistical Theories of Discrimination in Labor Markets," *ILR Review*, 30(2): 175-187.

Ali, Muhammad and Alison M. Konrad, 2017, "Antecedents and Consequences of Diversity and Equality Management Systems: The Importance of Gender Diversity in the TMT and Lower to Middle Management," *European Management Journal*, 35(4): 440-453.

Allison, Paul D., 2002, *Missing Data*, Thousand Oaks: Sage.

天野郁夫，1984a，「就職と大学」慶伊富長編『大学評価の研究』東京大学出版会，162-178頁。

————，1984b，「大学分類の方法」慶伊富長編『大学評価の研究』東京大学出版会，57-69頁。

Amir, Ziv, David R. Strauser and Fong Chan, 2009, "Employers' and Survivors' Perspectives," Michael Feuerstein ed., *Work and Cancer Survivors*, New York: Springer, 73-89.

Angrist, Joshua D. and Jörn-Steffen Pischke, 2009, *Mostly Harmless Econometrics: An Empiricist's Companion*, Princeton: Princeton University Press.

Araki, Satoshi, 2020, "Educational Expansion, Skills Diffusion, and the Economic Value of Credentials and Skills," *American Sociological Review*, 85(1): 128-175.

荒牧草平，2010，「教育の階級差生成メカニズムに関する研究の検討——相対的リスク回避仮説に着目して」『群馬大学教育学部紀要 人文・社会科学編』59: 167-180頁。

有田伸，2016，『就業機会と報酬格差の社会学——非正規雇用・社会階層の日韓比較』東京大学出版会。

————，2017，「新卒一括採用制度の日本的特徴とその帰結——大卒者の「入職の遅れ」は何をもたらすか？」石田浩編『格差の連鎖と若者 第1巻——教育とキャリ

ア』勁草書房，113-139頁。

朝日新聞，2024，「「学歴フィルター」は都市伝説？　就活生が語る「体験談」【前編】」，朝日新聞ホームページ（2024 年 8 月 9 日取得，https://www.asahi.com/thinkcampus/article-110411/）。

Atkinson, John, 1985, *Flexibility, Uncertainty and Manpower Management*, IMS Report No. 89, Brighton: Institute of Manpower Studies.

Auspurg, Katrin, Andreas Schneck and Fabian Thiel, 2020, "Different Samples, Different Results? How Sampling Techniques Affect the Results of Field Experiments on Ethnic Discrimination," *Research in Social Stratification and Mobility*, 65: 100444.

Baert, Stijn, 2016, "Wage Subsidies and Hiring Chances for the Disabled: Some Causal Evidence," *The European Journal of Health Economics*, 17: 71-86.

―――, 2018, "Hiring Discrimination: An Overview of（Almost）All Correspondence Experiments since 2005," S. Michael Gaddis ed., *Audit Studies: Behind the Scenes with Theory, Method and Nuance*, Cham: Springer, 63-77.

Baron, James N. and William T. Bielby, 1980, "Bringing the Firms Back In: Stratification, Segmentation, and the Organization of Work," *American Sociological Review*, 45(5): 737-765.

Beatty, Joy E., David C. Baldridge, Stephan A. Boehm, Mukta Kulkarni and Adrienne J. Colella, 2019, "On the Treatment of Persons with Disabilities in Organizations: A Review and Research Agenda," *Human Resource Management*, 58(2): 119-137.

Becker, Gary S., [1964] 1975, *Human Capital: A Theoretical and Empirical Analysis, with Special Reference to Education Second Edition*, New York: National Bureau of Economic Research（佐野陽子訳，1976，『人的資本――教育を中心とした理論的・経験的分析』東洋経済新報社）．

―――, 1971, *The Economics of Discrimination, Second Edition*, Chicago: University of Chicago Press.

Berre, Stine, 2024, "Exploring Disability Disadvantage in Hiring: A Factorial Survey among Norwegian Employers," *Work, Employment and Society*, 38(4): 1087-1106.

Bills, David B., 2003, "Credentials, Signals, and Screens: Explaining the Relationship Between Schooling and Job Assignment," *Review of Educational Research*, 73(4): 441-469.

Bills, David B., Valentina Di Stasio and Klarita Gërxhani, 2017, "The Demand Side of Hiring: Employers in the Labor Market," *Annual Review of Sociology*, 43: 291-310.

Bjørnshagen, Vegar, 2022, "Do Large Employers Discriminate Less? An Exploration of Company Size Variation in Disability Discrimination Based on Data from Two

Field Experiments," *Work and Occupations*, 49(4): 483-511.

Bjørnshagen, Vegar and Elisabeth Ugreninov, 2021, "Disability Disadvantage: Experimental Evidence of Hiring Discrimination against Wheelchair Users," *European Sociological Review*, 37(5): 818-833.

Bluedorn, John, Francesca Caselli, Niels-Jakob Hansen, Ippei Shibata and Marina M. Tavares, 2023, "Gender and Employment in the COVID-19 Recession: Cross-Country Evidence on "She-Cessions"," *Labour Economics*, 81: 102308.

Boxenbaum, Eva and Stefan Jonsson, 2017, "Isomorphism, Diffusion and Decoupling: Concept Evolution and Theoretical Challenges," Royston Greenwood, Christine Oliver, Thomas B. Lawrence and Renate E. Meyer eds., *The SAGE Handbook of Organizational Institutionalism, Second Edition*, London: Sage Publications, 77-101.

Breen, Richard and John H. Goldthorpe, 1997, "Explaining Educational Differentials: Towards a Formal Rational Action Theory," *Rationality and Society*, 9(3): 275-305.

Brinton, Mary C. and Eunmi Mun, 2016, "Between State and Family: Managers' Implementation and Evaluation of Parental Leave Policies in Japan," *Socio-Economic Review*, 14(2): 257-281.

Bromley, Patricia and Walter W. Powell, 2012, "From Smoke and Mirrors to Walking the Talk: Decoupling in the Contemporary World," *Academy of Management Annals*, 6(1): 483-530.

Burke, Jana, Jill Bezyak, Robert T. Fraser, Joseph Pete, Nicole Ditchman and Fong Chan, 2013, "Employers' Attitudes Towards Hiring and Retaining People with Disabilities: A Review of the Literature," *The Australian Journal of Rehabilitation Counselling*, 19(1): 21-38.

Campero Santiago, 2023, "Racial Disparities in the Screening of Candidates for Software Engineering Internships," *Social Science Research*, 109: 102773.

Charles, Amélie, Etienne Redor and Constantin Zopounidis, 2015, "The Determinants of the Existence of a Critical Mass of Women on Boards: A Discriminant Analysis," *Economics Bulletin*, 35(3): 185-197.

Chiavacci, David, 2005, "Transition from University to Work under Transformation: The Changing Role of Institutional and Alumni Networks in Contemporary Japan," *Social Science Japan Journal*, 8(1): 19-41.

中小企業庁, 2024, 「中小企業・小規模企業者の定義」, 中小企業庁ホームページ (2024年10月14日取得, https://www.chusho.meti.go.jp/soshiki/teigi.html)。

Coate, Stephen and Glenn C. Loury, 1993, "Will Affirmative-Action Policies Eliminate Negative Stereotypes?" *American Economic Review*, 83(5): 1220-1240.

Cohen, Lisa E., Joseph P. Broschak and Heather A. Haveman, 1998, "And Then There were More? The Effect of Organizational Sex Composition on the Hiring and Promotion of Managers," *American Sociological Review*, 63(5): 711-727.

Cohen, Philip N. and Matt L. Huffman, 2007, "Working for the Woman? Female Managers and the Gender Wage Gap," *American Sociological Review*, 72(5): 681-704.

Cohen, Philip N., Matt L. Huffman and Stefanie Knauer, 2009, "Stalled Progress? Gender Segregation and Wage Inequality among Managers, 1980-2000," *Work and Occupations*, 36(4): 318-342.

Cooper, Virginia W., 1997, "Homophily or the Queen Bee Syndrome: Female Evaluation of Female Leadership," *Small Group Research*, 28(4): 483-499.

Correll, Shelley J. and Stephen Benard, 2006, "Biased Estimators? Comparing Status and Statistical Theories of Gender Discrimination," *Advances in Group Processes*, 23: 89-116.

Correll, Shelley J., Stephen Benard and In Paik, 2007, "Getting a Job: Is There a Motherhood Penalty?" *American Journal of Sociology*, 112(5): 1297-1338.

Correll, Shelley J., Cecilia L. Ridgeway, Ezra W. Zuckerman, Sharon Jank, Sara Jordan-Bloch and Sandra Nakagawa, 2017, "It's the Conventional Thought That Counts: How Third-Order Inference Produces Status Advantage," *American Sociological Review*, 82(2): 297-327.

Cox, Taylor H. and Stacy Blake, 1991, "Managing Cultural Diversity: Implications for Organizational Competitiveness," *Academy of Management Perspectives*, 5(3): 45-56.

Cuddy, Amy J. C., Susan T. Fiske and Peter Glick, 2007, "The BIAS Map: Behaviors from Intergroup Affect and Stereotypes," *Journal of Personality and Social Psychology*, 92(4): 631-648.

de Leeuw, Tim and Steffen Keijl, 2023, "Combining Multiple Organizational-Level Databases: An Empirical Evaluation of Different Matching Methods," *Sociological Methods & Research*, 52(1): 268-298.

Derks, Belle, Naomi Ellemers, Colette van Laar and Kim de Groot, 2011, "Do Sexist Organizational Cultures Create the Queen Bee?" *British Journal of Social Psychology*, 50(3): 519-535.

Derks, Belle, Colette van Laar and Naomi Ellemers, 2016, "The Queen Bee Phenomenon: Why Women Leaders Distance Themselves from Junior Women," *The Leadership Quarterly*, 27(3): 456-469.

DiMaggio, Paul J. and Walter W. Powell, 1983, "The Iron Cage Revisited: Institutional Isomorphism and Collective Rationality in Organizational Fields," *American*

Sociological Review, 48(2): 147-160.

DiPrete, Thomas A. and Gregory M. Eirich, 2006, "Cumulative Advantage as a Mechanism for Inequality: A Review of Theoretical and Empirical Developments," *Annual Review of Sociology*, 32: 271-297.

Di Stasio, Valentina, 2017, "Who Is Ahead in the Labor Queue? Institutions' and Employers' Perspective on Overeducation, Undereducation, and Horizontal Mismatches," *Sociology of Education*, 90(2): 109-126.

Dobbin, Frank, 2009, *Inventing Equal Opportunity*, Princeton: Princeton University Press.

Dobbin, Frank, Soohan Kim and Alexandra Kalev, 2011, "You Can't Always Get What You Need: Organizational Determinants of Diversity Programs," *American Sociological Review*, 76(3): 386-411.

Dobbin, Frank, Daniel Schrage and Alexandra Kalev, 2015, "Rage against the Iron Cage: The Varied Effects of Bureaucratic Personnel Reforms on Diversity," *American Sociological Review*, 80(5): 1014-1044.

Dobbin, Frank and Alexandra Kalev, 2022, *Getting to Diversity: What Works and What Doesn't*, Cambridge: Harvard University Press.

Dore, Ronald P., 1973, *British Factory – Japanese Factory: The Origins of National Diversity in Industrial Relation*, Berkeley: University of California Press（山之内靖・永易浩一訳，1987，『イギリスの工場・日本の工場――労使関係の比較社会学』筑摩書房）.

Dovidio, John F., Lisa Pagotto and Michelle R. Hebl, 2011, "Implicit Attitudes and Discrimination against People with Physical Disabilities," Richard L. Wiener and Steven L. Willborn eds., *Disability and Aging Discrimination: Perspectives in Law and Psychology*, New York: Springer, 157-183.

Drucker, Peter, 1995, *People and Performance: The Best of Peter Drucker on Management*, New York: Routledge.

Duguid, Michelle M., 2011, "Female Tokens in High-Prestige Work Groups: Catalysts or Inhibitors of Group Diversification?" *Organizational Behavior and Human Decision Processes*, 116(1): 104-115.

Duguid, Michelle M., Denise Lewin Loyd and Pamela S. Tolbert, 2012, "The Impact of Categorical Status, Numeric Representation, and Work Group Prestige on Preference for Demographically Similar Others: A Value Threat Approach," *Organization Science*, 23(2): 386-401.

Dwertmann, David J. G., 2016, "Management Research on Disabilities: Examining Methodological Challenges and Possible Solutions," *The International Journal of*

Human Resource Management, 27(14): 1477-1509.

Dwivedi, Priyanka and Lionel Paolella, 2024, "Tick Off the Gender Diversity Box: Examining the Cross-Level Effects of Women's Representation in Senior Management," *Academy of Management Journal*, 67(4): 991-1023.

Edelman, Lauren B., 1992, "Legal Ambiguity and Symbolic Structures: Organizational Mediation of Civil Rights Law," *American Journal of Sociology*, 97(6): 1531-1576.

Elster, Jon, 2007, *Explaining Social Behavior: More Nuts and Bolts for the Social Sciences*, New York: Cambridge University Press.

Elwert, Felix and Christopher Winship, 2014, "Endogenous Selection Bias: The Problem of Conditioning on a Collider Variable," *Annual Review of Sociology*, 40: 31-53.

Erikson, Robert and John H. Goldthorpe, 1992, *The Constant Flux: A Study of Class Mobility in Industrial Societies*, Oxford: Clarendon Press.

Ferguson, John-Paul, 2015, "The Control of Managerial Discretion: Evidence from Unionization's Impact on Employment Segregation," *American Journal of Sociology*, 121(3): 675-721.

Foster, Deborah and Victoria Wass, 2013, "Disability in the Labour Market: An Exploration of Concepts of the Ideal Worker and Organisational Fit that Disadvantage Employees with Impairments," *Sociology*, 47(4): 705-721.

藤原翔, 2023, 「分野別研究動向 (社会階層) ――格差社会の中の階層研究」『社会学評論』73(4): 445-459頁。

Fujihara, Sho and Hiroshi Ishida, 2016, "The Absolute and Relative Values of Education and the Inequality of Educational Opportunity: Trends in Access to Education in Postwar Japan," *Research in Social Stratification and Mobility*, 43: 25-37.

福井康貴, 2016, 『歴史のなかの大卒労働市場――就職・採用の経済社会学』勁草書房。

Fulton, Brad R., 2018, "Organizations and Survey Research: Implementing Response Enhancing Strategies and Conducting Nonresponse Analyses," *Sociological Methods & Research*, 47(2): 240-276.

船越多枝, 2021, 『インクルージョン・マネジメント――個と多様性が活きる組織』白桃書房。

Fuwa, Makiko, 2021, "Women Managers' Impact on Use of Family-friendly Measures among Their Subordinates in Japanese Firms," *Work, Employment and Society*, 35(4): 716-734.

Gaddis, S. Michael, 2015, "Discrimination in the Credential Society: An Audit Study of Race and College Selectivity in the Labor Market," *Social Forces*, 93(4): 1451-1479.

————, 2018, "An Introduction to Audit Studies in the Social Sciences," S. Michael Gaddis ed., *Audit Studies: Behind the Scenes with Theory, Method and Nuance*,

Cham: Springer, 3-44.

Galperin, Roman V., Oliver Hahl, Adina D. Sterling and Jerry Guo, 2020, "Too Good to Hire? Capability and Inferences about Commitment in Labor Markets," *Administrative Science Quarterly*, 65(2): 275-313.

Gelman, Andrew, 2011, "Causality and Statistical Learning," *American Journal of Sociology*, 117(3): 955-966.

Gelman, Andrew and Guido Imbens, 2013, "Why Ask Why? Forward Causal Inference and Reverse Causal Questions," NBER Working Paper Series, No. w19614, National Bureau of Economic Research.

Giesselmann, Marco and Alexander W. Schmidt-Catran, 2022, "Interactions in Fixed Effects Regression Models," *Sociological Methods & Research*, 51(3): 1100-1127.

Giuliano, Laura, David I. Levine and Jonathan Leonard, 2006, "Do Race, Age, and Gender Differences Affect Manager-Employee Relations? An Analysis of Quits, Dismissals, and Promotions at a Large Retail Firm," Institute for Research on Labor and Employment Working Paper, University of California, Berkeley.

Goldthorpe, John H., 2014, "The Role of Education in Intergenerational Social Mobility: Problems from Empirical Research in Sociology and Some Theoretical Pointers from Economics," *Rationality and Society*, 26(3): 265-289.

————, 2016, *Sociology as a Population Science*, Cambridge: Cambridge University Press.

Gorman, Elizabeth H., 2005, "Gender Stereotypes, Same-Gender Preferences, and Organizational Variation in the Hiring of Women: Evidence from Law Firms," *American Sociological Review*, 70(4): 702-728.

————, 2006, "Work Uncertainty and the Promotion of Professional Women: The Case of Law Firm Partnership," *Social Forces*, 85(2): 865-890.

Gough, Margaret and Mary Noonan, 2013, "A Review of the Motherhood Wage Penalty in the United States," *Sociology Compass*, 7(4): 328-342.

Grissom, Jason A., Jill Nicholson-Crotty and Lael Keiser, 2012, "Does My Boss's Gender Matter? Explaining Job Satisfaction and Employee Turnover in the Public Sector," *Journal of Public Administration Research and Theory*, 22(4): 649-673.

浜田宏・石田淳, 2003, 「不平等社会と機会の均等──機会格差調整後の不平等度測定法」『社会学評論』54(3): 232-249頁。

濱口桂一郎, 2009, 『新しい労働社会──雇用システムの再構築へ』岩波書店。

────, 2010, 「「正社員」体制の制度論」佐藤俊樹編『自由への問い6 労働──働くことの自由と制度』岩波書店, 90-111頁。

────, 2013, 『若者と労働──「入社」の仕組みから解きほぐす』中央公論新社。

───────，2021，『ジョブ型雇用社会とは何か──正社員体制の矛盾と転機』岩波書店。

濱中淳子，2013，『検証・学歴の効用』勁草書房。

濱中義隆，2010，「1990年代以降の大卒労働市場──就職活動の3時点比較」苅谷剛彦・本田由紀編『大卒就職の社会学──データからみる変化』東京大学出版会，87-105頁。

原ひろみ，2005，「新規学卒労働市場の現状──企業の採用行動から」『日本労働研究雑誌』542: 4-17頁。

───────，2017，「女性の活躍が進まない原因──男女間賃金格差からの検討」川口大司編『日本の労働市場──経済学者の視点』有斐閣，150-181頁。

原ひろみ・佐野嘉秀・佐藤博樹，2006，「新規高卒者の継続採用と人材育成方針──企業が新規高卒者を採用し続ける条件は何か」『日本労働研究雑誌』556: 63-79頁。

原純輔・盛山和夫，1999，『社会階層──豊かさの中の不平等』東京大学出版会。

服部泰宏・新井康平，2017，「内々定獲得確率へ与える影響についての経験的研究──コックス比例ハザードモデルの適用」『横浜経営研究』37(3-4): 631-643頁。

服部泰宏・矢寺顕行，2018，『日本企業の採用革新』中央経済社。

Hendricks Wallace, Lawrence DeBrock and Roger Koenker, 2003, "Uncertainty, Hiring, and Subsequent Performance: The NFL Draft," *Journal of Labor Economics*, 21(4): 857-886.

Hernán, Mighel A. and James M. Robins, 2020, *Causal Inference: What If*, Boca Raton: Chapman & Hall/CRC.

平野光俊，2006，『日本型人事管理──進化型の発生プロセスと機能性』中央経済社。

───────，2011，「2009年の日本の人事部──その役割は変わったのか」『日本労働研究雑誌』606: 62-78頁。

───────，2019，「人事部の新しい役割──社員格付け制度との関連から」上林憲雄・平野光俊編『日本の人事システム──その伝統と革新』同文舘出版，18-41頁。

平野光俊・江夏幾多郎，2018，『人事管理──人と企業，ともに活きるために』有斐閣。

平沢和司，2005，「大学から職業への移行に関する社会学的研究の今日的課題」『日本労働研究雑誌』542: 29-37頁。

───────，2010，「大卒就職機会に関する諸仮説の検討」苅谷剛彦・本田由紀編『大卒就職の社会学──データからみる変化』東京大学出版会，61-85頁。

───────，2011，「大学の学校歴を加味した教育・職業達成分析」石田浩・近藤博之・中尾啓子編『現代の階層社会2　階層と移動の構造』東京大学出版会，155-170頁。

───────，2021，『格差の社会学入門［第2版］──学歴と階層から考える』北海道大学出版会。

平沢和司・古田和久・藤原翔，2013，「社会階層と教育研究の動向と課題──高学歴化社会における格差の構造」『教育社会学研究』93: 151-191頁。

参考文献

Hirsh, C. Elizabeth and Youngjoo Cha, 2018, "For Law and Markets: Employment Discrimination Lawsuits, Market Performance, and Managerial Diversity," *American Journal of Sociology*, 123(4): 1117-1160.

久本憲夫, 2008a, 「能力開発」仁田道夫・久本憲夫編『日本的雇用システム』ナカニシヤ出版, 107-161頁。

─────, 2008b, 「日本的雇用システムとは何か」仁田道夫・久本憲夫編『日本的雇用システム』ナカニシヤ出版, 9-26頁。

本田由紀, 1998, 「大卒女子の就職──性・専攻・ランクが就職に及ぼす影響とコース別採用の内実」岩内亮一・苅谷剛彦・平沢和司編『大学から職業へⅡ──就職協定廃止直後の大卒労働市場』広島大学大学教育研究センター, 77-88頁。

─────, 2012, 「学校から職場へ──風化する「就社」社会」佐藤博樹・佐藤厚編『仕事の社会学〔改訂版〕』有斐閣, 111-129頁。

Hoynes, Hilary, Douglas L. Miller and Jessamyn Schaller, 2012, "Who Suffers during Recessions?" *Journal of Economic Perspectives*, 26(3): 27-48.

HR総合調査研究所, 2012, 「「中途採用に関する調査」結果報告──活況を呈する中途採用市場」, HRpro ホームページ（2022年9月7日取得, https://www.hrpro.co.jp/research_detail.php?r_no=43）。

Huffman, Matt L., 2013, "Organizations, Managers, and Wage Inequality," *Sex Roles*, 68: 216-222.

Huffman, Matt L., Philip N. Cohen and Jessica Pearlman, 2010, "Engendering Change: Organizational Dynamics and Workplace Gender Desegregation, 1975-2005," *Administrative Science Quarterly*, 55(2): 255-277.

一守靖, 2016, 『日本的雇用慣行は変化しているのか──本社人事部の役割』慶應義塾大学出版会。

Igarashi, Akira and Ryota Mugiyama, 2023, "Whose Tastes Matter? Discrimination against Immigrants in the Japanese Labour Market," *Journal of Ethnic and Migration Studies*, 49(13): 3365-3388.

五十嵐彰・麦山亮太, 2023, 「サーベイ実験を用いた日本における外国人雇用差別の検証──企業属性による差別の異質性」『理論と方法』38(1): 44-58頁。

井口尚樹, 2016a, 「就職活動生のアイデンティティ維持とその困難──ブラックボックス化されたレイベリング」『ソシオロゴス』40: 1-16頁。

─────, 2016b, 「就職活動中の学生の限界づけられた主体性──採用基準認識に着目して」『相関社会科学』25: 23-40頁。

─────, 2022, 『選ぶ就活生, 選ばれる企業──就職活動における批判と選択』晃洋書房。

今井順, 2021, 『雇用関係と社会的不平等──産業的シティズンシップ形成・展開とし

ての構造変動』有斐閣。

稲村雄大, 2019, 「日本企業における女性活躍状況の変化と多様化専門部署設置の影響」『青山経営論集』54(1): 117-128頁。

石田浩, 2005, 「後期青年期と階層・労働市場」『教育社会学研究』76: 41-57頁。

――――, 2021, 「世代間階層移動と教育の趨勢」中村高康・三輪哲・石田浩編『少子高齢社会の階層構造1 人生初期の階層構造』東京大学出版会, 19-36頁。

Ishida, Hiroshi, 1998, "Educational Credentials and Labour-Market Entry Outcomes in Japan," Yossi Shavit and Walter Müller eds., *From School to Work: A Comparative Study of Educational Qualifications and Occupational Destinations*, Oxford: Clarendon Press, 287-309.

Ishida, Hiroshi, Seymour Spilerman and Kuo-Hsien Su, 1997, "Educational Credentials and Promotion Chances in Japanese and American Organizations," *American Sociological Review*, 62(6): 866-882.

Ishida, Hiroshi, Kuo-Hsien Su and Seymour Spilerman, 2002, "Models of Career Advancement in Organizations," *European Sociological Review*, 18(2): 179-198.

石田賢示, 2014, 「学校から職業への移行における「制度的連結」効果の再検討――初職離職リスクに関する趨勢分析」『教育社会学研究』94: 325-344頁。

石山英明, 2014, 「これって, 学歴フィルター?――採用説明会…満席」『朝日新聞』3月30日付朝刊1面。

石﨑由希子, 2017, 「障害者差別禁止・合理的配慮の提供に係る指針と法的課題」『日本労働研究雑誌』685: 20-32頁。

石塚由紀夫, 2018, 「女性が職場進出――企業期待の戦力に」『日本経済新聞』8月4日付朝刊, 8面。

伊藤彰浩, 2004, 「大卒者の就職・採用メカニズム――日本的移行過程の形成と変容」寺田盛紀編『キャリア形成・就職メカニズムの国際比較――日独米中の学校から職業への移行過程』晃洋書房, 58-82頁。

岩脇千裕, 2004, 「大学新卒者採用における「望ましい人材」像の研究――著名企業による言説の二時点比較をとおして」『教育社会学研究』74: 309-327頁。

――――, 2006, 「高度成長期以後の大学新卒者採用における望ましい人材像の変容」『京都大学大学院教育学研究科紀要』52: 79-92頁。

――――, 2007, 「大学新卒者採用における面接評価の構造」『日本労働研究雑誌』567: 49-59頁。

Jackson, Michelle, 2009, "Disadvantaged through Discrimination? The Role of Employers in Social Stratification," *The British Journal of Sociology*, 60(4): 669-692.

Jackson, Michelle, John H. Goldthorpe and Colin Mills, 2005, "Education, Employers and

Class Mobility," *Research in Social Stratification and Mobility*, 23: 3-33.

Jacobs, Jerry A, 1992, "Women's Entry Into Management: Trends in Earnings, Authority, and Values Among Salaried Managers," *Administrative Science Quarterly*, 37(2): 282-301.

Jacoby, Sanford, 2005, *The Embedded Corporation: Corporate Governance and Employment Relations in Japan and the United States* Princeton: Princeton University Press（鈴木良始・伊藤健市・堀龍二訳，2005,『日本の人事部・アメリカの人事部——日米企業のコーポレート・ガバナンスと雇用関係』東洋経済新報社）.

Jacoby, Sanford M., Emily M. Nason and Kazuro Saguchi, 2005, "The Role of the Senior HR Executive in Japan and the United States: Employment Relations, Corporate Governance, and Values," *Industrial Relations*, 44(2): 207-241.

香川めい，2010,「「自己分析」を分析する——就職情報誌に見るその変容過程」苅谷剛彦・本田由紀編『大卒就職の社会学——データからみる変化』東京大学出版会，171-197頁。

Kalev, Alexandra, 2009, "Cracking the Glass Cages? Restructuring and Ascriptive Inequality at Work," *American Journal of Sociology*, 114(6): 1591-1643.

————, 2014, "How You Downsize Is Who You Downsize: Biased Formalization, Accountability, and Managerial Diversity," *American Sociological Review*, 79(1): 109-135.

Kalev, Alexandra, Frank Dobbin and Erin Kelly, 2006, "Best Practices or Best Guesses? Assessing the Efficacy of Corporate Affirmative Action and Diversity Policies," *American Sociological Review*, 71(4): 589-617.

Kalev, Alexandra and Gal Deutsch, 2018, "Gender Inequality and Workplace Organizations: Understanding Reproduction and Change," Barbara. J. Risman, Carissa. M. Froyum, and William. J. Scarborough eds., *Handbook of the Sociology of Gender*, Cham: Springer International Publishing, 257-269.

鎌田悠・上野創，2021,「「大東亜以下」メールは学歴フィルター？　マイナビの誤送信で波紋」『朝日新聞』12月15日付（2024年8月9日取得，https://www.asahi.com/articles/ASPDS6470PDGUTIL05Y.html）。

上林憲雄，2019,「プロローグ　日本の人事システム——その伝統と革新」上林憲雄・平野光俊編『日本の人事システム——その伝統と革新』同文舘出版，3-16頁。

上林憲雄・平野光俊編，2019,『日本の人事システム——その伝統と革新』同文舘出版。

神林龍，2017,『正規の世界・非正規の世界——現代日本労働経済学の基本問題』慶應義塾大学出版会。

金子元久，1996,「高等教育大衆化の担い手」天野郁夫・吉本圭一編『学習社会におけるマス高等教育の構造と機能に関する研究』放送教育開発センター，37-59頁。

鹿又伸夫, 1992, 「階層・移動研究の袋小路と活路」『理論と方法』7(1): 1-18頁。

Kanter, Rosabeth M., 1977, *Men and Women of the Corporation*, New York: Basic Books.

苅谷剛彦, 1986, 「閉ざされた将来像——教育選抜の可視性と中学生の「自己選抜」」『教育社会学研究』41: 95-109頁。

————, 1991, 『学校・職業・選抜の社会学——高卒就職の日本的メカニズム』東京大学出版会。

————, 2001, 『階層化日本と教育危機——不平等再生産から意欲格差社会へ』有信堂高文社。

————, 2017, 「教育拡大と学歴の効用の変容——日本型学歴インフレの進行」石田浩編『格差の連鎖と若者 第1巻——教育とキャリア』勁草書房, 90-112頁。

苅谷剛彦・沖津由紀・吉原惠子・近藤尚・中村高康, 1993, 「先輩後輩関係に"埋め込まれた"大卒就職」『東京大学教育学部紀要』32: 89-118頁。

Kariya, Takehiko, 1998, "From High School and College to Work in Japan: Meritocracy through Institutional and Semi-Institutional Linkages," Yossi Shavit and Walter Müller eds., *From School to Work: A Comparative Study of Educational Qualifications and Occupational Destinations*, Oxford: Clarendon Press, 311-335.

Kato, Takao, Daiji Kawaguchi and Hideo Owan, 2013, "Dynamics of the Gender Gap in the Workplace: An Econometric Case Study of a Large Japanese Firm," RIETI Discussion Paper Series, 13-E-038.

Kato, Takao and Naomi Kodama, 2018, "The Effect of Corporate Social Responsibility on Gender Diversity in the Workplace: Econometric Evidence from Japan," *British Journal of Industrial Relations*, 56(1): 99-127.

川口章, 1997, 「男女間賃金格差の経済理論」中馬宏之・駿河輝和編『雇用慣行の変化と女性労働』東京大学出版会, 207-241頁。

————, 2008, 『ジェンダー経済格差——なぜ格差が生まれるのか, 克服の手がかりはどこにあるのか』勁草書房。

川口大司・神林龍・金榮愨・権赫旭・清水谷諭・深尾京司・牧野達治・横山泉, 2007, 「年功賃金は生産性と乖離しているか——工業統計調査・賃金構造基本調査個票データによる実証分析」『経済研究』58(1): 61-90頁。

Kawaguchi, Daiji, 2007, "A Market Test for Sex Discrimination: Evidence from Japanese Firm-Level Panel Data," *International Journal of Industrial Organization*, 25(3): 441-460.

川田恵介, 2021, 「新型コロナ・ウイルスが雇用に与える影響」『日本労働研究雑誌』729: 2-7頁。

Kaye, H. Stephen, Lita H. Jans and Erica C. Jones, 2011, "Why Don't Employers Hire and Retain Workers with Disabilities?" *Journal of Occupational Rehabilitation*, 21 (4): 526-536.

数実浩佑，2019，「学業成績の低下が学習時間の変化に与える影響とその階層差――変化の方向と非変化時の状態を区別したパネルデータ分析を用いて」『理論と方法』34(2): 220-234頁。

経済産業省，2022，「経済産業省企業活動基本調査の対象【属性】」，経済産業省ホームページ（2022年11月 5 日取得，https://www.meti.go.jp/statistics/tyo/kikatu/gaiyo/pdf/chosahani.pdf）。

小林徹，2016，「新規学卒者の就職先特徴の変化と早期離職の職場要因」『日本労働研究雑誌』668: 38-58頁。

児玉直美・小滝一彦・高橋陽子，2005，「女性雇用と企業業績」『日本経済研究』52: 1-18頁。

小池和男，1991，「はば広い専門性」小池和男編『大卒ホワイトカラーの人材開発』東洋経済新報社，3-28頁。

――――，2002，「問題，方法，意味」小池和男・猪木武徳編『ホワイトカラーの人材形成――日米英独の比較』東洋経済新報社，15-33頁。

――――，2005，『仕事の経済学（第 3 版）』東洋経済新報社。

小池和男・渡辺行郎，1979，『学歴社会の虚像』東洋経済新報社。

国立社会保障・人口問題研究所，2023，『現代日本の結婚と出産――第16回出生動向基本調査（独身者調査ならびに夫婦調査）報告書』。

近藤博之，1997，「教育と社会移動の趨勢」『行動計量学』24(1): 28-36頁。

金野美奈子，2010，「労働における自由とジェンダー――性秩序の新しい構想のために」佐藤俊樹編『自由への問い 6 労働――働くことの自由と制度』岩波書店，134-149頁。

――――，2012，「性別職域分離――仕事の中の男性と女性」佐藤博樹・佐藤厚編『仕事の社会学〔改訂版〕』有斐閣，55-72頁。

Konrad, Alison M., and Frank Linnehan, 1995, "Formalized HRM Structures: Coordinating Equal Employment Opportunity or Concealing Organizational Practices?" *Academy of Management Journal*, 38(3): 787-820.

Konrad, Alison M., Vicki Kramer and Sumru Erkut, 2008, "Critical Mass: The Impact of Three or More Women on Corporate Boards," *Organizational Dynamics*, 37(2): 145-164.

Konrad, Alison M., Yang Yang, and Cara C. Maurer, 2016, "Antecedents and Outcomes of Diversity and Equality Management Systems: An Integrated Institutional Agency and Strategic Human Resource Management Approach," *Human Resource Management*, 55(1): 83-107.

Kossek, Ellen Ernst and Shaun Pichler, 2006, "EEO and the Management of Diversity,"

Peter Boxall, John Purcell, Patrick Wright eds., *The Oxford Handbook of Human Resource Management*, New York: Oxford University Press, 251-272.

厚生労働省, 2019, 「令和元年賃金構造基本統計調査（初任給）の概況」, 厚生労働省ホームページ（2021年11月18日取得, https://www.mhlw.go.jp/toukei/itiran/roudou/chingin/kouzou/19/dl/02.pdf）。

————, 2021a, 「新規学卒者の離職状況」, 厚生労働省ホームページ（2021年6月28日取得, https://www.mhlw.go.jp/stf/seisakunitsuite/bunya/0000137940.html）。

————, 2021b, 「行動計画策定指針（抄）（平成26年11月告示, 令和3年2月改正）」, 厚生労働省ホームページ（2024年10月14日取得, https://ryouritsu.mhlw.go.jp/pdf/jisedai_kaisei_kaisei-houshin.pdf）。

————, 2024, 「令和5年賃金構造基本統計調査の概況」, 厚生労働省ホームページ（2024年8月2日取得, https://www.mhlw.go.jp/toukei/itiran/roudou/chingin/kouzou/z2023/dl/13.pdf）。

厚生労働省・都道府県労働局雇用環境・均等部（室）, 2020, 「女性活躍推進法に基づく一般事業主行動計画を策定しましょう！」, 厚生労働省ホームページ（2020年12月8日取得, https://www.mhlw.go.jp/content/11900000/000614010.pdf）。

小山治, 2010, 「なぜ企業の採用基準は不明確になるのか——大卒事務系総合職の面接に着目して」苅谷剛彦・本田由紀編『大卒就職の社会学——データからみる変化』東京大学出版会, 199-222頁。

久保拓弥, 2012, 『データ解析のための統計モデリング入門——一般化線形モデル・階層ベイズモデル・MCMC』岩波書店。

Kulkarni, Mukta. and Mark L. Lengnick-Hall, 2014, "Obstacles to Success in the Workplace for People with Disabilities: A Review and Research Agenda," *Human Resource Development Review*, 13(2): 158-180.

熊沢誠, 1997, 『能力主義と企業社会』岩波書店。

黒田祥子・山本勲, 2013, 「ワークライフバランスに対する賃金プレミアムの検証」『RIETI Discussion Paper Series』13-J-004।

黒田祥子・山本勲, 2014, 「企業における従業員のメンタルヘルスの状況と企業業績——企業パネルデータを用いた検証」『RIETI Discussion Paper Series』14-J-021.

Kurtulus, Fidan A. and Donald Tomaskovic-Devey, 2012, "Do Female Top Managers Help Women to Advance? A Panel Study Using EEO-1 Records," *The Annals of the American Academy of Political and Social Science*, 639(1): 173-197.

車田絵里子, 2022, 「登用比から見た女性活躍推進の進展に係る一考察——「女性の活躍推進企業データベース」を用いて」『ビジネス＆アカウンティングレビュー』(29): 23-45頁。

Kymlicka, Will, [1990] 2002, *Contemporary Political Philosophy: An Introduction,*

Second Edition, Oxford: Oxford University Press（千葉眞・岡崎晴輝訳者代表，2005，『新版 現代政治理論』日本経済評論社）．

Lengnick-Hall, Mark L., Philip M. Gaunt and Mukta Kulkarni, 2008, "Overlooked and Underutilized: People with Disabilities Are an Untapped Human Resource," *Human Resource Management*, 47(2): 255-273.

Leslie, Lisa M., 2019, "Diversity Initiative Effectiveness: A Typological Theory of Unintended Consequences," *Academy of Management Review*, 44(3): 538-563.

Long, J. Scott and Jeremy Freese, 2014, *Regression Models for Categorical Dependent Variables Using Stata: Third Edition*, College Station: Stata Press.

Lössbroek, Jelle, Bram Lancee, Tanja van der Lippe and Joop Schippers, 2021, "Age Discrimination in Hiring Decisions: A Factorial Survey among Managers in Nine European Countries," *European Sociological Review*, 37(1): 49-66.

Lundberg, Ian, Rebecca Johnson and Brandon M. Stewart, 2021, "What Is Your Estimand? Defining the Target Quantity Connects Statistical Evidence to Theory," *American Sociological Review*, 86(3): 532-565.

Luoma, Jukka and Joel Hietanen, 2024, "Reflexive Quantitative Research," *Academy of Management Review*, (Retrieved June 17, 2024, https://doi.org/10.5465/amr.2021.0234).

Lynn, Freda B., Joel M. Podolny and Lin Tao, 2009, "A Sociological (De)Construction of the Relationship between Status and Quality," *American Journal of Sociology*, 115 (3): 755-804.

Machamer, Peter, Lindley Darden and Carl F. Craver, 2000, "Thinking about Mechanisms," *Philosophy of Science*, 67(1): 1-25.

牧野智和，2012，『自己啓発の時代──「自己」の文化社会学的探求』勁草書房。

Mandel, Hadas and Moshe Semyonov, 2006, "A Welfare State Paradox: State Interventions and Women's Employment Opportunities in 22 Countries," *American Journal of Sociology*, 111(6): 1910-1949.

Maroto, Michelle and David Pettinicchio, 2015, "Twenty-Five Years after the ADA: Situating Disability in America's System of Stratification," *Disability Studies Quarterly*, 35(3): 1-34.

Marsden, David, 1999, *A Theory of Employment Systems: Micro-Foundations of Societal Diversity*, Oxford: Oxford University Press（宮本光晴・久保克行訳，2007，『雇用システムの理論──社会的多様性の比較制度分析』NTT 出版）．

丸山峻，2021，「障害者マネジメント研究の知見の整理と展望」『日本労務学会誌』22(2): 56-70頁。

丸山峻・島貫智行，2021，「障害者の職場定着を促す人事管理──社会的アイデンティ

ティ考慮の観点から」『組織科学』55(1): 54-66頁。

松尾孝一, 1999, 「90年代の新規大卒労働市場——大学ランク間格差と企業の採用行動」『大原社会問題研究所雑誌』482: 17-37頁。

————, 2012, 「新規大卒労働市場における大学間格差——2000年代以降の動向を中心に」『経済研究』青山学院大学経済研究所, 4: 59-86頁。

松浦寿幸・清田耕造, 2004, 「「企業活動基本調査」パネル・データの作成・利用について——経済分析への応用とデータ整備の課題」『RIETI Policy Discussion Paper Series』04-P-004.

Maume, David J., 1999, "Glass Ceilings and Glass Escalators: Occupational Segregation and Race and Sex Differences in Managerial Promotions," *Work and Occupations*, 26(4): 483-509.

————, 2004, "Is the Glass Ceiling a Unique Form of Inequality? Evidence from a Random-Effects Model of Managerial Attainment," *Work and Occupations*, 31(2): 250-274.

————, 2011, "Meet the New Boss… Same as the Old Boss? Female Supervisors and Subordinate Career Prospects," *Social Science Research*, 40(1): 287-298.

Merton, Robert K., 1957, *Social Theory and Social Structure: Toward the Codification of Theory and Research*, New York: Free Press（森東吾・森好夫・金沢実・中島竜太郎訳, 1961, 『社会理論と社会構造』みすず書房）.

Meyer, John W. and Brian Rowan, 1977, "Institutionalized Organizations: Formal Structure as Myth and Ceremony," *American Journal of Sociology*, 83(2): 340-363.

三菱UFJリサーチ＆コンサルティング, 2015, 「出産・育児等を機に離職した女性の再就職等に係る調査研究事業 企業アンケート調査結果」, 厚生労働省ホームページ（2022年7月1日取得, https://www.mhlw.go.jp/bunya/koyoukintou/dl/h26-01_itakuchousa00.pdf）。

宮寺晃夫, 2014, 『教育の正義論——平等・公共性・統合』勁草書房。

Mize, Trenton D., 2019, "Best Practices for Estimating, Interpreting, and Presenting Nonlinear Interaction Effects," *Sociological Science*, 6: 81-117.

溝上憲文, 2018, 「なぜ就活女子は働きやすさで企業選ぶのか」, PRESIDENT WOMAN Online（2022年11月12日取得, https://president.jp/articles/woman-print/25762）。

水町勇一郎, 2019, 『詳解 労働法』東京大学出版会。

文部科学省, 2023, 「令和5年度学校基本統計（学校基本調査の結果）確定値を公表します。」, 文部科学省ホームページ（2024年8月9日取得, https://www.mext.go.jp/content/20230823-mxt_chousa01-000031377_001.pdf）。

百瀬由璃絵, 2023, 「埋もれたインターセクショナリティ——「障害者／健常者」の境

界にいる女性」『日本労働研究雑誌』751: 148-163頁。

Morgan, Stephen L. and Christopher Winship, 2014, *Counterfactuals and Causal Inference: Methods and Principles for Social Research*, New York: Cambridge University Press.

森川ゆり子, 2023, 「女性管理職は"適正"男女賃金格差を縮小させるか」『理論と方法』38(2): 225-239頁。

麦山亮太, 2021, 「地位の経歴からみる不平等の生成過程」『理論と方法』36(1): 4-15頁。

Mun, Eunmi, 2016, "Negative Compliance as an Organizational Response to Legal Pressures: The Case of Japanese Equal Employment Opportunity Law," *Social Forces*, 94(4): 1409-1437.

Mun, Eunmi and Mary C. Brinton, 2015, "Workplace Matters: The Use of Parental Leave Policy in Japan," *Work and Occupations*, 42(3): 335-369.

Mun, Eunmi and Mary C. Brinton, 2017, "Revisiting the Welfare State Paradox: A Firm-Level Analysis from Japan," *Research in Social Stratification and Mobility*, 47: 33-43.

Mun, Eunmi and Jiwook Jung, 2018a, "Policy Generosity, Employer Heterogeneity, and Women's Employment Opportunities: The Welfare State Paradox Reexamined," *American Sociological Review*, 83(3): 508-535.

Mun, Eunmi and Jiwook Jung, 2018b, "Change above the Glass Ceiling: Corporate Social Responsibility and Gender Diversity in Japanese Firms," *Administrative Science Quarterly*, 63(2): 409-440.

Mun, Eunmi and Naomi Kodama, 2022, "Meritocracy at Work? Merit-Based Reward Systems and Gender Wage Inequality," *Social Forces*, 100(4): 1561-1591.

村田磨理子・伊藤伸介, 2015, 「賃金構造基本統計調査に対するデータリンケージの可能性について」『Discussion Paper Series』Institute of Economic Research, Hitotsubashi University, No.631.

内閣府男女共同参画局, 2015, 「第4次男女共同参画基本計画」, 内閣府男女共同参画局ホームページ（2020年9月6日取得, https://www.gender.go.jp/about_danjo/basic_plans/4th/pdf/print.pdf）。

内藤準, 2015, 「就職の統計的ジェンダー差別における予言の自己成就——基本的なメカニズムとダイバーシティ施策の効果」『理論と方法』30(1): 15-35頁。

中井美樹, 2009, 「就業機会, 職場権限へのアクセスとジェンダー——ライフコースパースペクティブによる職業キャリアの分析」『社会学評論』59(4): 699-715頁。

中村高康, 1993, 「就職協定の変遷と規制の論理——大卒就職における「公正」の問題」『教育社会学研究』53: 111-130頁。

————, 2010, 「「OB・OG訪問」とは何だったのか——90年代初期の大卒就職と現代」

苅谷剛彦・本田由紀編『大卒就職の社会学——データからみる変化』東京大学出版会，151-169頁。

中根千枝，1967，『タテ社会の人間関係——単一社会の理論』講談社。

中西祐子，2000，「学校ランクと社会移動——トーナメント型社会移動規範が隠すもの」近藤博之編『日本の階層システム3　戦後日本の教育社会』東京大学出版会，37-56頁。

日本労働研究機構，2001，『調査研究報告書No.143 日欧の大学と職業——高等教育と職業に関する12カ国比較調査結果』。

西田春彦・平松闊，1987，「社会学方法論——計量的数理的アプローチを中心にして」『社会学評論』38(2): 130-149頁。

西平重喜，2000，「日本人の国民性調査の周辺」『統計数理』48(1): 67-76頁。

Nishii, Lisa H., Jasmien Khattab, Meir Shemla and Rebecca M. Paluch, 2018, "A Multi-Level Process Model for Understanding Diversity Practice Effectiveness," *Academy of Management Annals*, 12(1): 37-82.

仁田道夫，2003，『変化のなかの雇用システム』東京大学出版会。

————，2008，「雇用の量的管理」仁田道夫・久本憲夫編『日本的雇用システム』ナカニシヤ出版，27-71頁。

野村正實，2007，『日本的雇用慣行——全体像構築の試み』ミネルヴァ書房。

布川由利，2019，「「冷却」を問い直す—— Erving Goffman の視点から」『教育社会学研究』105: 49-70頁。

OECD 2024a, "Income Inequality," (Retrieved August 1, 2024, https://www.oecd.org/en/data/indicators/income-inequality.html).

OECD 2024b, "OECD Data Explorer – Archive," (Retrieved August 15, 2024, https://data-explorer.oecd.org/vis?tenant=archive&df[ds]=DisseminateArchiveDMZ&df[id]=DF_GENDER_EMP&df[ag]=OECD&dq=.EMP10NEW…2022&to[TIME]=false&vw=ov).

小川和孝，2013，「過去の離職経験が自発的・非自発的離職へ与える影響と経済不況後のその変化」『年報社会学論集』26: 39-50頁。

————，2014，「高卒者の初職地位達成における雇用主の選抜メカニズムに関する研究——学校経由の就職の効果についての再検討」『教育社会学研究』94: 195-215頁。

————，2017，「日本の労働市場における不平等生成メカニズムについてのミクロ社会学的研究——雇用主の役割・訓練・レントの分配に焦点を当てて」東京大学大学院教育学研究科2016年度博士論文。

————，2021，「学校経由の就職の規模と効果の趨勢」中村高康・三輪哲・石田浩編『少子高齢社会の階層構造1 人生初期の階層構造』東京大学出版会，119-132頁。

————，2022，「「学校から職業への移行」をめぐる近年の研究動向と課題」『東北大

学文学研究科研究年報』71: 54-68頁。

太田肇，2013，「公務員の人事管理制度——二重比較からの考察」『日本労働研究雑誌』637: 48-55頁。

太田聰一，2010，『若年者就業の経済学』日本経済新聞出版社。

尾嶋史章，1994，「労働市場における二重構造性の再検討—— SSM 職歴データによる企業間移動の分析」『経営経済』30: 39-54頁（再録：2008，『リーディングス 戦後日本の格差と不平等3——ゆれる平等神話 1986-2000』日本図書センター，197-209頁）。

大久保将貴，2019，「因果推論の道具箱」『理論と方法』34(1): 20-34頁。

————，2021，「パネルデータ分析における固定効果モデルの取扱説明書」『社会科学研究』72(2): 55-68頁。

奥村宏，1994，「揺らぐ日本型就職システム」内橋克人・奥村宏・佐高信編『就職・就社の構造』岩波書店，31-44頁。

大沢真理，2007，『現代日本の生活保障システム——座標とゆくえ』岩波書店。

大島真夫，2012，『大学就職部にできること』勁草書房。

Østerud, Kaja Larsen, 2023, "Disability Discrimination: Employer Considerations of Disabled Jobseekers in Light of the Ideal Worker," *Work, Employment and Society*, 37(3): 740-756.

大槻奈巳，2015，『職務格差——女性の活躍推進を阻む要因はなにか』勁草書房。

大湾秀雄・佐藤香織，2017，「日本的人事の変容と内部労働市場」川口大司編『日本の労働市場——経済学者の視点』有斐閣，20-49頁。

Pager, Devah, 2003, "The Mark of a Criminal Record," *American Journal of Sociology*, 108(5): 937-975.

————, 2007, "The Use of Field Experiments for Studies of Employment Discrimination: Contributions, Critiques, and Directions for the Future," *The Annals of the American Academy of Political and Social Sciences*, 609(1): 104-133.

————, 2016, "Are Firms That Discriminate More Likely to Go Out of Business?" *Sociological Science*, 3: 849-859.

Pager, Devah and Lincoln Quillian, 2005, "Walking the Talk? What Employers Say versus What They Do," *American Sociological Review*, 70(3): 355-380.

Pager, Devah and Hana Shepherd, 2008, "The Sociology of Discrimination: Racial Discrimination in Employment, Housing, Credit, and Consumer Markets," *Annual Review of Sociology*, 34: 181-209.

Pager, Devah and Diana Karafin, 2009, "Bayesian Bigot? Statistical Discrimination, Stereotypes, and Employer Decision Making," *The Annals of the American Academy of Political and Social Science*, 621(1): 70-93.

Pedulla, David S., 2018, "Emerging Frontiers in Audit Study Research: Mechanisms,

Variation, and Representativeness," S. Michael Gaddis ed., *Audit Studies: Behind the Scenes with Theory, Method and Nuance*, Cham: Springer, 179-195.

Penner, Andrew M., Harold J. Toro-Tulla and Matt L. Huffman, 2012, "Do Women Managers Ameliorate Gender Differences in Wages? Evidence from a Large Grocery Retailer," *Sociological Perspectives*, 55(2): 365-381.

Pepinsky, Thomas B., 2018, "A Note on Listwise Deletion versus Multiple Imputation," *Political Analysis*, 26(4): 480-488.

Pérez-Conesa, Francisco J., Marina Romeo and Montserrat Yepes-Baldó, 2020, "Labour Inclusion of People with Disabilities in Spain: The Effect of Policies and Human Resource Management Systems," *The International Journal of Human Resource Management*, 31(6): 785-804.

Phelps, Edmund S., 1972, "The Statistical Theory of Racism and Sexism," *American Economic Review*, 62(4): 659-661.

Quillian, Lincoln, John J. Lee and Mariana Oliver, 2020, "Evidence from Field Experiments in Hiring Shows Substantial Additional Racial Discrimination after the Callback," *Social Forces*, 99(2): 732-759.

Quillian, Lincoln and Arnfinn H. Midtbøen, 2021, "Comparative Perspectives on Racial Discrimination in Hiring: The Rise of Field Experiments," *Annual Review of Sociology*, 47: 391-415.

Ray, Victor, 2019, "A Theory of Racialized Organizations," *American Sociological Review*, 84(1): 26-53.

Ren, Lily Run, Ramona L. Paetzold and Adrienne Colella, 2008, "A Meta-Analysis of Experimental Studies on the Effects of Disability on Human Resource Judgments," *Human Resource Management Review*, 18(3): 191-203.

Reskin, Barbara F., 2000, "The Proximate Causes of Employment Discrimination," *Contemporary Sociology*, 29(2): 319-328.

————, 2003, "Including Mechanisms in Our Models of Ascriptive Inequality: 2002 Presidential Address," *American Sociological Review*, 68(1): 1-21.

Richard, Orlando C., Hyuntak Roh and Jenna R. Pieper, 2013, "The Link between Diversity and Equality Management Practice Bundles and Racial Diversity in the Managerial Ranks: Does Firm Size Matter?" *Human Resource Management*, 52(2): 215-242.

Ridgeway, Cecilia L., 2006, "Gender as an Organizing Force in Social Relations: Implications for the Future of Inequality," Francine D. Blau, Mary C Brinton and David B. Grusky eds., *The Declining Significance of Gender?* New York: Russell Sage Foundation, 265-287.

Ridgeway, Cecilia L. and Shelley J. Correll, 2004, "Motherhood as a Status Characteristic," *Journal of Social Issues*, 60(4): 683-700.

リクルートワークス研究所, 2013, 「Global Career Survey〔基本報告書〕」, リクルートワークス研究所ホームページ (2024年10月14日取得, https://www.works-i.com/surveys/item/140501_glo.pdf)。

————, 2021, 「大卒求人倍率調査 時系列データ」, リクルートワークス研究所ホームページ (2021年12月17日取得, https://www.works-i.com/surveys/adoption/graduate.html)。

————, 2022, 「新卒・中途採用横断レポート 2012年度〜2021年度における, 新卒と中途の採用比率は3対7——過去10年の中途採用市場の拡大は限定的」, リクルートワークス研究所ホームページ (2024年10月14日取得, https://www.works-i.com/surveys/item/220627_saiyou.pdf)。

Rivera, Lauren A., 2012, "Hiring as Cultural Matching: The Case of Elite Professional Service Firms," *American Sociological Review*, 77(6): 999-1022.

————, 2015, *Pedigree: How Elite Students Get Elite Jobs*, Princeton: Princeton University Press.

————, 2020, "Employer Decision Making," *Annual Review of Sociology*, 46: 215-232.

Rivera, Lauren A. and András Tilcsik, 2016, "Class Advantage, Commitment Penalty: The Gendered Effect of Social Class Signals in an Elite Labor Market," *American Sociological Review*, 81(6): 1097-1131.

Rivera, Lauren A. and András Tilcsik, 2023, "Not in My Schoolyard: Disability Discrimination in Educational Access," *American Sociological Review*, 88(3): 284-321.

Rosenbaum, James E., 1986, "Institutional Career Structures and the Social Construction of Ability," John G. Richardson ed., *Handbook of Theory and Research for the Sociology of Education*, New York: Greenwood Press, 139-172.

Russo, Giovanni, Cees Gorter and Ronald Schettkat, 2001, "Searching, Hiring and Labour Market Conditions," *Labour Economics*, 8(5): 553-571.

佐口和郎, 2018, 『雇用システム論』有斐閣。

齋藤拓也, 2007, 「就職活動——新卒採用・就職活動のもつシステム」本田由紀編『若者の労働と生活世界——彼らはどんな現実を生きているか』大月書店, 185-217頁。

Sakamoto, Arthur and Daniel A. Powers, 1995, "Education and the Dual Labor Market for Japanese Men," *American Sociological Review*, 60(2): 222-246.

佐野晋平, 2005, 「男女間賃金格差は嗜好による差別が原因か」『日本労働研究雑誌』540: 55-67頁。

佐野嘉秀, 2021, 『英国の人事管理・日本の人事管理——日英百貨店の仕事と雇用シス

テム』東京大学出版会。

佐藤博樹，2002，「キャリア形成と能力開発の日独米比較」小池和男・猪木武徳編『ホワイトカラーの人材形成——日米英独の比較』東洋経済新報社，249-267頁。

————，2011，「ワーク・ライフ・バランスと働き方改革」佐藤博樹・武石恵美子編『ワーク・ライフ・バランスと働き方改革』勁草書房，1-26頁。

————，2019，「ダイバーシティ経営と人事マネジメントの課題——人事制度改革と働き方の柔軟化」鶴光太郎編『雇用システムの再構築に向けて——日本の働き方をいかに変えるか』日本評論社，153-179頁。

佐藤博樹・藤村博之・八代充史，2019，『新しい人事労務管理〔第6版〕』有斐閣。

佐藤博樹・武石恵美子・坂爪洋美，2022，『多様な人材のマネジメント』中央経済社。

佐藤香，2007，「方法としての計量歴史社会学——階層・移動研究を中心として」『社会科学研究』57(3-4): 5-18頁。

佐藤俊樹，2000，『不平等社会日本——さよなら総中流』中央公論新社。

————，2006，「爆発する不平等感——戦後型社会の転換と「平等化」戦略」白波瀬佐和子編『変化する社会の不平等——少子高齢化にひそむ格差』東京大学出版会，17-46頁。

————，2011a，『社会学の方法——その歴史と構造』ミネルヴァ書房。

————，2011b，「「奪われなさ」と平等原理——社会からみた機会の不平等」宮寺晃夫編『再検討 教育機会の平等』岩波書店，17-34頁。

佐藤俊樹・広田照幸，2010，「対論 働くことの自由と制度」佐藤俊樹編『自由への問い 6 労働——働くことの自由と制度』岩波書店，1-26頁。

Scarborough, William J., Danny L. Lambouths III and Allyson L. Holbrook, 2019, "Support of Workplace Diversity Policies: The Role of Race, Gender, and Beliefs about Inequality," *Social Science Research*, 79: 194-210.

Schwab, Stewart, 1986, "Is Statistical Discrimination Efficient?" *American Economic Review*, 76(1): 228-234.

Scott, W. Richard, 2013, *Institutions and Organizations: Ideas, Interests, and Identities, Fourth Edition*, Thousand Oaks: Sage.

盛山和夫・都築一治・佐藤嘉倫・中村隆，1990，「職歴移動の構造——労働市場の構造とキャリア・パターン」直井優・盛山和夫編『現代日本の階層構造1 社会階層の構造と過程』東京大学出版会，83-108頁。

関口定一，2014，「アメリカ企業における新卒採用——その実態と含意」『日本労働研究雑誌』643: 81-91頁。

仙田幸子，1995，「女子学生の就職先分化と納得度」苅谷剛彦編『大学から職業へ——大学生の就職活動と格差形成に関する調査研究』広島大学大学教育研究センター，80-89頁。

妹尾麻美，2023，『就活の社会学――大学生と「やりたいこと」』晃洋書房。

島貫智行，2018，「日本企業における人事部門の企業内地位」『日本労働研究雑誌』698: 15-27頁。

眞保智子，2017，「障害者雇用進展期の雇用管理と障害者雇用促進法の合理的配慮」『日本労働研究雑誌』685: 4-19頁。

清水晶子／ハン・トンヒョン／飯野由里子，2022，『ポリティカル・コレクトネスからどこへ』有斐閣。

Shin, Hwajin and Soohan Kim, 2022, "Overcoming Women's Isolation at Work: The Effect of Organizational Structure and Practices on Female Managers' Workplace Relationships," *International Sociology*, 37(3): 330-354.

Shore, Lynn M., Beth G. Chung-Herrera, Michelle A. Dean, Karen Holcombe Ehrhart, Don I. Jung, Amy E. Randel and Gangaram Singh, 2009, "Diversity in organizations: Where Are We Now and Where Are We Going?" *Human Resource Management Review*, 19(2): 117-133.

周燕飛，2021，「コロナショックと女性の雇用危機」『JILPT Discussion Paper』21-09.

――――，2022，「コロナ禍とシーセッション――2020-2022」『社会保障研究』7(3): 210-223頁。

Siegel, Jordan／児玉直美，2011，「日本の労働市場における男女格差と企業業績」『RIETI Discussion Paper Series』11-J-073.

Skaggs, Sheryl, 2009, "Legal-Political Pressures and African American Access to Managerial Jobs," *American Sociological Review*, 74(2): 225-244.

Skaggs, Sheryl, Kevin Stainback and Phyllis Duncan, 2012, "Shaking Things Up or Business as Usual? The Influence of Female Corporate Executives and Board of Directors on Women's Managerial Representation," *Social Science Research*, 41(4): 936-948.

園田薫，2022，「日本の産業・労働社会学の学説史的反省――経済現象を捉える領域社会学との関係性に着目して」松永伸太朗・園田薫・中川宗人編『21世紀の産業・労働社会学――「働く人間」へのアプローチ』ナカニシヤ出版，213-229頁。

――――，2023，『外国人雇用の産業社会学――雇用関係のなかの「同床異夢」』有斐閣。

総務省統計局，2014，「平成24年経済センサス-活動調査第2表 企業産業（中分類），企業常用雇用者規模（11区分），経営組織（5区分）別企業等数，事業所数，男女別従業者数及び常用雇用者数――全国」（2021年12月15日取得，https://www.e-stat.go.jp/dbview?sid=0003090128）。

――――，2016，「学校基本調査／平成28年度 高等教育機関《報告書掲載集計》卒業後の状況調査 大学 第72表 関係学科別 状況別 卒業者数」（2024年8月12日取得，https://www.e-stat.go.jp/stat-search/files?page=1&layout=datalist&toukei=00400

001&tstat=000001011528&cycle=0&tclass1=000001091455&tclass2=000001091481&tclass3=000001091489&tclass4=000001091491&tclass5val=0&metadata=1&data=1)。

─────，2018a，「平成28年経済センサス-活動調査（確報）産業横断的集計 結果の概要」，総務省統計局ホームページ（2024年10月13日取得，https://www.stat.go.jp/data/e-census/2016/kekka/pdf/k_gaiyo.pdf）。

─────，2018b，「平成28年経済センサス 活動調査第1表 企業産業（中分類），企業常用雇用者規模（11区分），経営組織（5区分）別企業等数，事業所数，男女別従業者数及び常用雇用者数──全国」（2021年12月15日取得，https://www.e-stat.go.jp/dbview?sid=0003218801）

─────，2019，「賃金構造基本統計調査 時系列（〜令和元年まで）新規学卒者の初任給の推移 第1表 企業規模別新規学卒者の初任給の推移＜昭和51年〜令和元年＞」（2021年12月16日取得，https://www.e-stat.go.jp/stat-search/files?page=1&layout=datalist&toukei=00450091&tstat=000001011429&cycle=0&tclass1=000001020466&tclass2=000001020467&tclass3val=0）。

─────，2021a，「2019年全国家計構造調査 年間収入・資産分布等に関する結果──結果の概要」，総務省統計局ホームページ（2023年4月5日取得，https://www.stat.go.jp/data/zenkokukakei/2019/pdf/gaiyou0831.pdf）。

─────，2021b，「令和2年賃金構造基本統計調査 一般労働者 産業大分類 第1表 学歴，年齢階級別きまって支給する現金給与額，所定内給与額及び年間賞与その他特別給与額」，（2021年12月16日取得，https://www.e-stat.go.jp/stat-search/files?page=1&layout=datalist&toukei=00450091&tstat=000001011429&cycle=0&tclass1=000001152186&tclass2=000001152187&tclass3=000001152188&tclass4val=0）。

Spence, Michael, 1973, "Job Market Signaling," *The Quarterly Journal of Economics*, 87 (3): 355-374.

Srivastava, Sameer B. and Mahzarin R. Banaji, 2011, "Culture, Cognition, and Collaborative Networks in Organizations," *American Sociological Review*, 76(2): 207-233.

Srivastava, Sameer B. and Eliot L. Sherman, 2015, "Agents of Change or Cogs in the Machine? Reexamining the Influence of Female Managers on the Gender Wage Gap," *American Journal of Sociology*, 120(6): 1778-1808.

Stainback, Kevin, Donald Tomaskovic-Devey and Sheryl Skaggs, 2010, "Organizational Approaches to Inequality: Inertia, Relative Power, and Environments," *Annual Review of Sociology*, 36: 225-247.

Stainback, Kevin and Soyoung Kwon, 2012, "Female Leaders, Organizational Power, and Sex Segregation," *The Annals of the American Academy of Political and Social Science*, 639(1): 217-235.

Stainback, Kevin, Sibyl Kleiner and Sheryl Skaggs, 2016, "Women in Power: Undoing or Redoing the Gendered Organization?" *Gender & Society*, 30(1): 109-135.

Stainback, Kevin, Helen Roberts and Pallab Kumar Biswas, 2024, "Women's Representation in Managerial Hierarchies: An Examination of Trickle-Down and Pipeline Effects," *Human Resource Management*, 63(4): 619-637.

Sterling, Adina D. and Roberto M. Fernandez, 2018, "Once in the Door: Gender, Tryouts, and the Initial Salaries of Managers," *Management Science*, 64(11): 5444-5460.

Sterling, Adina D. and Jennifer Merluzzi, 2019, "A Longer Way In: Tryouts as Alternative Hiring Arrangements in Organizations," *Research in Organizational Behavior*, 39: 100-122.

菅山真次，2011，『「就社」社会の誕生——ホワイトカラーからブルーカラーへ』名古屋大学出版会。

鈴木恭子，2018，「労働市場の潜在構造と雇用形態が賃金に与える影響—— Finite Mixture Model を用いた潜在クラス分析」『日本労働研究雑誌』698: 73-89頁。

橘木俊詔・松浦司，2009，『学歴格差の経済学』勁草書房。

高橋康二，2023，「井口尚樹著「選ぶ就活生，選ばれる企業—就職活動における批判と選択」」『社会学評論』74(2): 351-352頁。

武石恵美子，2006，『雇用システムと女性のキャリア』勁草書房。

————，2014，「女性の昇進意欲を高める職場の要因」『日本労働研究雑誌』648: 33-47頁。

武石恵美子・高崎美佐，2020，『女性のキャリア支援』中央経済社。

竹内洋，1989，「新規大卒労働市場における「ねじれ」効果——学校歴神話の再生産構造」『京都大学教育学部紀要』35: 20-50頁。

————，1995，『日本のメリトクラシー——構造と心性』東京大学出版会。

多喜弘文，2020，『学校教育と不平等の比較社会学』ミネルヴァ書房。

多喜弘文・荒木啓史・森いづみ，2022，「「教育と階層」領域における計量的比較研究——国内外の研究をめぐる分断状況を超えて」『教育社会学研究』110: 307-348頁。

谷口真美，2005，『ダイバシティ・マネジメント——多様性をいかす組織』白桃書房。

谷口勇仁・小山嚴也，2007，「雪印乳業集団食中毒事件の新たな解釈——汚染脱脂粉乳製造・出荷プロセスの分析」『組織科学』41(1): 77-88頁。

Thurow, Lester C., 1975, *Generating Inequality: Mechanisms of Distribution in the U.S. Economy*, New York: Basic Books（小池和男・脇坂明訳，1984，『不平等を生み出すもの』同文舘出版）.

Tilcsik, András, 2010, "From Ritual to Reality: Demography, Ideology, and Decoupling in a Post-Communist Government Agency," *Academy of Management Journal*, 53

(6): 1474-1498.

Tolbert, Pamela S. and Lynne G. Zucker, 1983, "Institutional Sources of Change in the Formal Structure of Organizations: The Diffusion of Civil Service Reform, 1880-1935," *Administrative Science Quarterly*, 28(1): 22-39.

Tomaskovic-Devey, Donald and Dustin Avent-Holt, 2017, "Organizations and Stratification: Processes, Mechanisms, and Institutional Contexts," *Research in Social Stratification and Mobility*, 47: 1-5.

Tomaskovic-Devey, Donald and Dustin Avent-Holt, 2019, *Relational Inequalities: An Organizational Approach*, New York: Oxford University Press.

Torchia, Mariateresa, Andrea Calabrò and Morten Huse, 2011, "Women Directors on Corporate Boards: From Tokenism to Critical Mass," *Journal of Business Ethics*, 102(2): 299-317.

東洋経済データサービス, 2022,「就職四季報データ（主要項目版）」, 東洋経済新報社ホームページ（2022年11月5日取得, https://biz.toyokeizai.net/data/service/detail/id=343）。

東洋経済STORE, 2022,「就職四季報 総合版」, 東洋経済新報社ホームページ（2022年11月5日取得, https://str.toyokeizai.net/magazine/shushoku_all/）。

豊永耕平, 2018a,「高学歴化・経済変動と学歴——上層ホワイトカラー入職に対する学歴効果の変容」『教育社会学研究』103: 47-68頁。

————, 2018b,「出身大学の学校歴と専攻分野が初職に与える影響の男女比較分析——学校歴効果の限定性と専攻間トラッキング」『社会学評論』69(2): 162-178頁。

————, 2022,「社会階層と社会移動全国調査（SSM調査）における学校名コードの加工」『応用社会学研究』64: 67-82頁。

坪山雄樹, 2012,「脱連結の組織過程——既存研究の検討」『新潟大学経済論集』92: 273-287頁。

束原文郎, 2021,『就職と体育会系神話——大学・スポーツ・企業の社会学』青弓社。

鶴光太郎, 2019,「日本の雇用システムの再構築——総論」鶴光太郎編『雇用システムの再構築に向けて——日本の働き方をいかに変えるか』日本評論社, 1-67頁。

上野有子・神林龍, 2014,「労働市場での中間の年齢層の変化」『日本労働研究雑誌』653: 5-19頁。

氏原正治郎, 1966,『日本労働問題研究』東京大学出版会。

浦坂純子・大日康史, 1996,「新卒労働需要の弾力性分析——3時点間のパネル推定」『日本経済研究』32: 93-110頁。

van Hek, Margriet and Tanja van der Lippe, 2019, "Are Female Managers Agents of Change or Cogs in the Machine? An Assessment with Three-Level Manager-Employee Linked Data," *European Sociological Review*, 35(3): 316-331.

van Hek, Margriet, and Tanja van der Lippe, 2023, "Why Female Employees Do Not Earn More under a Female Manager: A Mixed-Method Study," *Work, Employment and Society*, 37(6): 1462-1479.

van Ommen, Mattias, 2015, "Extracurricular Paths into Job Markets in Contemporary Japan: The Way of Both Pen and Soccer Ball," *Japanese Studies*, 35(1): 85-102.

Vogt, W. Paul, 2011, "Shotgun Approach," W. Paul Vogt ed., *Dictionary of Statistics & Methodology*, (Retrieved October 8, 2021, https://doi.org/10.4135/9781412983907. n1795).

von Hippel, Paul T., 2007, "Regression with Missing Y's: An Improved Strategy for Analyzing Multiply Imputed Data," *Sociological Methodology*, 37(1): 83-117.

和田肇, 2019, 「労働時間規制改革の法的分析」『日本労働研究雑誌』702: 6-16頁。

脇坂明, 1997, 「コース別人事制度と女性労働」中馬宏之・駿河輝和編『雇用慣行の変化と女性労働』東京大学出版会, 243-278頁。

渡邊勉, 2018, 「職業経歴の不平等」『理論と方法』33(2): 218-233頁。

渡辺勉・佐藤嘉倫, 1999, 「職歴にみる戦後日本の労働市場」『社会学評論』50(2):197-215頁。

Weiss, Andrew, 1995, "Human Capital vs. Signalling Explanations of Wages," *The Journal of Economic Perspectives*, 9(4): 133-154.

Weisshaar, Katherine, Koji Chavez and Tania Hutt, 2024, "Hiring Discrimination under Pressures to Diversify: Gender, Race, and Diversity Commodification across Job Transitions in Software Engineering," *American Sociological Review*, 89(3): 584-613.

Westphal, James D. and Edward J. Zajac, 1994, "Substance and Symbolism in CEOs' Long-Term Incentive Plans," *Administrative Science Quarterly*, 39(2): 367-390.

Westphal, James D. and Edward J. Zajac, 2001, "Decoupling Policy from Practice: The Case of Stock Repurchase Programs," *Administrative Science Quarterly*, 46(2): 202-228.

Williams, Joan C., 2001, *Unbending Gender: Why Family and Work Conflict and What to Do about It*, New York: Oxford University Press.

Williams, Joan C., Mary Blair-Loy and Jennifer L. Berdahl, 2013, "Cultural Schemas, Social Class, and the Flexibility Stigma," *Journal of Social Issues*, 69(2): 209-234.

Willis, Paul E., 1977, *Learning to Labour: How Working Class Kids Get Working Class Jobs*, Farnborough: Saxon House (熊沢誠・山田潤訳, 1996, 『ハマータウンの野郎ども——学校への反抗・労働への順応』筑摩書房).

Woodhams, Carol and Susan Corby, 2007, "Then and Now: Disability Legislation and Employers' Practices in the UK," *British Journal of Industrial Relations*, 45(3):

556-580.

Wooldridge, Jeffrey M., 2013, *Introductory Econometrics: A Modern Approach*, 5th *Edition*, Cengage Learning.

Xie, Yu, 2007, "Otis Dudley Duncan's Legacy: The Demographic Approach to Quantitative Reasoning in Social Science," *Research in Social Stratification and Mobility*, 25: 141-156.

山田茂, 2003, 「企業を調査客体とする統計調査の最近の回収状況について」『政経論叢』国士舘大学, 125: 55-90頁。

―――, 2006, 「企業を調査客体とする統計調査の最近の回収率の水準について」『政経論叢』国士舘大学, 135: 107-136頁。

―――, 2013, 「企業を調査客体とする統計調査の回収率の最近の動向について」『政経論叢』国士舘大学, 164: 1-31頁。

山口一男, 2009, 『ワークライフバランス――実証と政策提言』日本経済新聞出版社。

―――, 2014, 「ホワイトカラー正社員の管理職割合の男女格差の決定要因」『日本労働研究雑誌』648: 17-32頁。

―――, 2017, 『働き方の男女不平等――理論と実証分析』日本経済新聞出版社。

山本勲, 2014, 「企業における職場環境と女性活用の可能性――企業パネルデータを用いた検証」『RIETI Discussion Paper Series』14-J-017.

山本勲・松浦寿幸, 2011, 「ワーク・ライフ・バランス施策は企業の生産性を高めるか？――企業パネルデータを用いた WLB 施策と TFP の検証」『RIETI Discussion Paper Series』11-J-032.

山下充, 2008, 「人事部」仁田道夫・久本憲夫編『日本的雇用システム』ナカニシヤ出版, 235-268頁。

柳淳也, 2023, 『揺さぶる経営学―― LGBTQ から問い直す企業の生産性』中央経済社。

Yang, Yang and Alison M. Konrad, 2011, "Understanding Diversity Management Practices: Implications of Institutional Theory and Resource-Based Theory," *Group & Organization Management*, 36(1): 6-38.

八代充史, 2002, 『管理職層の人的資源管理――労働市場論的アプローチ』有斐閣。

―――, 2017, 『日本的雇用制度はどこへ向かうのか――金融・自動車業界の資本国籍を越えた人材獲得競争』中央経済社。

八代尚宏, 1997, 『日本的雇用慣行の経済学――労働市場の流動化と日本経済』日本経済新聞社。

―――, 2015, 『日本的雇用慣行を打ち破れ――働き方改革の進め方』日本経済新聞出版社。

安田宏樹／荒木宏子／ファン・N・マルティネス・ダブラ, 2019, 「置き換え効果の企業パネルデータ分析」『日本労働研究雑誌』708: 96-110頁。

米田耕士，2015，「大学生の就職活動における大企業志向は何が要因か──企業別応募倍率の決定要因分析を通して」『日本労働研究雑誌』658: 83-91頁。

吉田航，2020，「新卒採用のジェンダー不平等をもたらす企業の組織的要因──企業の経営状況との関連に着目して」『社会学評論』71(2): 314-330頁。

────，2022，「企業データの計量分析からみる新卒採用のジェンダー不平等──WLB施策と企業の経営状況との関連から」松永伸太朗・園田薫・中川宗人編『21世紀の産業・労働社会学──「働く人間」へのアプローチ』ナカニシヤ出版，21-35頁。

────，2023，「組織の雇用行動を観察する──不平等研究への意義，その方法」『理論と方法』38(1): 2-13頁。

吉原惠子，1995，「性差を組み込んだ場合の「大学ランク」の意味」苅谷剛彦編『大学から職業へ──大学生の就職活動と格差形成に関する調査研究』広島大学大学教育研究センター，69-79頁。

吉村治正，2017，『社会調査における非標本誤差』東信堂。

Zhang, Letian, 2022, "Regulatory Spillover and Workplace Racial Inequality," *Administrative Science Quarterly*, 67(3): 595-629.

Zimmermann, Florian, 2022, "Managing the Gender Wage Gap: How Female Managers Influence the Gender Wage Gap among Workers," *European Sociological Review*, 38(3): 355-370.

Zwysen, Wouter, 2016, "Crowding Out of Disadvantaged Young Adults in Germany: Background Matters Depending on Local Labour Market," *European Sociological Review*, 32(5): 662-674.

初出一覧

序　章：書き下ろし。

第 1 章：書き下ろし。

第 2 章：書き下ろし。

第 3 章：書き下ろし。

第 4 章：吉田航，2020，「国内大企業の新卒採用における学校歴の位置づけ——大学別採用実績データの計量分析から」『教育社会学研究』107: 89-109頁。

第 5 章：吉田航，2022，「女性管理職は「変化の担い手」か「機械の歯車」か？——新卒女性の採用・定着に与える影響に着目して」『理論と方法』37(1): 18-33頁。

第 6 章：吉田航，2024，「ダイバーシティ部署の設置は雇用の多様性を高めるか？」『組織科学』57(3): 67-80頁。

第 7 章：吉田航，2020，「新卒採用のジェンダー不平等をもたらす企業の組織的要因——企業の経営状況との関連に着目して」『社会学評論』71(2): 314-330頁。
吉田航，2022，「企業データの計量分析からみる新卒採用のジェンダー不平等—— WLB施策と企業の経営状況との関連から」松永伸太朗・園田薫・中川宗人編『21世紀の産業・労働社会学——「働く人間」へのアプローチ』ナカニシヤ出版，21-35頁。

終　章：書き下ろし。ただし一部は，以下の論文が初出である。
吉田航，2023，「組織の雇用行動を観察する——不平等研究への意義，その方法」『理論と方法』38(1): 2-13頁。

あとがき

「どうしてこの研究テーマを選んだんですか？」——この問いに答えるのは
いつも難しく，悩ましい。個人的な動機が期待されているのだと思うが，研究
とパーソナルな部分を結びつけて語ることは，好きでも得意でもないし，そも
そも結びつくべきとも思わない。どこまで情報を開示するか，相手との関係性
に応じて，調整する必要もある。だが，新卒採用について博士論文を執筆し，
それを書籍化するプロセスは，「どうしてこの研究テーマを選んだんですか？」
と，自分にあらためて問う作業でもあった。いまでもうまく答えられるわけで
はないが，この本を形成するいくつかの断片を記すことで，答えの代わりとし
たい。

就職活動という領域にはじめて興味をもったのは，大学2年生のときである。
タイトルに惹かれ，書店で何気なく手にとった『何者』（朝井リョウ著）がきっ
かけだった。そこで描かれている，就職活動において容赦なく自己が問われ続
ける様子が，痛々しく，それでいてリアルに感じられ，就活というイベントが
もつ固有の磁場に心を動かされた。

修士課程に入ったときには，漠然と就活の研究をしようと考えていたものの，
当時は雑誌分析を計画しており，計量研究は想定していなかった。しかし，就
職雑誌の分析から，就活の論理に迫った香川（2010）や牧野（2012），福井
（2016）などを読み，この方向性でやりたかったことはすでになされていると
感じ，ひとまず就職四季報の分析を始めることにした。

四季報データの作成を始めた日は今でも覚えている。2018年，修士課程1年
の正月，地元にようやくオープンしたスターバックス。ページをめくりながら，
会社ごとの採用人数を確認していく作業は，いま思えば贅沢な時間の使い方
だった。1社1社，データを作成していく過程で，計量分析の前提となるデー
タが，どのように作られているかの感覚を得られたし，企業や業界の特徴につ
いても，潜在的なレベルで理解していったのだと思う。

博士課程に入ってからは，この本のもとになる投稿論文を書く作業に，ほと

んどの時間を費やした。周りの院生と比べて，筆が速いほうではなかったから，一段落を書くにもかなりのエネルギーを消費したし，論文執筆や査読対応は，つねに長期戦だった。当時の文章を見返すと，肩に力が入っていて，全体に緊張感があり，なにかに怯えているような印象すら感じて，つい苦笑してしまう。けれど，当時はそのようにしか書けなかったし，私が表現できる唯一の方法だったと，いまになって思う。

　直近の3年間は，現在の職場である，国の研究機関で働いている。業務内容は，人口問題や家族・出生など，これまでの専門とは離れているが，マクロな視点から自身の研究の意義を考え直す契機になった。また，メディアをはじめ，一般の方からも問い合わせを受けるなかで，学術的な内容を平易に伝える難しさを日々痛感している。

　そして，後からふり返ってみると，中学・高校時代に，この研究につながる原体験があったように思う。私の出身校は，企業が設立した学校であり，敷地内にある学生寮から通学していた。寮には，本書で扱ったデータに含まれるような，国内企業の若手社員が1年ごとに住み込みで勤務しており，生活指導や日々のサポートを行っていた。

　その意味で，学校は，教育の論理と企業の論理が混ざりあう場だった。クラスルームは教育の論理の世界だったが，生活のふとした瞬間，寮生への指導や雑談のなかに，企業の論理が見え隠れする。当時はまったく意識していなかったけれど，両者の論理が交わる場で6年間を過ごしたことと，教育の論理と企業の論理の接点である，新卒採用を研究対象に選んだことは，きっと無関係ではないのだろう。

　社会学の研究において，「日本企業は……」からはじまる一文は，多くがネガティブな言明で結ばれる。不平等のメカニズムを企業のなかにみる点で，本書もまた同様である。しかし，企業を経験的に観察することなく，社会的な歪みの原因を，企業に一方的に引き受けさせることは，私にはできなかった。研究者が1人の人間であり，多くが大学や研究機関といった組織でふるまっているのと同じように，人事や採用担当者も1人の人間であり，企業という組織で日々ふるまっている。その片方だけに共感し，もう片方に目をつぶることはしたくなかった。それは，10代の時期に，企業を「顔のある存在」として認識していたことが大きかったのだと思う。

あとがき

＊　＊　＊

　この本を構成するもっとも大きな断片が，これまでの研究人生において，様々な形で関わってくださった方々である。以下に感謝を述べるが，全員のお名前を挙げることができないことを，どうかご寛恕いただければ幸いである。

　大学院での指導教員である佐藤俊樹先生からは，学部時代から様々なことを教わってきたし，現在も学んでいる途中である。数えるとキリがないが，振り返ってもっとも記憶に残っているのは，研究の内容ではなく，研究者としての姿勢についてである。「自分の頭で考え続けること」「言葉を大切に扱うこと」——とても素朴だが，だからこそ難しく，大きな覚悟と忍耐を必要とする2つの姿勢を，ときには直接，ときにはご自身のご研究を通じて，教えてくださった。佐藤ゼミも，俊樹先生や周りの院生に，私の議論を，ああでもないこうでもないと転がしてもらいながら，考え続けていくための場であり，そのトレーニングの機会だったと思う。

　修士課程からの副査である藤原翔先生には，社会学における計量分析のイロハを教わった。大学院から本格的な計量分析をはじめた筆者にとって，どんな質問にも時間をとってくださる先生の姿勢には大いに助けられた。分析手法を，テクニックとしてではなく，常に目の前にある問いとの関連において考え抜くという点で，計量研究において「自分の頭で考え続ける」とはどのような意味か，先生の態度を通じて学ぶところも多かった。同じく副査の清水剛先生は，研究内容にいつも興味をもってくださり，経営学の視点から率直な反応をいただけることがありがたかった。企業での勤務経験がなく，現実から遊離した議論になっているのではないかという不安がつねにある中で，先生の反応を通じて，企業のロジックや実務との距離を間接的に見積もることができた。博士論文の最終審査には，河合玲一郎先生，岩澤美帆先生も加わってくださり，河合先生には議論や分析の妥当性について，岩澤先生には議論の広がりやインプリケーションについて，それぞれ重要な指摘をいただいた。

　授業や研究会を通じて，お世話になった先生も多い。三輪哲先生には，論文の刊行に向けて，分析に関する建設的なコメントをいくつもいただいた。先生の拡大ゼミを通じて，同じく計量研究を行う方々と関わりをもてたのも，貴重な経験だった。久保田裕之先生には，私が考えきれていないポイントについて，

クリティカルな指摘をいただくことが多かった。久保田ゼミのメンバーにも，あわせて御礼を申し上げたい。有田伸先生と福井康貴先生には，終章の草稿を丁寧に読んでいただき，本全体について，一貫性やリーダビリティを高めるためのアドバイスをいただいた。また，各種学会，とくに数理社会学会と組織学会のみなさまからは，学会大会での発表や議論を通じて，多くのことを学んだ。

現在勤務している，国立社会保障・人口問題研究所，人口動向研究部の上司・同僚の方々，博論審査にも加わってくださった岩澤先生をはじめ，守泉理恵さん，釜野さおりさん，余田翔平さん，宮井健志さん，木村裕貴さんにも感謝を述べたい。優秀でフレンドリーな同僚に囲まれ，とても充実した日々を送っている。また2024年に，オランダ・アメリカでの在外研究を通じて，本書に関わる研究をさらに発展させる機会を与えてくださった田辺国昭前所長，林玲子現所長にも感謝を申し上げたい。

多くの同年代の方々にもお世話になった。大学院の相関社会科学コースで，院生期間が重なっていた方々，とくに柴田温比古さん，朴慧原さん，松村一志さんには，研究と生活の両面で，折に触れて助けられた。また，2017年から現在まで続けてきた，定期的な進捗報告会「金曜会」のメンバー，成澤雅寛さんと齋藤僚介さんには，心からの感謝を伝えたい。健康面や生活上の変化も経験しながら，ここまで長く会を続けてきたことは奇跡に近く，私も幾度となく支えられてきた。本書のもととなったすべての論文は，金曜会での議論によって大きくブラッシュアップされている。

麦山亮太さんには，いくつかの研究会にお誘いいただき，計量分析に関わる多くの知識を教わった。研究に向かう姿勢や，院生・若手研究者のネットワークづくりの面でも，尊敬している研究者の１人である。また，そうした研究会でご一緒している方々，たとえば小松恭子さん，田上皓大さん，新田真悟さんからは，多くの有意義な助言をいただいた。不定期に開催される「あいだ研」は，刺激的な議論と居心地の良さが同居する，稀有なコミュニティである。メンバーである園田薫さん，長谷部弘道さん，樋口あゆみさん，舟津昌平さんのサポーティブな姿勢には，つねに助けられている。

ミネルヴァ書房編集部の岡崎麻優子さんには，本書の企画段階から校正に至るまで，様々な面でお世話になった。構成や文章表現に関するいくつものご助言のおかげで，本書のリーダビリティは改善されたと感じている。本研究は

あとがき

JSPS 科研費 JP19J22898, JP22K20208, JP24K16528ならびに公益財団法人三菱財団の助成を受けたものであり，刊行に際しては東京大学学術成果刊行助成制度による助成を受けた。また，株式会社東洋経済新報社より「CSR データ（雇用・人材活用編）2010-2018年版」の提供を受けた。以上記して感謝申し上げる。

＊　＊　＊

　博士論文の議論をまとめ終わり，思えば遠くに来たという感慨と，やっとスタート地点に立てた安堵が同居している。同時に，博論の過程で生まれた，あるいはその延長線上にあるいくつもの問いを前に，決意を新たにしている。どれも決して楽な問いではないが，これらを放置しておくには，人生はあまりにも短い。これからも，自分の頭で考え続けながら，目の前の問いに挑み続けていきたい。

　2024年10月

吉　田　　航

索　引

（＊は人名）

あ　行

＊石田浩　33, 77
一般職　50, 71, 121, 195
＊今井順　3, 49
後ろ向きの因果推論　22, 23, 33
オフセット項　88-90, 158, 171

か　行

『会社財務カルテ』　73, 157
「会社四季報オンライン」　72, 73, 107,
　133, 171
学校から職業への移行研究　37, 186,
　187
学校歴　21, 22, 30, 31, 39, 42, 79-85,
　94-97, 174, 179, 188
＊苅谷剛彦　77, 197
監査研究（監査実験）　18, 36, 47, 194
管理職層　29-31, 99, 176, 181, 188, 190,
　195
機械の歯車　101, 102, 104, 105, 113, 114,
　117
機会の不平等　1-4, 6, 11-13, 15, 17, 22,
　32, 60, 68, 84, 95, 96, 116, 117, 146,
　166, 167, 173, 174, 183, 187, 188, 194,
　195
　——の是正　23
　——の説明　17

——の測定　18, 19
企業業績　70, 71, 73, 75, 100, 103, 104,
　153, 155-161, 164, 171, 175
企業データの計量分析　9, 10, 16-19, 28,
　83, 169, 186, 187
企業特殊的資本　48, 53-55
企業パネルデータ　68, 70, 131, 147
企業別シティズンシップ　4, 49
企業へのコミットメント　49, 50, 55,
　178-180
技術職採用　85, 87, 90-94, 174
　——枠　84, 86, 89, 95, 192
教育機会の不平等　14, 56
競争的環境　28, 29, 31, 177
競争的脅威　114, 121
近接的な原因　25-27
クリティカル・マス　104, 113, 118, 175
訓練可能性　40, 50, 53, 55, 80, 82-85, 88,
　94, 95, 97, 98, 174, 175, 182, 189
訓練可能性理論　37, 40-42, 55, 80, 97,
　189, 190
景気　29, 82, 152, 154-156, 168, 195
経済センサス　62-64
欠員補充方式　54, 55, 182, 183
結果の不平等　11, 16, 17, 68, 95, 96, 116,
　146, 187, 188
限界効果　88, 89, 93, 94, 110-113, 162
公式構造　127-129, 144, 145, 147, 149,
　150
公式／非公式の職場訓練　→ OJT

237

硬直性　181, 183, 185
合理的配慮　22, 46, 47, 180
コース別採用　15, 71, 192, 195
コース別人事制度　21, 154
固定効果モデル　107, 110-112, 119, 131,
　135, 137, 138, 140, 143, 148, 149, 163,
　164, 166
コミットメント　85, 182, 190, 191, 196
雇用機会の不平等　5, 167
雇用主への実験　18, 187, 194
コロナ禍　86, 155, 168

さ　行

サーベイ実験　18, 19, 194
＊佐藤俊樹　11
＊佐藤博樹　48, 152, 167, 185
差別的嗜好　24, 34, 43, 44, 189
『サンデー毎日』　72-74, 78, 85-88, 92,
　98
参与観察　19, 20, 36, 187, 194
シグナリング理論　15, 36-41, 56
資源ベース理論　128, 129, 145
嗜好に基づく差別　15, 42, 43, 46
仕事へのコミットメント　46, 114, 115,
　117
施策・慣行　23, 28-31, 68, 70, 80-84, 86,
　88, 97, 101, 104, 113, 151, 156
　雇用──　22, 28, 71, 72, 79, 181
市場テスト　33, 43, 57
次世代育成支援対策推進法　15, 152,
　154, 183
社会階層と社会移動調査（SSM 調査）
　2, 12, 61, 76, 97, 121
集合的脅威　114-116, 121, 175

就職機会の不平等　5, 12, 80
就職企業人気ランキング　72, 73, 87, 88
『就職四季報』　62, 69, 72-75, 85-88, 98,
　157, 171
『就職四季報　女子版』　71-73
『就職四季報　総合版』　70, 72, 73
障害者雇用　22, 30, 31, 46, 123, 130, 146,
　175, 176, 180, 193
障害者雇用促進法　7, 15, 42, 124, 130
障害者雇用率　131, 132, 134-139, 143,
　144
上場企業　61, 62, 72, 75, 106, 108, 133
職務の無限定性　42, 47-51, 53, 179, 180,
　192
女性活躍推進法　15, 21, 100, 124, 130,
　133, 152, 183, 195
女性管理職　31, 99, 101, 104, 105, 113,
　114, 117, 123, 130, 146, 147, 184, 189,
　190
　──比率　30, 100, 102, 103, 107-113,
　　131-133, 135-145, 150, 175, 176,
　　183, 188, 189, 193
女性採用　30, 31, 100, 117, 123, 146, 155,
　160-164, 166-168, 175, 176, 180, 184,
　189, 193
　──比率　100, 104, 106, 108, 110, 111,
　　113, 132, 133, 135-145, 165
女性の定着　99, 100, 105, 115, 175, 189
女性役員　147, 149, 181, 190
　──比率　132-136, 140-143, 145, 146,
　　150, 175, 177, 188
ショットガン・アプローチ　22, 23, 32,
　33, 174, 189, 194
初任給　20, 21, 64, 65, 88, 95, 98, 197
新制度派組織論　124, 127, 129

索　引

新卒一括採用制度　28, 47, 53-55, 58,
　145, 190, 192
新卒女性採用　99, 103, 105, 130, 131,
　151, 156-159
人的資本　36, 40, 88, 188
人的資本理論　15, 36-40, 56
信頼と誠意の論理　144, 176
制度的環境　28, 29, 154, 177
制度的同型化　127, 150
性別職域分離　100-102, 104
戦略的人的資源管理（SHRM）　128,
　129, 145
総合職　50, 71, 88, 121, 195
組織の計量分析　6, 9, 190, 194
組織のメカニズム　26-30, 32

た　行

大学選抜度　79-82, 90, 95, 96, 98, 179
ダイバーシティ施策　125, 126, 128, 129,
　147
ダイバーシティ部署　30, 31, 123, 124,
　126-141, 144-147, 175, 176, 188, 189,
　193
＊竹内洋　25, 55, 58, 80, 82, 183, 187, 196,
　197
多重代入法　76, 119
脱連結　124, 127, 129, 144, 145, 147, 150,
　175, 185
男女間賃金格差　57, 100-103, 105, 151,
　152, 156
男女共同参画基本計画　99, 123
男女雇用機会均等法　7, 15, 21, 42, 128,
　154
地位特性　36, 46

地位特性理論　45-47, 190
中小企業基本法　59, 77
長期安定雇用　4, 42, 84, 95-97, 178
長期雇用（慣行）　6, 28, 45, 85, 97, 155,
　188-191, 195
直線的な平等化　183, 184
賃金構造基本統計調査　20, 60, 64-67,
　69
定着率の男女比（男女差）　106, 109,
　112, 113, 117, 183, 188
動機に基づくアプローチ　24, 25
統計的差別　15, 41, 42, 44-46, 165, 166,
　168, 169, 171, 175, 176, 181, 189, 190
統計的差別理論　46
東洋経済新報社　69-72, 74, 78, 86, 106,
　107, 133, 157, 158

な・は行

年功型賃金制度　4, 178
バイアス　13, 74, 77, 78, 143, 148, 169
　回答——　76, 119
　脱落——　76
パネルデータ　5, 8, 12, 13, 17, 69, 72, 73,
　104, 106, 133
＊濱口桂一郎　48, 52
平等化施策　29-31, 146, 176, 181, 193
プールド OLS 推定　110-112, 117
プールドモデル　138, 140, 166
不況　156, 158, 162-165, 167-169,
　175-177, 180, 189, 190, 193
＊福井康貴　55, 58
負の二項回帰モデル　88, 89, 158, 171
不平等研究　1, 3, 7, 11-13, 15, 16, 23,
　186, 191, 194

不平等是正施策　28, 30

不平等に対する組織的アプローチ　5, 6,
　8, 10, 16, 28, 177, 184, 186-188, 194,
　196

不平等の説明　2-4, 11, 13-16, 18, 20,
　23-25, 32, 173, 174, 186, 187, 194

不平等の測定　2, 12-16, 24, 25, 32, 33,
　173, 186, 187, 194

不平等レジーム　27, 28, 97, 177

文脈に応じた効果の異質性　29-31, 145,
　176, 190, 195

平均勤続年数　65, 84-96, 174, 178, 179

変化の担い手　101-105, 113, 114, 116

法定雇用率　22, 124, 130, 133, 134, 137,
　180, 195

本社人事部　19, 28, 51-53, 58, 104, 116,
　145, 182, 183, 192, 194, 197

本社人事部への採用権限の集中　117,
　121

本社人事部への人事権の集中　47,
　51-53, 113, 175, 190

ま・ら・わ行

前向きの因果推論　22, 23, 33

メカニズムに基づくアプローチ　24-26,
　33

ライン管理職　19, 28, 51, 52, 104, 183

リーマンショック　86, 157, 158, 162,
　165, 168, 171, 177, 181

離社リスク　85, 95

離職リスク　182, 189

リスク回避的な採用傾向　44, 97, 169,
　178-180, 191, 194, 196

リストワイズ処理　76, 107, 119, 121,

　134

両立支援　183, 184
　——策　152, 176, 193

労働基準法　42, 48, 57

ワークライフバランス施策（WLB 施策）
　10, 31, 151, 152, 156-169, 175-177,
　180, 183, 188-190

欧　文

＊Acker, J.　27

audit study　19　→　監査研究（監査
　実験）も見よ

＊Avent-Holt, D.　27, 177

＊Baron, J. N.　5, 27, 34, 188

＊Becker, G. S.　33, 37, 38, 40, 43, 57

＊Bielby, W. T.　5, 27, 34, 188

＊Bills, D. B.　36, 56

＊Cohen, P. N.　101-103, 113

「CSR データ」　62, 69-76, 106, 107, 121,
　133, 149, 150, 164

＊Dobbin, F.　147, 188, 191

＊Huffman, M. L.　101-103, 113

＊Ishida, H.　40, 56, 60

＊Kalev, A.　147, 188, 191

＊Kariya, T.　77

MNAR（Missing Not At Random）　76,
　119

＊Mun, E.　70, 154, 156-158, 164, 172, 188

OECD　1, 104, 151

OJT（公式／非公式 の職場訓練）　40-
　42, 48, 53, 55, 83, 84, 97

＊Reskin, B. F.　23-26, 171, 177, 188

＊Rivera, L. A.　19, 36, 42, 56, 145

ROA（総資本利益率）　71, 75, 100,

158-165

ROE（自己資本利益率）　71, 158

ROI（投資利益率）　158

SHRM　→戦略的人的資源管理

＊Spence, M.　38

SSM 調査　→社会階層と社会移動調査

＊Stainback, K.　16, 28, 103

＊Thurow, L. C.　40, 41, 56

＊Tomaskovic-Devey, D.　27, 177

WLB 施策　→ワークライフバランス施策

《著者紹介》

吉田　航（よしだ・わたる）

1993年　生まれ。
2022年　東京大学大学院総合文化研究科博士課程単位取得退学。
2023年　博士（学術，東京大学）。
現　在　国立社会保障・人口問題研究所研究員。
主　著　「ダイバーシティ部署の設置は企業の女性管理職比率を高めるか？」『組織科学』57巻3号，2024年，67-80頁。
　　　　「新卒採用のジェンダー不平等をもたらす企業の組織的要因——企業の経営状況との関連に着目して」『社会学評論』71巻2号，2020年，314-330頁。

MINERVA 社会学叢書⑩

新卒採用と不平等の社会学
——組織の計量分析が映すそのメカニズム——

2025 年 3 月 20 日　初版第 1 刷発行　　　　　　〈検印省略〉

定価はカバーに
表示しています

著　　者	吉　田	航
発 行 者	杉　田　啓	三
印 刷 者	藤　森　英	夫

発行所　株式会社　ミネルヴァ書房
607-8494　京都市山科区日ノ岡堤谷町1
電話代表　（075）581-5191
振替口座　01020-0-8076

©吉田航，2025　　　　　　　亜細亜印刷・新生製本

ISBN978-4-623-09891-0

Printed in Japan

佐藤嘉倫・木村敏明 編著
不平等生成メカニズムの解明
——格差・階層・公正—— 本体6,000円

多喜弘文 著
学校教育と不平等の比較社会学
本体5,000円

中村高康・中村知世・小黒　恵 編著
高校生の進路・生活と「教育的カテゴリー」
——ゆらぐ高校教育をとらえなおす—— 本体4,500円

佐藤博樹 編著
働くことと学ぶこと
——能力開発と人材活用—— 本体3,500円

野村正實 著
学歴主義と労働社会
——高度成長と自営業の衰退がもたらしたもの—— 本体5,000円

野村正實 著
「優良企業」でなぜ過労死・過労自殺が？
——「ブラック・アンド・ホワイト企業」としての日本企業—— 本体2,500円

——————— ミネルヴァ書房 ———————

https://www.minervashobo.co.jp/